教育部人文社会科学研究规划基金项目（13YJA880073）资助成果

专业学位研究生教育
的适切性研究

汪 辉 等◇著

RESEARCH ON THE APPROPRIATENESS OF

PROFESSIONAL DEGREE GRADUATE

EDUCATION

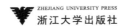

ZHEJIANG UNIVERSITY PRESS
浙江大学出版社

"教育领导与政策研究丛书"总序

　　社会变革和科技进步为教育发展提供了无限生机,同时也提出了严峻的挑战。当下,仅靠少数人主观经验决策的传统方式已远不能适应教育发展的需要,必须借助科学的程式和规范,使教育发展具有更明确的目标导向与实施的有效性。哈罗德·拉斯韦尔、戴维·伊斯顿等人凭借对社会生活的精深认知与理论思考,创建并发展了政策科学。作为其中的分支学科,教育政策研究自20世纪80年代中期以来,已成为教育研究领域的重要方向。教育决策与政策仅是教育发展的重要方面,它们再重要,也需要一线的教育工作者付诸实践。如今,教育实践者需要更加积极、能动、协作地应对与解决日趋复杂的教育问题,需要从被动的管理者走向主动的领导者。教育领导学因此得以孕育并破土而出。

　　教育政策学与教育领导学的差异显而易见。"政策和策略是一切实际行动的出发点和归宿。"教育政策作为国家发展教育的政治措施,其关注的往往是战略性、全局性、长远性的重大问题,涉及对教育的内涵、本质、价值基础等的科学认知与精准把握。教育政策研究的实质是超越静态的政策本身,找出政策文本的演进逻辑,审视其背后的价值基础,并对其进行因素分析。从教育政策研究发展的趋势看,其关注点主要集中在三个层面:一是对教育政策的决策过程进行描述与分析,即一项教育政策是如何被制定出来的;二是对教育政策的内容分析与结果评估,即一项教育政策的影响与社会评价如何;三是对决策过程中的科学化与民主化问题的考量,即如何制定出理想的教育政策。目前,国内外教育研究日趋呈现出规范性研究与实证性研究,个案研究与综合性研究,宏观研究、中观研究与微观研究相互结合的趋势,推动着这一领域的不断演进与实践应用。

教育领导学关注的是教育领域具体的人的领导力的形成与发挥。所谓"领导力",其本质是影响力,即"教育领域中的个体或组织使他人(个体或组织)产生期望行为的创造力、凝聚力、牵引力、推动力和发展力"。教育领导力是教育组织谋求生存和发展的关键力量。相较于教育管理学更多地关注与强调秩序与规则的作用,教育领导学强调在教育实践活动中领导者主动地运用非职位的影响力去改变教育领导客体的认知与态度,进而改变其行为或促使其采取相应的行动。因此,最大限度挖掘与发挥校长、教师、管理者等"领导者"的领导效能,是教育领导学研究与实践始终关注的主要问题;同时,作为未来教育的"领导者",学生的领导效能的培养与发展也是近年教育领导学关注的重点之一,因为这不仅是衡量教育教学质量与效率的主要指标,更关乎国家长久发展的核心竞争力。

需要指出的是,虽然教育政策学与教育领导学是教育科学中的两个各有侧重的分支,但两者都是从现代管理科学中分化出来的,在学科逻辑上存在一定的关联,在发展过程中呈现一定的交叉与整合趋势。教育政策研究注重整体与宏观层面的教育发展,这是形成与推进教育领导力的前提与起点;教育领导学强调具体的人的领导效能的开发与拓展,这是确保教育政策制定的科学性与实施效能的核心与关键。

纵观世界教育改革与发展的历史,就是教育政策不断调整与完善,教育领导力不断受到关注、强化与拓展的历史。作为教育学科家族中的"显学",几乎所有的教育学科分支都涉及并参与到了教育政策学与教育领导学的研究与实践。可以说,重要的教育机构都关注教育政策研究与教育领导实践,因为这关系着教育发展的方向与持续的动力。就这个意义而言,教育政策与教育领导的研究对于丰富教育学科的学科内涵,推动教育学与其他学科的结合发展,具有重要的学术意义与实践价值。

我国经济社会正处于转型关键期,教育体系发展复杂化,教育资源配置多元化,教育治理主体社会化,越来越离不开科学合理的教育政策,也离不开行之有效的教育领导。2019 年 2 月,中共中央、国务院印发《中国教育现代化2035》,明确强调推进教育治理体系和治理能力现代化;提升政府管理服务水平,提升政府综合运用法律、标准、信息服务等现代治理手段的能力和水平;提高学校自主管理能力,完善学校治理结构。这些发展目标的核心,即是提升教育政策的制定与实施能力,强化教育"领导者"的领导力水平。面向 2035 实现教育现代化,从教育大国走向教育强国的发展战略,实质上也要求我国教育学术界进一步强化与拓展我国教育政策学及教育领导学的理论研究与实践探索,以适应国家教育与社会发展的需求。

　　浙江大学教育学院教育领导与政策研究所自 2010 年成立以来,一直关注教育政策学与教育领导学领域的理论研究与实践探索,特别就教育改革背景下高等教育及基础教育的政策制定与绩效分析,相关国际教育政策的比较,教师、教育管理者及学生的领导力理论探讨,以及本土化实践探索等领域开展研究,力图在现有相关研究的基础上有所深化与拓展。本丛书即是上述研究成果的集中展现。我们既追求其对于教育政策与领导学科发展的学术价值,更期盼通过与同行的交流互鉴,共同推动中国教育发展的现代转型。

顾建民
浙江大学教育学院院长 教授 博士生导师

目　录

第一章 专业学位研究生教育适切性研究的目的与意义

第一节 问题缘起

本书研究的问题是专业学位研究生教育的层次、类型、结构及培养模式如何更好地适应社会经济快速发展的需要,专业学位与职业资格如何衔接匹配才能确保其自身的稳定有序发展。

专业学位是在经济高速发展,社会分工日趋细化背景下设置的一种以研究生教育为主体的学位类型。它主要针对特定职业领域的需要,培养专业能力较强的高层次应用技术人才。与传统的学术型学位相比,专业学位的教育模式具有较为明确的职业和专业指向。

我国正处于加快转变经济增长方式,提高国际竞争力的关键时期。职业分化越来越细,职业种类越来越多,社会对高级专门人才的需求也越来越强烈。培养出特定职业领域的高层次应用型人才,促进人才资源的结构规模适应并进一步满足社会经济的发展需要,是实施人才强国战略的重要内容,同时也是高等教育改革和发展义不容辞的使命。

2010年颁布的《国家中长期人才发展规划纲要(2010—2020年)》明确指出,到2020年,我国人才发展的总体目标是:培养和造就规模宏大、结构优化、布局合理、素质优良的人才队伍,确立国家人才竞争比较优势,进入世界人才强国行列,为在本世纪中叶基本实现社会主义现代化奠定人才基础。为了适应发展现代产业体系和构建社会主义和谐社会的需要,国家需要加大重点领域急需紧缺专门人才开发力度。在装备制造、信息、生物技术、新材料、航空航天、海洋、金融财会、国际商务、生态环境保护、能源资源、现代交通运输、农业科技等经济重点领域培养开发急需紧缺专门人才 500 多万人;在教育、政法、宣传思想文化、医药卫生、防灾减灾等社会发展重点领域培养开发急需紧缺专门人才 800 多万人,确保经济社会发展重点领域各类专业人才数量充足,整体素质和创新能力显著提升,人才结构趋于合理[①]。

为了配合上述人才强国建设战略,同年公布的《国家中长期教育改革和发展规划纲要(2010—2020 年)》也明确强调,加快发展专业学位研究生教育,优化区域布局结构。重点扩大应用型、复合型、技能型人才培养规模,适应全面建设小康社会,建设创新型国家的需要[②]。

国家推进专业学位研究生教育的建设,加强专业型、应用型人才建设的战略决策充分把握了高等教育的发展趋势与规律。综观 20 世纪的世界高等教育发展史,各国在经济转型期均大力调整研究生教育结构,积极发展专业学位教育,形成了较为完善的专业学位教育体系。如美国在 19 世纪末 20 世纪初积极改革研究生教育,根据社会经济发展的需求设置了大量与特定职业对接的应用性学位——专业学位,形成了较为完善的学位层次与类型结构,有力地推动了社会分工的细化及社会经济的发展。日本从 2000 年前后开始,从国家政策层面进行顶层设计,以法务研究生院为突破口,在社会科学领域积极推进专业学位建设,在硕士研究生层面形成了专业硕士与学术硕士并立的格局,对研究生教育的发展及社会经济建设均产生了积极的作用。研究生教育发展的上述国际趋势为我国加快加大专业学位研究生教育的建设提供了重要启示。

虽然理论上专业学位研究生教育有明确的职业性、应用性指向,但在实践层面如何在具体的教育模式与质量评价标准上体现职业性、应用性指向,以区别于一般的学术学位,依然是一个复杂的难题。实际上各国的专业学位在发展过程中均出现过波折。专业学位研究生教育的层次与数量规模究竟如何匹配社会经济的发展格局;其与相关行业的职业资格究竟如何衔接以适应与促进行业发展;如何发挥行业组织在专业学位研究生教育建设中的积极作用,确

---

① 国家中长期人才发展规划纲要(2010—2020 年)[EB/OL] http://www. mohrss. gov. cn/zynljss/ZYNLJSSzhengcewenjian/201011/t20101112_83442. html.

② 教育部. 国家中长期教育改革和发展规划纲要(2010—2020 年)[EB/OL]. http://old. moe. gov. cn/publicfiles/business/htmlfiles/moe/info_list/201407/xxgk_171904. html.

保专业学位研究生教育的各利益相关者的权益,解决这些问题对专业学位研究生教育的持续稳定发展具有重要的理论意义。

从我国专业学位发展实践看,自 20 世纪 90 年代开始设置专业学位以来,我国已设置 1 个专业学士学位、39 个专业硕士学位、5 个专业博士学位,累计培养 100 余万人,为国家建设培养了大批高级应用型人才[①]。不过需要指出的是,我国专业学位教育发展也存在诸多问题,专业人才的培养质量与数量还未能填补国家与社会需求的较大缺口,专业学位设置数量相对较少,整体规模结构相对滞后于社会经济发展及专业化社会分工发展的需求。如何大力培养重要支撑行业所需的专门人才,加紧设置相应的专业学位,加强其与相关职业资格的衔接,成为我国研究生教育进一步发展的主要课题。

基于上述认识,本书计划对美、英、日等国的专业学位的结构规模及培养状况进行分析,通过实证及计量统计等方法,探讨其与社会经济发展的适应状况及问题,在此基础上构建专业学位与社会经济发展的适切模型框架,并据此提出改进专业学位教育发展的相关对策。

第二节 核心概念界定

本书涉及的核心概念主要有三:专业学位、适切性及专业学位研究生教育适切性。

一、专业学位

所谓专业学位(Professional Degree),一般主要是指针对工程、医学、法律、财经等特定职业领域的需要,为培养具有较强专业能力和职业素养、能创造性地从事实际工作的高层次应用型专门人才而设置的一种学位类型[②]。从国际上看,专业学位教育主要以硕士学位为主,包括部分博士及学士学位等。

[①] 中国学位与研究生教育信息网. 学位类型[EB/OL]. http://www.cdgdc.edu.cn/xwyyjsjyxx/xwbl/xwzd/xwlx/.

[②] 中国学位与研究生教育信息网. 硕士专业学位全解读[EB/OL]. http://www.cdgdc.edu.cn/xwyyjsjyxx/gjjl/.

总体而言,其与相应的学术学位在学位层次上处于同一层次,但在培养规格方面各有侧重。

从上述定义可以看出专业学位具有两方面的显著特点:一是学位教育;二是特定行业指向的专业教育。

一方面,作为高等教育重要组成部分的学位教育,专业学位教育是高层次的专业教育,这是其与其他职业教育(Vocation Education)有明显差异之处。虽然两者均是与特定行业人才培养密切关联,具有较强的应用性与实践性指向,但是职业教育更侧重行业操作技能的训练。与此相比,专业学位教育侧重于与专业技术发展相关的知识体系的理论教学。除了专业技术技能的操作训练外,更重要的是其在教学内容设计方面必须提供充足的理论教学。这是由专业与职业的差异所决定的。

另一方面,虽然同是大学主导的学位教育,但专业学位教育与偏重理论与研究,以学术研究为导向的学术型研究生教育在教育目标、教学模式、学位标准等方面也存在较为明显的差异。专业学位教育主要是对应于需要较强专业能力及职业素养的特定的职业领域,培养在某一专业(或职业)领域具有坚实的基础理论和宽广的专业知识,具有较强的解决实际问题的能力,能够承担专业技术或管理工作,具有良好职业素养的高层次应用型专门人才。这使其教育内容与培养模式有明确的实践与应用指向性,必须与行业实践紧密对接。其教学内容强调理论性与应用性的有机结合,在其教育质量的标准及审核方面主要依托于行业实践的判断。

总体而言,专业学位是专业性、应用性的高层次的学位教育体系,是学位教育在专业应用技术领域的特殊体现。由于专业学位教育的主体集中于研究生教育,硕士层次以下的专业学位教育所占比例极低,且其专业培养要求与质量规格也高于普通的学士学位教育,所以一般也用专业学位研究生教育来指代专业学位教育。

二、适切性

适切性的英文词源为 Relevance。周南照和张学忠主编的《英汉教育词典》中对 Relevance 的界定是贴切性与关联性。从字面含义看,适切性指某事物与其所处的环境中的诸多因素的相关程度,表现为是否合适、紧密等特征。

作为学术名词,Relevance 出现在联合国教科文组织 1995 年发表的报告书《关于高等教育的变革与发展的政策性文件》中,其中文对应词被译为"针对性",后来有学者将其改译为"适切性",并对该词含义解释为"适切性主要指某事物与其他相关因素的协调统一程度,是否针对、适应、切合某方面的需要。某事物的适切性主要由两部分构成,一是该事物与外部因素的适切性,二是事物自身内部的适切性"[①]。

如上所述,在文献中,适切性一词,指的是某事物与其所处环境中诸多因素的相关程度,通常表现为适当、恰当或适合需要等方面的特征。这种特征除了事物内在的品质以外,还有适应周边其他事物需求并与之互动的一面。因此,适切性实质是运用系统论、整体论的视角去辩证分析事物与其周边环境的相关关系。

基于上述认识,在本书中,所谓适切性的概念主要包括两方面的含义,一是被动的适应,二是主动的超前与引领。两者既是一对矛盾体,同时在特定场合又相辅相成,具有一定的相关性。一方面,任何事物的产生与发展都是在一定的空间与时间环境下形成的,其发展能力与发展水平受到客观环境的制约,其发展的顺畅与否与客观环境的耦合度密切相关,这是任何事物形成与发展的前提。另一方面,具有主观能动性的主体,对客观环境又具有一定的改造能力,能够有意识、有目的地设计与规划、改变与推进事物的发展走向。

教育领域的适切性同样具有上述的两重性:一是教育作为上层建筑应该适应并满足经济社会发展的需求,其发展方向、规模与能效在很大程度上受到环境的制约。二是教育又具有一定的主观性与能动性,它在与经济社会的关系中并非扮演一种被动消极的角色。通过学科学类布局的调整、人才的培养及科研成果的有效转化,教育又具有适当超前并主动引领社会经济发展的职能。高等教育的社会适切性是当代高等教育发展的一大方向。2009 年的巴黎世界高等教育大会已将适切性与公平、质量并列为高等教育发展的三大目标,

---

① 马其君.课堂管理行为策略在农村小学新课程实施中的适切性研究[D].成都:四川师范大学,2007.

强调高等教育发展既要响应又要能预见社会的需求(Both Respond to and Anticipate Societal Needs)。

三、专业学位研究生教育适切性

所谓专业学位研究生教育适切性,指的是专业学位研究生教育适应并引导社会经济需求的特性。

基于专业学位的职业性、应用性指向的内涵特性以及高等教育服务社会的职能需求等要素,专业学位应该而且必须与社会经济发展同步,在特定情况下甚至可适度超越社会经济的发展水平,以带动产业结构的提升与社会经济的跨越式发展。

从内容结构看,专业学位教育的适切性主要包括三个层面:一是在数量规模与层次结构方面的适切性。包括专业学位的学位类别、数量规模、层次结构适应与满足宏观经济社会发展的需要并能适度引领与推动产业升级与专业分工的细化。二是培养模式与教育内容方面的适切性。包括专业学位的课程结构模块、教学内容设置、教学方式、师资配备等应体现相关行业对从业人员的能力素质的要求,其教育模式与培养机制适应行业发展趋势,并与行业组织密切协同。三是在质量保障方面,专业学位作为职业性、应用性指向的学位教育,其质量保障标准必须体现行业准入要求,专业学位的教育质量认证、毕业资格审定与相关行业的执业资格能够形成一定的匹配关系,而这种匹配关系是基于行业发展的专业特性需求之上的,在匹配关系的构建中行业发展的需求与趋势能够得到充分的体现与保障。

第三节 文献综述

一、国外专业学位研究生教育的研究状况

专业学位教育首先产生于美国,在长期的教育实践过程中,以美国为代表的国际学术界对专业学位教育的研究形成了较为丰富的体系,主要涉及以下几个方面。

（一）专业学位教育内涵属性的理论研究

关于专业教育的定义和本质的研究随着专业学位教育规模的发展而发展。20世纪初期的卡耐基基金会资助的对美国医学和法律专业教育的全面研究对美国专业教育的发展产生了重大的影响。医学、法律和神学等从英国继承而来的传统专业教育开始改革其筛选机制、教育计划并提高专业资格的标准等以完善和提高专业教育质量与社会声誉。而20世纪初美国大公司和教育机构的大规模发展为工程师、教师和会计师等专门化职业的教育发展提供了机会。这些专业在19世纪末20世纪初，在学术化、精英化导向的传统大学被视为边缘专业，由于缺乏独立于其客户的专业知识和技能，其专业化程度无法与法律和医学等传统的成熟专业教育相比较。这也是专业教育发展急需解决的一个核心问题：明确专业教育的定义和特征，即专业教育区别于人文和通识教育的基本要素和特征[①]。

从基本要素的角度而言，莫尔顿·科恩（Morton. Corn）认为一个专业应具备十大要素：知识和技能的专业化程度、特定的职业道德和行为规范、公共服务和利他性、严格的能力测试、考核和资格证书或执照要求、较高的社会地位、较高的经济回报、职业生涯模式或晋升阶梯、市场服务的垄断，以及自主管理权[②]。这些要素中专业人士对专业知识和技能的垄断和排他性是专业的首要要素。当然并非所有的专业教育都具备以上所有要素，各专业的要素也不完全相同。比如对市场服务的垄断这一方面，律师和会计师对市场服务的垄断程度就存在较大的差异。伯克·克里斯滕森（Burke A. Christensen）认为一个专业应该具备四项基本条件。第一，专业内容必须达到一定的深奥程度，普通未受过专业教育和培训的人无法理解，必须依靠专业人士的专业知识和技能才能完成任务。第二，专业必须设置准入标准和障碍，确保专业人员的专业素质和能力。第三，专业必须拥有特定的行为规范，在法律制约的基础之上，约束该专业成员的职业行为。第四，专业必须拥有专业组织监督成员的行

---

① Corn，Morton. Professions，Professionals，and Professionalism［J］. American Industrial Hygiene Association Journal，55（7），1994：590-596.

② Corn，Morton. Professions，Professionals，and Professionalism［J］. American Industrial Hygiene Association Journal，55（7），1994：590-596.

为和强制实施专业行为的规范①。总体而言,上述研究表明,专业教育是基于行业发展需求,建立于专业特性之上的具有一定行业特殊性及职业指向的教育类型。

(二)有关专业学位教育恰当性与发展趋势的相关探讨

克拉克·科尔(Clark Kerr)认为美国的高等教育体制融合了英国的学院(注重本科通识教育)、德国的研究生院(强调科研和研究生教育)和美国本土的赠地大学(注重职业教育和公共社会服务)三种体制②。美国高等教育历史研究大都集中于其研究生院和赠地大学的特征,而这两类学院都具有高度的实用专业和职业教育价值观。大卫·拉巴里(David F. Labaree)认为美国创立的三种高校类型:赠地大学、教育学院和社区学院都带有非常强的职业教育使命③。职业和专业高等教育在美国迅速发展的主要原因是美国的政治经济环境。政府对高等教育经费资助的不足和管理控制较少,使得美国高校享受高度自主办学权的同时,深受市场力量的调控。大量研究探讨了经济和劳动力市场对美国职业和专业化高等教育发展的影响。比如大卫·布朗(David K. Brown)分析了19世纪晚期社会对资格证书的推崇及对高等教育扩张的影响④。唐纳德·列文(Donald O. Levine)研究了20世纪20—30年代以职业教育为导向的专业、学院和大学的兴起⑤。奥尔登·杜汉(E. Alden Dunham)分析了50—60年代注重实用价值观的地方和州立大学在美国的出现⑥。斯蒂文·布林特(Steven Brint)和杰罗姆·卡拉贝尔(Jerome Karabel)研究了20

---

① Christensen, Burke A. What is a Profession? [J]. Journal of the American Society of CLU & ChFC, 48 (1), 1994:28-29.

② Kerr, Clark. The Uses of University, 5th ed[M]. Cambridge: Harvard University Press, 2001:7-14.

③ Labaree, David F. Mutual Subversion: A Short History of the Liberal and the Professional in American Higher Education[J]. History of Education Quarterly, 46 (1), 2006:1-15.

④ Brown, David K. Degrees of Control: A Sociology of Educational Expansion and Occupational Credentialism[M]. New York: Teachers College Press, 1995.

⑤ Levine, Donald O. The American College and the Culture of Aspiration, 1915－1940[M]. Ithaca: Cornell University Press, 1986.

⑥ Dunham, Edgar Alden. Colleges of the Forgotten Americans: A Profile of State Colleges and Universities[M]. New York: McGraw Hill, 1969.

世纪美国社区大学的职业化发展历程①。罗杰·盖格（Roger L. Geiger）分析了20世纪末美国研究型大学中消费主义和以市场为导向的研究的兴起②。

与美国高等教育职业化和专业化发展趋势的观点相反，一些学者认为美国的专业化高等教育在逐步地向学术教育方向转变。20世纪以来专业教育学院逐步并入大学，专业化教育逐步模仿学术或通识教育，比如采用抽象的专业术语、发展理论框架和严格的研究方法论③。法学院在培训学生撰写法律报告、法庭辩论技巧、谈判技巧和与客户交流的技巧的同时，也注重培养学生法学知识、逻辑和辩论等通识教育注重的知识和能力。一向以缺乏学理基础著称的教师培训和工商管理教育也包含了越来越多的学术教育成分。比如教师培训的课程中教学心理学、课程理论、教师和学校的社会学、教育历史和哲学所占的比例越来越高④。工商管理专业通常要求学生掌握经济学原理、组织的社会学、有效领导的心理学和有关商业环境的其他学科理论知识。50年代福特和卡耐基基金会大力推动学术的、以研究为基础的、研究生教育层次的工商管理专业模式的发展。不过，大卫·拉巴里认为这两种观点并不矛盾，因为美国高等教育体制的分层使得不同层次的高校呈现出不同的职业化和学术化发展趋势⑤。总体上，专业的职业化或专业化程度随着办学层次的提高而降低。

罗伯特·罗斯曼（Robert A. Rothman）在《去专业化：美国的法律专业》一文中分析了20世纪后期美国法律行业的自主垄断权力受到来自社会和经济发展各方面的侵蚀⑥。20世纪早期法律行业在美国建立和发展了高度民主的自主和自治权力，在提供法律专业服务方面行使垄断的权力。法律职业自主

① Brint，Steven & Karabel，Jerome. The Diverted Dream：Community Colleges and the Promise of Educational Opportunity in America，1900－1985[M]. New York：Oxford University Press，1989.

② Geiger，Roger L. Knowledge and Money：Research Universities and the Paradox of the Marketplace[M]. Stanford：Stanford University Press，2004.

③ Brint，Steven. The Rise of the "Practical Arts". In Brint，Steven ed. The Future of the City of Intellect：The Changing American University[M].Stanford：Stanford University Press，2002.

④ Goodlad，John I. Teaching for Our Nation's School[M]. San Francesco：Jossey-Bass，1990：247.

⑤ Labaree，David F. Mutual Subversion：A Short History of the Liberal and the Professional in American Higher Education[J]. History of Education Quarterly，46（1），2006：1-15.

⑥ Rothman，Robert A. Deprofessionalization：The Case of Law in America[J]. Work and Occupations，11（2），1984：183-206.

权来源于这一职业成员的团结,他们利用自我管理和专业知识阻止了政府对其行为的干涉。但是社会和政治发展趋势可能削弱法律职业的权威性。公众受教育程度的提高、对法律知识的了解的增加以及立法机构的权力的增加不断挑战着法律职业的自主权和对法律专业知识的垄断。律师对法律行为的垄断也面临着会计和保险等专业人士的挑战。法律这一职业自身的分化和法律机构的聘任模式削弱了该职业的团结。

关于大学教育应该是培养学生一般学术能力的通识教育还是培养学生从事某项职业的技能的专业教育一直是高等教育研究的核心问题之一,其中最具代表性的著作莫过于约翰·亨利·纽曼(John Henry Newman)的《大学的理想》[*The Idea of a University* (1852)]和阿弗烈·诺夫·怀特海(Alfred North Whitehead)的《教育的目的和其他文章》[*The Aims of Education and Other Essays* (1929)]①。纽曼认为大学教育应该是为教育而教育,不是某项具体的职业培训。他提倡通识教育的本质是培养学生的理解能力、探索精神以及原创研究的能力与习惯。但是怀特海则认为教育的唯一目的是教育学生如何生存,"教育是获得如何利用知识的艺术"②。小乔治·休斯顿(George R. Jr. Houston)认为在当今知识信息爆炸的时代,专业和通识教育之间的对立是虚假的。专业教育和通识教育应该相互补充,相互促进,既培养学生的理论和抽象思维能力,又培养学生的实践技能。在他眼中,会计、教育、医学和法律的专业学位教育有效地将专业和通识教育结合在一起③。

与以往研究高等教育职业化和专业化发展趋势的消极影响和批评不同,诺顿·格鲁布(Norton Grubb)和马文·拉泽森(Marvin Lazerson)认为美国的高等教育对于职业化和专业化的发展趋势有其积极的社会和教育意义,至少它使得高等教育对学生和雇主更加有吸引力,为高等教育争取公共经费提供了有利的论据:大学不只是保护上层精英利益的堡垒,也是促进公共利益的大

---

① Houston, George R. Jr. Bury the Liberal vs Professional Arts Debate[J]. Education, Chula Vista, 117 (1), 1996: 12-17.

② Whitehead, A. N. The Aims of Education and Other Essays[M]. New York: The Free Press, 1929: 4.

③ Houston, George R. Jr. Bury the Liberal vs Professional Arts Debate[J]. Education, Chula Vista, 117 (1), 1996: 12-17.

众型机构①。因此,如何更好地将专业化的教育与通识人文教育相结合是最大的挑战。

总体而言,社会经济的发展与变革对专业人才的需求产生了强有力的刺激作用,这是专业学位教育不断发展壮大的主要动力。上述对专业学位教育发展趋势及恰当性的研究有助于在复杂社会系统下准确地把握专业学位教育的目标定位与发展方向,以适应并满足社会发展的需求与要求。

(三)有关专业学位教育的现状及问题的研究

几乎所有专业学位教育都有自己的学术期刊报道各自专业教育的历史、现状、组织和管理、创新、面临的问题和未来的发展等。对美国专业和研究生教育的系统研究最持久的莫过于卡耐基基金会资助的专业教育和研究生教育研究。卡耐基基金会从 20 世纪初开始就持续研究美国专业和研究生教育的现状、问题及发展。比如 1921 年阿尔弗莱德·吕德(Alfred Z. Reed)在《法律公共职业人员的培养》(*Training for the Public Profession of the Law*)这份卡耐基研究报告中研究了美国法律教育的历史发展、原则和发展状况。该报告还分析了律师资格规定、法学院和律师协会组织对美国法律职业的组织和招募的影响②。1910 年,亚伯拉罕·弗莱克斯纳(Abraham Flexner)发表了对 155 所美国和加拿大医学院的调研报告。报告涉及北美医学教育的课程、财务问题、专业分类、州政府的医学教育董事会以及其他类型的医学教育等方面的问题。在与德国大学医学教育体制比较的基础上,弗莱克斯纳批评了北美医学教育质量的平庸、医学院和教师的赢利动机、部分医学院课程设置和设施的不足以及医学专业培养的非科学方法,并据此提出了一个改革美国医学教育的整体发展计划③。弗莱克斯纳的报告对美国医学教育产生了深远的影响。2006 年库克(M. Cooke)等学者将弗莱克斯纳的报告列为美国医学教育发展

---

① Grubb, Norton & Lazerson, Marvin. The Education Gospel: The Economic Power of Schooling[M]. Cambridge: Harvard University Press, 2004.

② Reed, A. Z. Training for the Public Profession of the Law Bulletin Number Fifteen (1921) [EB/OL]. http://www. carnegiefoundation. org/publications/pub. asp? key=43&subkey=962

③ Cooke, M. Irby, D. M. Sullivan, W. & Ludmerer, K. M. American Medical Education 100 Years after the Flexner Report[J]. The New England Journal of Medicine, 355 (13), 2006: 1339-1344.

的里程碑,并总结了其后百年中美国医学专业教育的变化以及为培养 21 世纪医学人才所需要的改进[①]。

进入 21 世纪,卡耐基基金会的专业和研究生教育项目进一步积极开展法律、医学、工程、护理和神学等五个专业学位教育的案例研究。对 16 所代表不同地区、质量和类别的美国和加拿大法学院的案例研究报告《律师教育》于 2007 年出版。《律师教育》认为美国和加拿大的法律教育面临的调整是将法律教育者的兴趣与法律实践者的需要以及法律服务对象,即公众的需要,结合在一起。

苏利文(W. M. Sulivan)等通过案例比较研究总结出美国法律专业教育的五大特点[②]:一是法学院在培养学生的"法律思维"方式方面较为有效。法学院在第一学年就成功地培养学生熟悉法律程序和规则、掌握筛选证据和判例的技巧以及进行辩护的能力。总之,法学院能在最短时间内教会学生如何像"律师一样思考"。二是教学过程中法学院大都依靠一种教学方法:案例与对话。案例与对话教学方法注重培养学生的分析能力、抽象思维能力和系统思维能力。三是案例与对话教学方法有其优势但也有意料外的后果。该方法通常将真实的法律案件抽象化和简单化,以便教师与学生之间开展抽象的法理辩论。在案例与对话教学过程中,学生通常仅从法律的角度分析现实问题。这一教学方法的两大缺陷是:一方面它忽略了培养学生在现实和复杂的法律实践中综合运用法律思维的能力;另一方面,法学院只注重培养学生的法律分析能力,而忽视了培养学生的职业道德和社会技能。四是法学院对学生的评价过于注重总结性评价,而忽略了形成性评价。法学院的入学资格考试(Law School Admissions Test)、每一学年的年度考核以及毕业后的律师执照考试

---

① Cooke, M. Irby, D. M., Sullivan, W. & Ludmerer, K. M. American Medical Education 100 years after the Flexner Report[J]. The New England Journal of Medicine, 355 (13), 2006:1339-1344. Correspondence. Medical Education after the Flexner Report[J]. The New England Journal of Medicine, 356 (1), 2007:90-91.

② Sullivan, William M. Colby, Anne. Wegner, Judith Welch. Bond, Lloyd & Shulman, Lee S. Summary of the Findings and Recommendations from Educating Lawyers: Preparation for the Profession of Law[EB/OL]. http://www.archive.carnegiefoundation.org/pdfs/elibrary/elibrary_pdf_632.pdf.

(Bar Examination)分别在不同阶段对学生进行总结性的评价。总结性评价能够有效地保证学生和毕业生符合基本的能力标准。形成性评价能够更好地支持和帮助学生的学习。它在其他专业已经有较为广泛的应用,但是法学院对此的应用极少。五是法律教育的改善和提高大都是分散的、渐进的,而非综合系统的。针对这五大发现,苏利文等建议法律教育应采取更加综合的模式,并提出七项具体建议。

除整体和案例研究之外,关于专业学位教育的研究更多地着眼于教育过程和管理的各个方面,包括目标和使命、录取标准(入学要求/资格)、学生特征、师资和其他资源投入、成本、课程结构、教学方式、管理和考核等。比如皮特·赖利(Peter Reilly)探讨了运用谈判教育的方式提高法律学生情商的尝试[1],卫·鲍文(David Bowen)和安吉拉·卡布雷拉(Ángel Cabrera)讨论了21世纪全球管理的专业化问题[2],苏珊·马洛(Susan Marlow)和莎拉·卡特(Sara Carter)分析了会计职业面临的职业地位、性别歧视和自由就业等改革问题[3],加里·克莱曼(Gary B. Kleinman)和盖尔·法雷利(Gail E. Farrelly)对会计行业的专业教育内容展开评论[4],卡罗尔·阿克哈(Carol Ackah)和诺玛·希顿(Norma Heaton)研究了人力资源管理职业生涯中的性别差异问题[5],斯蒂芬·普利贝(Stefan Priebe)和唐娜·瑞特(Donna Wright)则对心理治疗专业的教育状况进行了国际比较[6]。此外,凯尔西·西蒙(Kelsey V. Simons)分析了组织结构对家庭护理社会服务专业资格证书的影响[7]。第一专

---

[1] Reilly, Peter. Teaching Law Students How to Feel: Using Negotiations Training to Increase Emotional Intelligence[J]. Negotiation Journal, 21 (2), 2005:301-314.

[2] Cabrera, Ángel & Bowen, David. Professionalizing Global Management for the Twenty-First century[J]. The Journal of Management Development, 24 (9), 2005:791-806.

[3] Marlow, Susan & Carter, Sara. Accounting for Change: Professional Status, Gender Disadvantage and Self-Employment[J]. Women in Management Review, 19 (1/2), 2004:5.

[4] Kleinman, Gary B. & Farrelly, Gail E. A Comment on the Accountability of the Accounting Profession[J]. Journal of Applied Business Research, 12 (2),1996:75-82.

[5] Ackah, Carol& Heaton, Norma. Human Resource Management Careers: Different Paths for Men and Women? [J]. Career Development International, 8 (3), 2003:134-142.

[6] Priebe, Stefan & Wright, Donna. The Provision of Psychotherapy: An International Comparison[J]. Journal of Public Mental Health, 5(3), 2006:12-22.

[7] Simons, Kelsey V. Organizational Characteristics Influencing Nursing Home Social Service Directors' Qualifications: A National Study[J]. Health & Social Work, 31 (4), 2006: 266-274.

业学位教育中的公平问题也是专业学位研究的焦点问题之一。《高等教育中的黑人问题》这一期刊每年定期刊登第一专业学位的新生录取和毕业生统计数据和分析第一专业学位教育中的性别和种族歧视问题①。

专业道德和行为规范的制定和执行、它们在专业资格认证标准中的体现方式以及专业学位教育中对学生专业道德的教育近年来倍受关注。法律行业的职业道德和行为规范一直是法学学位资格认证和法律教育专业中的争议焦点和改革中心议题。约翰·吉布(John Gibeaut)研究发现州政府律师资格考核和颁发机构以及美国律师协会(the American Bar Association,简称 ABA)的统计都表明律师在法庭中的职业行为的文明程度在下降,恶意程度在上升。他将这一现象主要归因于法律作为一项使命的观念在淡化,经济压力使得律师更难抽时间从事公共服务工作等。他呼吁法学院在法律学生培养过程中应加强职业道德教育,律师资格的权威机构以及律师协会也应该负起领导和继续教育的责任②。布埃舍尔(B C. Buescher)指出美国律师协会行为规范标准虽然满足了美国证券及交易委员会(the U. S. Securities and Exchange Commission,简称 SEC)的要求,但是无法解决有偿法律服务面临的道德问题③。律师是否应该做广告以及法律服务广告的道德问题一直是法律专业教育中关于职业道德行为的研究重心之一④。

随着美国大公司财务和审计丑闻的频繁发生,如何加强工商管理专业对学生的职业道德和行为规范的教育,明确专业认证中对职业道德和行为规范约束性规定的研究及探索变得异常迫切。经济全球化环境中跨国公司和注册会计师面临的各种不同的政治、经济和文化不断挑战着现行专业教育中的职

---

① Anonymous. First Professional Degrees 2003-2004[J]. Black Issues in Higher Education,22 (11),2005:72-80.

② Gibeaut, John. Nourishing the Profession: Report on Professionalism Calls for Ethics Training, Civility Rules in Court[J]. ABA Journal, 83, 1997:92.

③ Buescher, Brian C. ABA model rule 7.6: The ABA Pleases the SEC, but Does not Solve pay to Play[J]. The Georgetown Journal of Legal Ethics, 14 (1), 2000:139-158.

④ Andrus David M. The Advertising of Legal Services to Small Business Executives[J]. Journal of Professional Services Marketing, 12 (1), 1995:139-162. Patterson, Larry T. & Swerdlow, Robert A. Should Lawyers Advertise? A Study of Consumer Attitudes[J]. Academy of Marketing Science, 10 (3), 1982:314-326.

业道德和行为规范的标准。比如戈德瓦塞尔(Dan L. Goldwasser)指出会计师公开信息的义务与保护客户隐私的现实矛盾日益激化[①],杰尼·贝克弗(Jeanne F . Backof)和小查尔斯·马丁(Charles L Jr . Martin)从历史角度分析了工商管理专业道德规范的发展[②],帕尔默(E . Palmer)着重研究了跨国公司面临的商业道德规范的挑战[③]。这些研究都反映出专业教育与行业现实之间的相关性与矛盾冲突。

总体而言,从上述对专业学位教育内容的研究可以看出,专业学位是职业指向性明确的学位教育,其专业教育内容与行业发展需求有高度的相关性。

(四)专业资格认证必要性和资格证书互认机制的研究

相对高校整体办学资格的认证而言,专业层次的资格认证在美国一直倍受争议。支持专业资格认证的学者认为,恰当的外部专业团体的确认可以推动专业质量的不断提高,向公众保证专业的品质,为专业的内部协调提供机会和平台,促进高校之间的交流,并提升专业的声誉和可信度[④]。批评的观点则认为众多的专业资格认证消耗了大量的教职工时间和资源,抑制了教学活动的创造性。更重要的是缺乏数据证明专业资格认证标准与教学成果之间的必然联系,教师对专业资格认证标准的理解和应用并不一致[⑤]。许多学者担心专业资格认证可能会导致专业课程过于统一和缺乏特色,抑制专业学位教育的创新和改革。

在现实世界,美国专业资格认证与行业从业资格的颁发之间存在着密切

---

① Goldwasser, Dan L. Growing Conflict over Accountants' Duty of Disclosure[J]. The CPA Journal, 57 (9), 1987:86-87.

② Backof, Jeanne F. & Martin, Charles L. Jr. Historical Perspectives: Development of the Codes of Ethics[J]. Journal of Business Ethics, 10 (2), 1991:99-111.

③ Palmer, E. Multinational Corporations and the Social Contract. Journal of Business Ethics[J]. 31 (3), 2001:245-258.

④ Hagerty, Bonnie M. K. & Stark, Joan S. Comparing Educational Accreditation Standards in Selected Professional Fields[J]. The Journal of Higher Education, 60 (1), 1989:1-20. Commission on Institutions of Higher Education: Role and Value of Accreditation[EB/OL]. http://www. neasc. orgciheciherole. htm.

⑤ Hagerty, Bonnie M. K. and Stark, Joan S. Comparing Educational Accreditation Standards in Selected Professional Fields[J]. The Journal of Higher Education, 60(1), 1989:1-20. Huffman, J. The Role of Accreditation in Preserving Educational Integrity[J]. Educational Records(63), 1982:41-44.

的联系。由于行业从业资格的颁发通常属于州政府的职权范围,因而不同州之间对各自行业资格,比如律师资格、注册会计师资格和教师资格证书等的相互承认机制、程序以及过程一直是专业资格认证的一个重要研究问题。随着经济和信息全球化的发展,国际上的职业资格证书互认也成为研究的中心以及专业资格认证机构议程中的重点议题。职业资格证书或执照的标准的一致性,尤其是资格认证标准比较宽泛和灵活的专业(大多数专业硕士学位专业),是研究的重点。比如约翰·凯利(John L . Carey)对职业资格证书标准统一性问题的研究①,弗朗西斯·帕利梅(Frances Plimme)对美国各州之间在职业资格证书上的相互承认问题的研究②,德里克·杰弗瑞(Derek Jefferies)和朱利亚·艾弗兹(Julia Evetts)对工程和科学职业资格证书领域的国际互认方式的研究③,安德鲁·伯尔曼(Andrew M. Perlman)对各州实施的外州律师准入资格规定的违法性的分析④,以及玛丽安·哈米克(Marilyn Hammick)对专业学位资格认证中的政治环境和道德困境的研究⑤等都是这方面比较有影响力的研究。上述这些研究通过专业认证为进一步构建专业学位与职业资格对接关系的必要性与可行性提供了系统完整的研究分析视角。

(五)具体领域的专业教育资格认证标准的研究

专业教育资格认证的标准和要求,包括目标和使命、录取标准和方式、课程结构、教学方法、师资和其他资源的投入、管理和考核、成本等都是学者们关注的对象。例如克劳福德(C B. Crawford)等人对组织领导专业的专业硕士

---

① Carey,John L. Uniform Standards for Professional Qualifications[J]. Journal of Accountancy 95 (1),1953:36-37.

② Plimmer, Frances. Mutual Recognition of Professional Qualifications [J]. Property Management,20 (2),2002:114-136.

③ Jefferies,Derek & Evetts, Julia. Approaches to the International Recognition of Professional Qualifications in Engineering and the Sciences. European Journal of Engineering Education,25 (1), 2000. pp.99-107.

④ Perlman,Andrew M. A Bar against Competition:The Unconstitutionality of Admission Rules for Out-of-State Lawyers[J]. The Georgetown Journal of Legal Ethics,18 (1),2004:135-178.

⑤ Hammick,Marilyn. Validation of Professional Degrees:the Micropolitical Climate and Ethical Dilemmas[J]. Quality Assurance in Education,4 (1),1996:26.

学位教育及其师资、成本和教学方式的分析①，克里斯托弗·萨比斯(Christopher Sabis)和 & 丹尼尔·韦伯特(Daniel Webert)对律师教育的知识结构及其要求标准的研究②，都是这方面有代表性的研究。雷文·玛哈(Liwen Mah)的研究表明美国律师协会制定的职业责任标准中，对如何处理与客户的关系等社会行为规则有明确的规定，但这些规定更多的是律师对同行社会行为的期望，而并非一定是客户对律师社会行为的期望。随着美国社会族裔和文化多元化的发展，律师的社会行为规则应该改革以满足不同文化背景的客户的要求③。此外，自美国注册会计师资格考试采纳了 150 小时学位教育学时的要求后，它的执行情况成为学者们关注的工商管理专业教育改革的主要问题④。

哈格蒂(Bonnie M K. Hagerty)和斯塔克(Joan S. Stark)通过文献分析和对教师的问卷调查，比较了建筑、工商管理、工程、法律、图书管理科学、护理、药剂学、新闻学和社会工作等十个专业学位教育专业的资格认证标准，分析其对专业教育的结果(学生成就)、目标、课程结构(教师、学生和课程)和过程(管理、考核和资源设施)的规定的清晰程度以及教师对此的态度和意见⑤。她们的研究发现，几乎所有专业的资格认证标准中都对该专业教育的目标、课程结构和培养过程有详尽的表述和规定，其中对目标和使命的规定最为细致。但是十个专业中只有四个专业，建筑、工程、法律和社会工作的专业资格认证标准对学生成就做出较为清晰的规定。建筑学专业资格认证标准中对毕业生成

①　Crawford, C. B. et al. Graduate Programs in Organizational Leadership: A Review of Programs, Faculty, Costs, and Delivery Methods[J]. Journal of Leadership & Organizational Studies, 8 (4), 2002:64-74.

②　Sabis, Christopher & Webert, Daniel. Understanding the "Knowledge" Requirement of Attorney Competence: A Roadmap for Novice Attorneys[J]. The Georgetown Journal of Legal Ethics, 15 (4), 2002:915-134.

③　Liwen Mah. The Legal Profession Faces New Faces: How Lawyers' Professional Norms Should Change to Serve a Changing American Population[J]. California Law Review, 93 (6), 2005: 1721.

④　Hensler, Emil J, Jr. Implementing the 150 Hour Accounting Requirement[J]. The Mid-Atlantic Journal of Business, 26 (2),1990: 61-68. Anderson, Henry R. The 150-Hour Requirement: Florida's Experience[J]. The CPA Journal, 58 (7),1988:56-62.

⑤　Hagerty, Bonnie M. K. & Stark, Joan S. Comparing Educational Accreditation Standards in Selected Professional Fields[J]. The Journal of Higher Education, 60 (1), 1989:1-20.

就列出了十项清晰的行为表述,社会工作专业资格认证标准的一个附录提供了课程内容和学生成就相结合的描述。但是其他大多数专业的资格认证标准都没有对学生成就做出明确的规定,而是将其视为学校或专业的职权范围。总体而言,研究表明,专业资格认证是确保专业学位教育质量有效性的关键,而明确专业学位教育的认证内容与边界则是规范专业学位教育专业性、职业性导向的基础。

上述的文献综述表明,大多数有关美国专业学位教育的研究将专业学位教育的发展、专业学位教育的资格认证和职业资格证书或执照的考核和颁发分别进行单独的研究,缺乏将三者结合在一起的系统和全面的研究。然而经验表明专业学位教育的发展与专业学位教育的专业资格认证以及行业从业资格证书的考核与颁发之间也许存在着密切的相互促进或制约的关系。只有将三者结合,开展系统的相关关系分析,才能全面地了解复杂社会需求趋势下专业学位教育发展的合理性与有效性。

二、国内专业学位研究生教育的研究现状

我国的专业学位教育研究兴起于 20 世纪 90 年代,与我国的专业学位教育实践基本同步,研究重心主要集中于以下几个方面。

(一)研究生教育结构类型的综合分析

在对中国研究生教育结构调整进行总体论述方面,浙江大学许为民教授是我国较早开展研究生教育结构研究的学者,他在这方面和自己的同行开展了一系列研究。在《优化结构,实现研究生教育跨越式发展》一文中,许为民指出,我国研究生教育基础薄弱"资源紧缺"的结构性矛盾突出体现在研究生教育重要社会功能的结构性矛盾问题上,强调要优化反映社会分工纵断面和人才资源分层状况的学位层次结构、反映社会分工横断面和人才资源需求状况的学位类型结构和学科类型结构、影响研究生教育质量的导师结构等。他认为,随着研究生教育培养目标的日渐多元化,研究型人才培养的重心应逐渐上移至博士生教育阶段,而硕士生教育的重心将不断偏向应用型人才和复合型人才的培养。

随后包水梅、王根顺(2007)、樊明成(2007)、石鸥、周本回(2008)的研究重

申了许为民的研究结论,他们的研究还论证了研究生教育的区域布局结构问题,指出中西部地区的研究生教育发展规模既不反映经济发展水平,也不反映人口数量的状况,有待调控,并且背离了区域协调发展和教育公平的目的。因此,需积极调整区域布局,加强西部地区研究生教育。

刘艳晖主要从理论上探讨了中国研究生教育结构的整体优化及其发展路径。他对我国研究生教育在人才培养的学科结构与培养规模、类型、层次结构以及地区分布结构与社会需求不相适应等方面进行分析和研究后认为,应该以经济社会发展需要为导向,从理顺政府、培养单位、社会三者之间的关系,依法扩大高等学校的办学自主权,改进研究生培养制度和培养模式等几方面着手调整研究生教育结构。

(二)专业学位本质属性的研究

这部分研究主要侧重两大问题:一是专业学位教育的本质和核心,二是专业学位培养模式的特点。前者主要通过对研究生教育职能发展的理论探讨,强调专业学位教育的本质是对应需要高级技术的行业领域,发展专业学位应强化其与职业技术资格的衔接。其中的代表作主要有王沛民(1999)、董秀华(2004)和杨晶晶(2010)等。后者主要通过专业学位与学术学位的比较,分析专业学位培养模式及质量保障的特点,强调专业学位教育应突出应用性与实践性,同时对学术性也应有适度兼顾。这方面的论文主要有史耀毅(2005)、彭奇东(2006)和胡伶琳(2005)等。总体而言,比较普遍的观点是将"专业性""职业性"作为专业学位区别于学术学位的核心本质。针对上述的主流观点,詹婉华(2008)认为,专业学位仅与科技文化含量较高的职业领域有一定关联,把专业学位称之为职业性学位,定义过宽。专业学位与职业教育的目标不一致,把专业学位当作职业教育,模糊了职业教育的概念;专业学位不同于职业资格,把"职业性"当作专业学位区别于学术学位的基本属性理由不充分。把专业学位称之为职业性学位,把专业学位教育当作职业教育以及把专业学位与职业资格挂钩的提法都值得商榷。

(三)有关专业学位研究生教育的国际比较研究

从国际比较的视角观照中国专业学位研究生教育发展路径一直是专业学位研究生教育研究的一个重要方面,我国学者对此给予了较大关注,也取得了多方面的研究成果。

　　美国是世界上专业学位研究生教育开展最早及最成熟的国家,有关美国专业学位研究生教育发展的特点与经验的研究成果也相对较多。张建功等(2008)对美国专业学位研究生教育的学位结构特点进行分析,王莉华(2008)则侧重从质量保障机制角度对美国专业学位发展的特点进行研究,邓光平(2008)则对美国专业学位与相关行业资格衔接的模式与路径特点进行了探讨。另外,王莹等(2009)对美国专业学位的总体特征进行了宏观概括:严格的准入制度,明确的培养目标,系统化、适应性的课程设置,合理的教学组织形式,严格的学业评估机制等。另外,张秀峰(2016)从专业性的视角对美国的医学、法律、教育等专业学位的培养模式、专业认证及资格匹配等进行了分析。在具体专业领域,目前的研究关注较多的主要有法律、教育及工程等。如张敬锋等(2003)对美国JD学位发展特点的介绍,贺中元(2006)对美国教育硕士培养特点的分析等。

　　日本是近年专业学位研究生发展较为迅猛的国家之一。近年,有关日本专业学位研究生教育改革的研究逐渐增多,主要有高益民(2007)、江虹(2009)等有关日本专业学位研究生院改革模式及作用的研究。在具体专业领域,主要有丁相顺(2001)有关法科大学院与司法制度改革的研究,牛志奎(2008)对日本新型教师教育研究生院的研究。

　　总体而言,有关国外专业学位研究生教育的研究主要侧重对专业学位自身的模式特点进行介绍,对专业学位与国家社会经济发展的互动关系关注较少。值得注意的是张建功等(2008)运用主回归分析法对影响美国专业学位研究生规模的因素所进行的研究。他们通过对美国在1992—2006年间的GDP、人均GDP、人口数量、本科毕业生人数、专职教师数量、高等教育经费投入等因素进行的实证研究表明:影响美国专业学位研究生规模的最主要因素是专职教师数量和经济发展水平。

　　(四)有关专业学位实践与发展战略的研究

　　这部分研究是近年专业学位研究的重点。主要的研究方向可分成四部分:一是基于本校层面的实践,这在研究中占绝大多数。二是基于具体专业领域的发展战略。如黄声琴等(2009)对工程硕士专业的发展及乐章等(2010)对

MPA 发展战略的构想。这些研究的共同点是普遍建议促进专业学位与职业资格的衔接,以此作为强化专业学位发展的推动力。三是基于区域的专业学位发展战略研究。这方面的研究主要有王磊等(2009)和周昆等(2010)对山东及重庆等地专业学位发展战略的研究。其中的共同点是关注分类发展的原则,即利用省属及新办本科院校专业门类较新、学术积累相对较薄,而应用性技术及交叉学科发展态势好的特点,重点支持此类学校发展专业学位,体现政府在办学导向上的分层次、分类别建设,彰显各校的办学定位与特色。四是有关我国专业学位发展的总体战略研究。主要的研究有韩映雄(2010)的相关论文。其中的主要观点:类型、领域和方向是专业学位授予和人才培养目录体系的主要构成要素。依此目录,可增设护理、工程管理等硕士专业学位类型和公共管理等博士专业学位类型,并选择外延式和转移式并举的发展路径。由国务院学位办组织的研究生专业学位总体设计研究课题组(2011)在剖析了我国专业学位教育的发展历程、成就、经验和存在的主要问题,及对我国经济社会的发展态势和人才需求现状及趋势做了一定预测的基础上,对我国专业学位教育的发展目标、结构设计及增设方案提出了对策建议。另外,陈静(2016)对专业学位的发展历程及现存问题进行了梳理,认为目前专业学位发展存在定位不明、结构失衡及质量保障缺乏有效监督等问题,据此提出了在职业教育体系下重构专业学位的政策建议。

总结国内外有关专业学位教育的研究,可以看出这些研究对加深专业学位教育本质的认识及与职业资格的衔接无疑具有一定的借鉴意义,专业学位教育的培养模式及结构应突出应用性与职业性,适应国家社会经济发展的需求,这是无可置疑的。不过由于长期以来研究生教育的研究及实践主要侧重于学术型研究生培养,对专业学位教育的研究还较为薄弱;尤其是我国虽然在指导方针上明确了硕士研究生教育的目标为培养专业应用型人才,但在教学方针、课程设置及质量保障上如何体现这一特点,缺乏有针对性的、具操作性的研究。在具体构建何种专业学位结构,如何强化专业学位适应社会经济发展的介入模式方面,目前的研究比较薄弱。

基于上述研究现状,本书的研究目标具体为:一是全面准确地把握我国专业学位研究生结构规模及培养现状的特点与问题。二是明确专业学位研究生教育结构规模及培养模式调整的本质及适切社会经济需求的要素,建立专业学位研究生教育适切社会经济需求的合理的理论分析框架。三是通过实证研究明确我国专业学位研究生教育结构规模调整的需求状况及其供求耦合机制,开发用于衡量我国专业学位研究生教育适切社会经济发展的评价办法及发展模型。

第四节　研究方法与框架

一、研究方法与思路

基于上述研究目标,本书的研究方法主要如下:

一是历史研究法:主要借助文献资料分析专业学位研究生教育产生的背景及发展历史,尤其是其与社会经济发展需求在规模建设、层次结构调整以及培养模式的改革等方面的发展历程及问题。

二是比较研究法:本书计划通过对国际专业学位研究生教育的发展特点进行分析,从中提炼专业学位研究生教育适切经济社会发展的模式与路径。具体而言,案例选择专业学位发展较为成熟又有一定特色的美英日等国,比较分析其在专业学位教育规模层次、教育模式及与职业资格认证匹配方面的模式特点、路径选择及适切社会经济发展中存在的问题。选择上述三国的主要理由在于:三国分别代表专业学位教育发展中的行业协会主导型、市场松散型以及国家主导型等三种模式,对其的模式形成的前置条件以及优势利弊的分析,有利于更好地探讨与总结专业学位适切社会经济发展的模式与机制构建。

三是个案研究法:根据专业学位的专业化发展及其与职业资格匹配程度的强弱,本书选择教育、会计、法律等领域的专业学位教育的专业认证及其与职业资格匹配的状况进行实证研究,以求把握当前国际专业学位研究生教育匹配行业需求规格的质量保障的切入模式与实施机制。选取法律及会计领域作为案例研究的理由在于,这两大领域分别代表专业学位与职业资格匹配的必要模式与优惠模式。通过对其的比较与分析,从宏观层面有利于把握专业学位教育质量保障与专业认证适切社会经济发展的特点及条件建构。

　　总体而言,本书的研究视角与思路是:以国别研究与行业个案研究为基础,从专业学位教育规模层次、专业学位教育内容与培养模式、质量保障及与职业资格准入管理的匹配构建等三个层面探讨其与社会经济发展的互动关系。具体而言,从三个维度对专业学位研究生教育适切性进行分析:一是专业学位研究生教育的规模及层次适切性研究:本部分将比较分析英美两国研究生专业学位教育发展演变的历程及动因、专业学位的整体结构状况,分析日本近年在推行研究生专业学位改革中的策略与经验,在此基础上总结分析专业学位教育的规模及层次结构发展的国际趋势及特点。二是专业学位研究生教育的教育内容与模式适切性研究:专业学位教育是以行业应用性、实践性为指向的专业教育。是否匹配并满足行业用人的需要及质量规格是评价专业学位教育内容适切性的主要指标。本书将以教育、法律、会计等具体行业为案例,分析国际专业学位教育在教育内容及培养模式方面对应行业发展需求的特点、趋势及运行机制。三是专业学位研究生教育与职业资格认证匹配的模式研究:专业学位教育与职业资格认证匹配涉及专业学位教育的培养目的、功能定位、教学内容及课程设置、招生对象范围、职业资格的市场准入等多方面内容。本书将重点分析英美日等国构建专业学位与职业资格认证匹配方面的国家及行业模式的特点,探讨构建有机匹配的体制机制保障要素,总结其中的经验与教训,在此基础上探讨促进我国专业学位研究生教育与职业资格认证匹配的有效模式与长效助动机制。

二、全书的研究框架

　　全书的研究框架结构如下:

　　第一章是全书的导论,旨在提出研究问题,对研究的核心概念进行界定,并对专业学位教育相关的研究现状进行梳理,在此基础上明确研究的目标与研究思路。

　　第二章是研究的理论基础。将对专业学位教育适切性的内涵与结构进行分析,在此基础上探讨与提炼专业学位适切性研究的理论基础与分析视角。

　　第三章至第五章是国别案例研究。选择美国、英国、日本等专业学位教育开展较好的国家作为案例,分别从其规模层次结构适切社会经济发展的状况、专业学位教育内容与模式适切行业社会需求的状况、专业学位教育认证与职业资格衔接匹配的适切状况等维度进行分析。

第六章是国别案例研究的比较分析与总结。通过美、英、日等三国专业学位教育发展的路径模式及具体行业适切状况的分析,探讨专业学位适切社会经济发展的要素与保障条件。

第七章是基于国际比较研究的结论对我国专业学位教育发展进行的借鉴分析与策略建议。通过对我国专业学位研究生教育发展的区域及专业案例的分析,探讨强化我国专业学位教育适切社会经济发展的策略与机制。

第二章　专业学位研究生教育适切性的内涵与理论基础

第一节　专业学位研究生教育适切性的内涵

一、专业学位研究生教育的本质与内涵

专业学位是一种针对特定行业领域所需的专业人才培养而设置的学位类型。它具有两重性：一方面它是在大学开设的学位教育，是高等教育系统的一部分；另一方面它指向的是具体的行业领域，其教育内容与质量保障体现较强的应用性与实践性。

专业学位教育的形成及产生与高等教育职能的扩充、大学教育应用化及社会服务职能的明确有着直接的关联。

学位原意为大学行会的任教资格。在相当长的时期内，硕士和博士两种学位并无明显差异，均为教师的不同称呼。如在博洛尼亚大学，教师被称为博士（Doctor）；而在巴黎大学，教师则被称为硕士（Master）。一般而言，在中世纪大学的早期，硕士、博士和教授这三个头衔含义几乎完全一致。但两者也有一定差异：主要在于硕士资格无须考试，修完指定课程者即能获得任教证书；而博士资格需要考试合格，仪式较为隆重。获得学位的初衷在于取得大学任教资格，并无现代意义上作为学历和学术层次的标志。由于博洛尼亚大学是欧洲中世纪法律研习的中心，教师被称为博士，而巴黎大学讲授"七艺"等普通课程的教师被称为硕士。随后逐渐演变成修完"七艺"获得硕士学位者才有资格继续攻读神学、医学、法学等专业课程，而修完神、医、法等专业学科者则获得博士学位。这样，大学四学科发生分化，形成了低级的普通学科和高级的专

业学科,硕士、博士两种学位即有了高低区别。同时,学士学位产生于 13 世纪,略晚于硕士和博士学位。学士(Bacca-Laureate)在拉丁语词源中原意是新手、学徒,在中世纪大学中主要指辅助教师开展教学活动的高年级学生。学生在大学中学习一定年限(一般为 5~7 年)后,被允许作为教授的助手。当中世纪大学高低级学科分离时,学士学位被明确为授予在文学部学习完三艺(文法、修辞、辩证法)的毕业生。学士一方面可以是硕士学位候选人,同时也具备担任教授助手,即助教的资格。到 13 世纪中期,这一体制被各地大学采纳。学士—硕士—博士的三级学位体系成为反映学生知识能力的等级标志,影响了欧洲乃至世界各国的大学并延续至今。

大学学位制度与大学的职能定位密切相关。19 世纪德国的洪堡通过柏林大学改革,明确了研究型大学的科研导向,博士学位成为衡量学生科研创新能力、学术知识水准的主要指标,也是大学录用新教师的基本条件。而在 19 世纪中后期,美国大学通过赠地法案、威斯康星理念等,强化了大学的社会服务职能。在此过程中,针对各种传统及新兴的需要高层次专业人才的行业,如心理咨询、新闻、公关、经营管理等,美国大学创设了新的应用型的学位,即专业学位,以适应并满足社会需求,这体现了美国大学服务社会,加强应用性、实践性教育职能的倾向。

从专业学位的起源及目前的发展状态看,专业学位主要是对应于需要较强专业能力及职业素养的特定的行业领域,培养在某一专业(或职业)领域具有坚实的基础理论和宽广的专业知识,具有较强的解决实际问题的能力,能够承担专业技术或管理工作,具有良好职业素养的高层次应用型专门人才。这使其教育内容与培养模式必须与行业实践紧密对接。专业学位课程设置以实际应用为导向,以职业需求为目标,以综合素养和应用知识与能力的提高为核心;教学内容强调理论性与应用性课程的有机结合,突出案例分析和实践研究;教学过程重视运用团队学习、案例分析、现场研究、模拟训练等方法;注重培养学生研究实际问题的意识和能力。在具体的学习过程中,要求有期限较长的实践环节。尤其重要的是,由于其侧重为行业培养特定的专业人才,其教育质量的标准及审核主要依托于行业实践的标准。虽然专业学位与学术学位均是由大学主导并颁发的学位,同为高等教育学位体系的重要组成部分,但由于专业学位的上述特点,其与偏重理论与研究,以学术研究为导向的学术型研究生教育在教育目标、教学模式、学位标准等领域存在较为明显的差异。

不过,专业学位教育虽然以应用性、职业性为导向,但其也不能等同于一般的职业教育。职业教育产生于18世纪末19世纪初的工业化大生产阶段,其核心是传授从事某种特定职业所需要的专门技能及与此相关的理论知识。与此相比,专业学位教育强调的是高层次的专业人才的培养,它面向的不是一线的操作人员,而是具有较高理论素养的专业管理及技术人才。与职业教育注重操作技能不同,专业学位教育更关注的是与该行业从业相关的知识体系与能力的培养,因此在培养模式上它侧重于专业理论学习与专业技能实践的并重,而非职业教育侧重的实践操作性、职业针对性;在质量保障与评价标准方面,相比职业教育注重的职业性、技能性,专业学位更注重的是学术性、职业性与应用性的有机结合;在学历层次方面,职业教育主要局限于本科及专科层次,而专业学位与学术学位基本平行,层次结构横跨了学士、硕士、博士等,但其主体是研究生教育,大部分国家几乎没有硕士层次以下的专业学位教育或其所占比例极低,且专业培养要求与质量规格远高于普通的学士学位教育,所以一般也用专业学位研究生教育来指代专业学位教育。

总体而言,专业学位是专业性、应用性的高层次的学位教育体系,是学位教育,尤其是研究生学位教育在专业应用技术领域的特殊体现。

二、专业学位研究生教育适切社会经济发展的趋势与结构

布鲁贝克(John S. Brubache)在《高等教育哲学》中提出高等教育存在两种哲学依据,一种以认识论为基础,一种以政治论为基础。认识论观点倾向于以闲逸好奇精神追求知识作为高等教育存在的目的,认为每一个较大规模的现代社会,无论它的政治、经济或宗教制度是什么类型,都需要建立一个机构来传递深奥的知识,分析批判现存的知识,并探索新的学问领域。与此相比,政治论的观点认为,人们探索深奥的知识不仅出于闲逸的好奇,而且还因为它对国家有深远的影响,如果没有学院和大学,那么理解复杂的社会问题就几乎是不可能的,更不用说解决问题了。过去根据经验就可以解决的政府、企业、农业、劳动、原料、国际关系、教育、卫生等问题,现在则需要深奥的知识才能解

决。而获得解决这些问题所需要的知识和人才的最好场所就是高等学府①。政治论的高等教育哲学观由此成为高等教育积极介入社会经济发展,适应并服务社会经济发展的理论基础。

从实践层面看,中世纪大学在法学、医学及神学等领域的人才培养,法国在 17 世纪创办的一系列以培养技术官僚为目的的大学校,开创了大学为社会经济发展培养高级专业人才的先河。而美国在 1862 年颁布《莫雷尔法案》(*Morrill Land-Grant Act*),创设了大批赠地学院,由此摆脱了欧洲古典大学以绅士教育及基础研究为主的办学模式,通过设置大量农业及工程等应用型专业,扩充了大学的职能范围,强化了其与社会经济发展的互动衔接。20 世纪初,威斯康星大学进一步将社会服务明确为大学的第三职能,校长范海思(Charles R. Van Hise)提出的"服务应该是大学的唯一理想","学校的边界就是州的边界"被概括成著名的威斯康星思想。高等教育作为知识创造与人才培养的基地,它必须适应并与社会发展紧密互动,这已成为高等教育自身发展的内在逻辑动力。

另一方面,20 世纪中期以后各国教育的普及与发展,尤其是高等教育大众化带动的整体劳动力素质的提升对全球范围内经济的高速增长产生了有力的推动作用。

美国经济学家舒尔茨(Theodore W. Schultz)的研究表明,美国 1929—1957 年间国民经济增长额中,约有 33% 是由教育形成的人力资本做出的贡献,这一比例大大超过了物质资本的投入对经济的拉动作用。他据此提出了著名的人力资本理论,有效地推动了各国对基础教育、职业教育以及高等教育的关注与投入力度。

从社会经济发展的趋势看,产业技术的发展与经济结构的不断调整与深化,尤其是第三产业的发展,极大地促进了社会分工的细化及对高层次人才的需求,这为高等教育加强社会服务职能,加强专业应用人才的培养提出了更高的要求。高等教育的层次结构与规模如何满足社会经济发展的需求,尤其是其教育内容与质量规格如何服务社会经济转型升级的需要已成为高等教育结

---

① 布鲁贝克.高等教育哲学[M].王承绪,等译.杭州:浙江教育出版社,2001:13-15.

构改革与职能发展的主要课题。

　　基于专业学位的职业性、应用性指向的内涵特性,专业学位教育相比其他类型的高等教育,其与社会经济分工发展的关联度、匹配度要求更高。专业学位教育应该而且必须与社会经济发展水平基本对应,适应并满足社会经济转型与升级发展的需要,在特定情况下它甚至需要适度超越社会经济的发展水平,通过专业人才的提前储备,推动社会分工的细化与产业结构的升级。这既是专业学位教育适切性的实质内涵,同时也是专业学位教育自身发展的内在动力。20 世纪中期以来,与整个社会分工的深化细化同步,国际专业学位教育的层次与专业领域也随之不断地扩张。

　　从内容结构看,专业学位教育适切社会经济发展是一个全方位的系统工程。从纵向看,其需要涉及专业学位教育从入口、过程到出口管理的全过程;从横向看,其包含专业学位教育的规模、专业及层次结构等。具体而言,专业学位教育适切社会经济发展的内涵实质集中在三个层面:一是在数量方面,专业学位的学位类别、数量规模、层次结构需要适应与满足宏观经济社会发展的需要并能适度引领与推动产业升级与专业分工的细化。二是在内容方面,专业学位的课程结构、教学内容体现相关行业对从业人员的能力素质的要求,其教育模式与培养机制应适应行业发展趋势,并与行业组织密切协同。三是在质量保障方面,专业学位作为职业性、应用性指向的研究生学位教育,其质量保障标准必须体现行业准入要求,专业学位的教育质量认证、毕业资格审定与相关行业的执业资格能够形成一定的匹配关系,而这种匹配关系是基于行业发展的专业特性需求之上的,在匹配关系的构建中行业发展的需求与趋势能够得到充分的体现与保障。

　　总体而言,专业学位教育是研究生教育专业化和专业化社会发展到一定阶段的产物,而专业学位教育适切性指的是专业学位教育适应并引导社会经济发展需求的特性。它对完善研究生专业学位教育的质量保障,提升研究生专业学位教育的社会声誉具有无法忽视的重要影响。

第二节　专业学位研究生教育适切性研究的理论基础与分析视角

从上一节的分析可知,专业学位研究生教育适切性主要包括三个方面,即规模与层次结构的适切性,教育内容与培养模式的适切性,质量保障及与职业资格匹配的适切性。管理学、教育学及社会学的理论发展为上述适切性问题的研究提供了研究视角与理论基础。

一、人力资本理论与专业学位研究生教育规模结构适切的理论框架

自 19 世纪中后期,美国大学通过《莫雷尔法案》、康奈尔计划及威斯康星理念等一系列实践探索,服务社会经济发展作为大学的三大职能之一已深入人心。同时,在 20 世纪 60 年代全球经济高速增长时期,通过人力资本理论的提出及教育经济学科的创立,高等教育服务社会经济发展的理论体系日趋成熟。

人力资本理论是由美国经济学家舒尔茨所创立的,是欧美教育经济学的理论基础。舒尔茨指出,所谓人力资本,是体现在劳动者身上的智力、体力和各种技能。它是通过对人力资源进行投资而形成的,与物质资本一样成为另一种形态的资本,并且与物质资本一同构成了国民财富的重要内容,而这种资本的有形形态就是人力资本[①]。到了 20 世纪 80 年代中期,以保罗罗默(Paul M. Romer)及卢卡斯(Robert E. Lucas)等为代表,又提出了新增长理论。该理论认为,经济可以实现持续均衡增长,经济增长是经济系统中内生因素作用的结果,而不是外部力量推动的结果。技术和人力资本具有溢出效应,这种溢出效应的存在是经济实现持续增长所不可缺少的条件。

人力资本理论论证了人的知识、技能、工作经验等对个体财富积累,尤其是对社会经济增长的价值与意义。它主张人力资源是一切资源中最主要的资源,人力资本的作用大于物质资本的作用。人力资本的核心是提高人口质量,

---

① 舒尔茨.论人力资本投资[M].吴珠华译.北京:北京经济学院出版社,1990:5.

这种质量的提升首先有赖于教育,教育投资是人力资本投资的核心支柱,而其投入的数量与质量应以市场供求关系为依据。世界银行专家萨哈罗普洛斯(George Psacharopoulos)的研究为此提供了强有力的案例支持。萨哈罗普洛斯计算了 1958—1978 年 44 个国家的教育投资的社会收益率及个人收益率,统计发现,教育投资的各种收益率都大大超过 10% 的资本的收益率;不发达国家的教育收益率高于发达国家;教育的个人收益率都超过其社会收益率,尤其是在高等教育层次。20 世纪 90 年代的研究测算进一步发现,发达国家的高等教育投资收益率是 12.3%,中等收入的发展中国家的高等教育投资收益率更是高达 23%[①]。

从人力资本理论的视角看,推动社会经济发展的关键因素是全民素质的提高与各行业从业人员职业与专业技能的强化。而教育是提升国民素质与行业从业人员职业与专业技能的主要途径,它与知识发展、技术研发等已取代物质资本成为社会经济与产业结构升级发展的决定力量。就这个意义而言,发展教育,尤其是职业与专业教育,不仅仅是一种单纯的教育行为,更是一种投资行为,通过提升受教育者的能力素质与专业技能,增加其人力价值含量,提高行业企业的工作效率,进而推动社会经济效益的提高。

从发展历史看,专业(Profession)与职业(Vocation)是既有关联又有区别的概念。专业脱胎于职业,是职业发展规范化、知识化的具体产物。专业化社会实质上是社会经济发展与行业分工细化到一定阶段的结果。专业的形成主要依赖于行业技术的专门化及准入标准的规范化、理论化发展。但专业的稳定持续的发展,需要有具备良好专业技术技能与专业素质的从业人员的持续供给。从人力资本理论看,加大对专业学位研究生教育发展的投入力度有利于培养与提高行业从业人员的专业素质与职业技术能力,进而促进行业专业化发展水平的提高。具体而言,其为研究专业学位研究生教育的规模与结构适切社会经济发展提供了良好的理论分析框架。

一方面,社会经济发展水平决定专业学位研究生教育的结构与规模,专业学位研究生教育的规模发展要适应并满足社会经济向高层次专业化发展的

---

① 张振助.高等教育与区域互动发展论[M].桂林:广西师范大学出版社,2004:9.

需求。

　　经济基础决定上层建筑。专业学位研究生教育直接服务于社会经济发展与专业化分工的细化，社会经济及专业化社会发展的现状直接影响专业学位研究生教育的规模与学类层次结构。具体到人力资本理论的分析视角，教育投资应以市场供求关系为依据，与产业发展及其对人才需求的发展状况相适应、相匹配。高等教育三大职能，无论是人才培养、科学研究还是直接服务社会，其出发点与立足点，归根结底还是落实在高校必须为社会经济建设与发展服务上。为了更好地实现上述三大职能，高等教育尤其是专业学位教育必须同社会发展紧密相连，其发展规模与速度、层次结构及专业领域的选择必须受到专业化领域的发展水平与规模的制约。专业学位研究生教育培养的是专业领域需要的专业技术人才，只有其培养的人才的规模、规格与结构都与专业化社会需求相适应，才能保证专业学位毕业生在劳动力市场获得学用一致的专业工作，避免人才培养与专业化社会发展水平不相衔接而导致的人才浪费与结构性失业。

　　另一方面，专业学位研究生教育的规模与结构一定程度上也反作用于社会经济的发展。合理的专业学位规模与结构能有效地影响并促进专业化社会的升级发展与行业专业结构的优化。

　　从教育与社会发展的互动规律看，教育对社会经济发展具有积极的推动作用。人力资本理论主张，人力资本是推动社会经济发展与增长的主要因素，而人力资本是通过教育达到的，高等教育对人力资本的提升具有全面的影响作用。专业学位研究生教育在针对专业人才培养，提升专业从业人员的素质与技术技能，推动专业化社会的发展方面具有重大的作用。从国际专业学位发展的历程与案例看，在合理的规划与严密的实施前提下，专业学位研究生教育的发展在一定程度上具有超前社会经济发展水平的可能。通过专业学位研究生教育的规模扩张、层次类型与学缘结构的优化，能够有效提高行业从业人员的整体专业素质与能力，进而改进与提高专业领域整体的执业水平与发展潜力。

二、专用性知识理论与专业学位研究生教育培养模式适切的分析视角

专用性知识理论是 20 世纪 80 年代，在专业社会学及知识社会学等发展的基础上，依托以知识为基础的企业理论所形成的管理学理论，其代表人物包括威廉姆森（Oliver Williamson）及青木昌彦。

20 世纪以来，专业社会学对职业和专业的边界与内涵的研究不断深入，对专业形成发展及相关的专业教育的内涵定位形成了较为系统的理论。普遍的观点是专业有别于职业的差异在于其具有一定的科学的知识体系，即专业是一种在对某一部分学问或科学的理论体系深入理解的基础上开展业务活动的职业[①]。专业社会学的研究进一步概要指出，一种职业能否取得专业的地位，主要取决于四方面要素：一是具有广泛接受的理论和相关的职业研究；二是从事相关活动需要特定的技能与判断能力；三是从业人员具有中学后，一般是研究生层次的学习经历；四是对从业人员有资格认证的过程[②]。

专业的核心属性，尤其是其专业理论的高深性和专业技能的复杂性，决定了专业人员的培养需要长期的、专门的和智力上的培训教育。而这些高深的专业理论知识和复杂的专业技能很难通过观摩体验或师徒相授来获取，甚至专业组织的探索与培训活动也无法充分满足，这就需要有相应的教育机制来培养专业人员，这即是专业教育及专业学位教育产生的主要原因[③]。专业教育的核心实质是专业领域从业必备的专用知识与技能的教育与培养。

知识社会学对专业领域的知识的案例研究表明，专业的从业人员所掌握的某种专业知识专门化于某一特定岗位，构成了一种专用知识。这实质是一种特殊的人力资本。威廉姆森指出，特殊的人力资本是指高度复杂的产品的生产需要经过特殊培训的员工来进行[④]。这种专用知识是需要在某一特定的

[①] Cogan，M. L. Toward a Definition of Profession[J]. Harvard Educational Review. 23，winter：29.

[②] Hoberman. S. Professional Education in the United States：Experiential learning，Issues，and Prospect[M]. Westport，Connecticut：Praeger Publishers：129.

[③] 张秀峰. 美国专业学位教育研究[M]. 上海：上海交通大学出版社，2016：32.

[④] 卢晶. 高等教育专业认证制度的治理模式研究[M]. 北京：经济管理出版社，2011：126.

环境中,通过专门的学习及经验积累而形成的特定的知识,离开了特定的环境,其拥有的特定知识就会贬值。

专用性知识结构主要包括三部分:一是专业从业必需的综合素质与能力,如分析能力、判断能力、表达能力、人际交往能力等,这虽然多为人的一般能力,但实质上是判断其是否具备从事特定专业领域工作的适应力的标准。二是专业从业的基础知识体系和基本技术技能,包括对专业从业的理解能力、具体专业的操作能力等,这是专业从业工作入门的起点与基础。三是进一步探索发展专业技术与知识的能力。提斯皮萨诺在企业能力理论中提出动态能力论,动态能力的战略认为专业从业人员必须具备适应不断变化的环境,更新自己的能力。而提高和更新能力的方法主要是通过经验的积累与专业技能诀窍的获取。动态能力的主要指标即是创新能力。

专用性知识的形成主要通过三种途径:一是通过正规的专业教育形成初始的专用性知识。二是通过相关行业的在职培训提升专用性知识。三是通过"干中学",丰富和积累专用性知识和技能。

从专用性知识的形成途径看,专业学位教育是专业知识形成的第一阶段,其重点在于培养专业从业人员对对应行业的适应能力,帮助其具备专业从业必需的知识基础与基本技术能力,同时为其未来形成专业知识与技术的创新能力提供智力基础。

从专用性知识理论出发,专业学位研究生教育的目标设定、课程结构设置、教学方式等是否满足专业化社会从业的要求并适应社会经济发展需求,是判断专业学位研究生教育的内容与培养模式是否合理规范的主要依据,此即专业学位研究生教育培养内容与模式的适切性。

三、利益相关者理论与专业学位研究生教育适切匹配职业资格准入的理论基础

利益相关者(Stakeholder)理论兴起于 20 世纪 80 年代西方管理学界对公司治理模式的研究。其概念最早由弗里曼(R. Edward Freeman)提出并予以界定阐述。弗里曼认为,所谓利益相关者,指的是在组织外部环境中因受到组织行动和决策影响的任何关联方。由于这些受影响的关联方不可能对组织所

有的问题保持一致的意见,因此如何平衡各方利益就成为组织制定战略时必须考虑的关键问题。弗里曼认为,关注组织的利益相关者之所以重要,是因为其能够通过一定的方式影响组织目标的实现①。任何一个组织机制的创新、发展都离不开该组织各利益相关者的参与与投入,相应的要求是组织追求的利益就不可能只是某些主体的利益,而应该是所有相关者利益组成的整体利益。利益相关者理论要求组织的经营管理者在综合平衡各个利益相关者的具体利益的基础上形成机制,以实现整体利益的最大化②。

从利益相关者理论提供的分析视角看,专业学位研究生教育涉及众多相关方:政府、行业及行业组织、高校、教师与学生等,各方在参与专业学位研究生教育的过程中,均有不同的利益预期。

政府是制定和影响专业学位研究生教育政策的主体。作为公共利益的代表,政府希望通过高等教育质量的宏观调节职能,加强对专业学位院校办学体系的规划与监控,提高专业学位教育的供给能力和办学规范,保证专业学位能培养并源源不断地供给国家社会经济发展所需要的人才。

行业市场是社会经济发展的主要动力,其专业化分工发展的程度直接决定专业教育人才培养的方向与模式。作为专业学位研究生教育输出的直接接收方,行业市场是专业学位研究生教育的重要的利益相关者,行业市场的可持续发展很大程度上有赖于专业学位研究生教育所提供的强有力的智力支撑。行业组织对专业学位研究生教育的要求是科学合理规范专业学位研究生教育的建设与发展,培养高质量的专业人才,推动行业及社会经济的不断发展。

行业组织是代表行业的专业性中介协调与管理机构。其职能一方面在于规范行业市场运行,引导行业成员健康有序发展;另一方面在于整合行业成员对专业学位研究生教育发展的不同预期与要求,确保专业学位研究生教育匹配并满足行业发展需求。行业组织作为行业的代表具体参与相关专业学位的建设,为专业学位发展与质量保障提供直接的质量引导与规范监督。

高校是开展专业学位研究生教育,培养专业人才的具体实施者。在日益

① 杨瑞龙,周业安.企业的利益相关者理论及其应用[M].北京:经济科学出版社,2000:129.

② 爱德华弗里曼.战略管理:利益相关者方法[M].王彦华,等译.上海:上海译文出版社,2006:第2章利益相关者概念与战略管理.

激烈的市场竞争中,如何提高自身的专业学位研究生教育办学质量,确保其专业特色、课程设置、质量保障能适应社会经济发展的需要,是高校关注的主要问题,也是其利益所在。

学生是专业学位研究生教育的对象及产品,其接受专业学位教育的动机在于由此掌握专业从业必需的技术与知识,其利益关注在于:学校是否拥有规范的专业学位教育的课程与教学环境,能否提供与社会经济发展需求相匹配的专业知识与技术技能,专业学位教育的质量规格能否为其获取专业从业的准入资格提供必要的前置认可与后续保障。

从利益相关者理论提供的理论基础可以看到,专业学位教育本质是多方参与、涉及各方利益的研究生学位教育。正是由于这一特点,专业学位教育的培养模式的确立,尤其是其出口阶段的质量保障机制构建需要各利益相关者共同参与,以确保专业学位研究生教育能最大限度地满足利益相关方的期待,促进社会经济的发展。

高等教育的质量保障普遍采用的是评估认证的方式。专业学位研究生教育的质量保障主要依靠的是专业认证。专业学位的专业认证要真正实现引导与规范其发展的功能,关键是需要有一个各方共同参与构建的介入机制以确保各利益关联方均能实质参与或影响专业学位的建设与发展,从而使专业学位的发展方向与质量规格兼顾到政府所代表的社会公共利益、高校的教育实施主体的利益及行业的顾客需求等多方利益。

第一,政府的主要职责不在于直接生产和提供教育服务,而是维护和执行市场规则,通过制度设计为专业学位研究生教育的质量认证及其健康发展提供良好的环境。

第二,行业组织作为行业利益的整合者与代言人,其职责在于把行业发展的需求及对专业人才的规格要求及时准确地传递给高校,通过直接参与认证与质量监管等方式,引导与规范专业学位研究生教育的发展,使其能满足行业发展的要求。

第三,高校作为专业学位研究生教育的实施主体,既是专业认证的评价客体,同时也是专业认证的评估主体。因此高校应构建专业学位教育的内部质量保障体系,通过自身的自治来确保认证过程的实现。

　　总体而言,在专业学位研究生教育的各利益相关方中,行业由于是直接的用人单位,专业学位教育的质量规格及供给规模的稳定性直接决定其发展的有序性与可持续性,因此其是专业学位研究生教育的主要的利益相关方。构建满足各利益关联方需求的专业学位教育质量保障机制,实质主要是讨论专业学位研究生教育与相关的行业准入资格如何有效地衔接与匹配。两者的衔接匹配关系是否体现与满足各关联方,尤其是行业的需求,是否有利于专业学位研究生教育及社会经济的互动发展,实际是评判专业学位研究生教育质量保障与资格匹配适切性的主要指标。

第三章　美国专业学位研究生教育
的适切性状况

　　美国是世界上最早开展专业学位的国家。美国的专业学位在发展过程中，与行业组织紧密协同，在专业学位的培养模式、课程结构与内容设置、出口质量监控等方面严格参照行业发展需求，这使美国的专业学位教育成为目前世界上专业学位教育规模最大、发展机制最为成熟的国家。基于美国以用人市场与行业组织主导发展专业学位教育的特点，本章将从专业学位教育的规模、培养模式及与行业执业资格衔接等方面，对其进行分析。

第一节　美国专业学位研究生教育的结构与层次

　　美国专业学位教育是一个与学术学位平行，涵盖第一专业学位（First-Professional Degrees）、专业硕士及专业博士的完整的教育体系。

　　第一专业学位的目的是培养特定行业的专业从业人员。第一专业学位有两大特征：首先，第一专业学位的专业在本科层次没有设置，学生攻读第一专业学位前必须获得副学士或学士学位；其次，它不是研究生阶段的学位，而是介于学士学位与硕士学位之间的专业学位①。完成第一专业学位后，学生可直接就业，也可申请继续攻读硕士或博士学位。

---

　　① First-Professional Studies[EB/OL]. http://www.ed.gov/about/officeslistous/international/usnei/us/edlite-professional-studies.html.

　　第二类高层次专业学位包括硕士学位中的专业硕士学位和博士学位中的专业博士学位。硕士和博士学位均可分成学术型和专业型等两类学位。学术硕士学位是学术博士学位的前置阶段，目的是为了培养从事科研和教学工作的研究型人才。专业硕士学位的目的是培养具备特定职业领域从业资质的专业技术人员。专业硕士学位教育通常不要求学术硕士学位所看重的学术科研训练，取而代之的是培养实践工作经验的实习实践教学。大多数专业硕士学位在课堂教学之外多会安排一定期限的实习实践教学。学术博士学位的主要目标是培养教学和研究型高层次人才，而专业博士学位则注重培养具有实践经验的应用领域的领导型技术管理人才。

一、第一专业学位教育的概况

　　19 世纪末 20 世纪初美国资本主义工商服务业发展迅速。随着社会和经济发展的高度化、复杂化，社会分工越来越细，知识和技能的专业化程度大幅提高，社会对专业人士及其服务的需求激增，这为美国高层次专业教育的发展提供了契机[①]。一些专业协会为了防止政府对本行业的干涉，确保行业入门门槛及从业者的利益，自行建立了行业从业者的专业素质认证标准及职业资格准入机制，并在此后逐渐得到了政府的认可。美国联邦宪法规定教育是州政府的职权范围，因此美国没有制定和实施全国统一的学位标准制度。专业学位的标准主要由州政府权威部门、专业协会或宗教组织（神学）制定，并由其监督和保障本专业的教育质量，确保招生和毕业生规模与该专业的社会需求之间保持动态平衡[②]。

　　目前美国一共有十个第一专业学位（见表 3-1），主要是医学、法学及神学学位。部分第一专业学位虽然使用"Doctor"这一名称，如法律学位（Juris

---

① Corn，Morton. Professions，Professionals，and Professionalism［J］. American Industrial Hygiene Association Journal，55（7），1994:590-596.

② First-Professional Studies［EB/OL］. http://www. ed. gov/about/officeslistous/international/usnei/us/edlite-professional-studies. html.

Doctor,简称 J. D.),但这并不代表他们是学术型或研究型的博士学位①。

表 3-1　美国第一专业学位

专业	专业学位名称	录取教育要求	学习年限
按摩疗法 Chiropractic	按摩师学位 Doctor of Chiropractic (D. C. or D. C. M.)	2 年副学士学位或者学士学位	全日制 3 年
牙科学 Dentistry	牙医科学学位 Doctor of Dental Science (D. D. S.) or Doctor of Medical Dentistry (D. M. D.)	学士学位或者是在修完大学三年级后通过提前招生入学	全日制 4 年 临床实习阶段学生可以选择细分的专业
法律 Law	法律学位 Juris Doctor (J. D.)	学士学位	全日制 3 年 法律专业学位课程是统一的,没有进一步细分的专业,无论职业倾向,所有学生的课程都是相似的。专业的细分在学生毕业工作后的学徒阶段、在职培训或高级进修阶段实施
医学 Medicine	医学学位 Doctor of Medicine (M. D.)	学士学位或者是在修完大学三年级后通过提前招生入学	全日制 4 年 虽然学生在修完 4 年基本课程后即可获得医学学位,但所有学生必须完成 1 年的临床实习加上根据专业确定的 1~8 年不等的住院实习医生阶段,才能获得医学委员会颁发的医生执照
验光配镜学 Optometry	验光配镜师学位 Doctor of Optometry (O. D.)	2~4 年的本科阶段全日制学习	全日制 4 年

① 美国法律学科的学术型或研究型博士学位有:法律博士学位(Doctor of Jurisprudence,简称 J. S. D. / Doctor of Juridical Science, S. J. D)和比较法律博士学位(Doctor of Comparative Law, D. C. L.)。除了第一专业学位之外,美国法律专业还提供非律师职业导向的各层次学位,比如本科层次的法学专业(Legal Studies)的科学学士学位(B. S.),硕士层次的法学硕士学位(Juris Master, J. M. 或 Master of Jurisprudence, M. J.)、法律硕士学位(Master of Laws, LL. M.)、比较法硕士学位(Master of Comparative Law, M. C. L.)。

续表

专业	专业学位名称	录取教育要求	学习年限
整骨术 Osteopathy	整骨医师学位 Doctor of Ostepathy or Osteopathic Medicine（D. O.）	学士学位或者是在修完大学三年级后通过提前招生入学	全日制 4 年加上 1 年临床实习
药剂学 Pharmacy	药剂师学位 Doctor of Pharmacy（Pharm. D.）	学士学位或者 2 年大学本科课程	具备学士学位的学生需要 2 年的全日制学习；修完 2 年大学本科课程的学生，需要 4 年的全日制学习
足医学 Podiatry	足医师学位 Doctor of Podiatry（D. P. or Pod. D.）or Podiatric Medicine（D. P. M.）	2～4 年的本科阶段全日制学习	全日制 4 年
神学 Theology	神学硕士学位 Master of Divinity（M. Div.）or 希伯来神学学位 Hebrew Letters（M. H. L.）	学士学位	全日制 2～3 年
兽医学 Veterinary Medicine	兽医师学位 Doctor of Veterinary Medicine（D. V. M.）	学士学位或者是在修完大学三年级后通过提前招生入学	全日制 4 年；4 年后获得学位的基础上，学生可以选择进行 1 年细分专业的临床实习

资料来源：First-Professional Studies［EB/OL］. http://www. ed. gov/about/officeslistous/international/usnei/us/edlite-professional-studies. html.

大多数第一学位专业包括初期的 1～2 年的课堂教学或实验室教学阶段，加上一个强化的混合高级课程教学、研讨班、临床实习和实践工作阶段。临床实习和实践工作的主要目的和内容是教学，学生通过临床实习和实践工作获得学分。临床实习和实践工作与学生毕业后从事的专业领域直接相关，因此通常在教学型医院、法律服务机构或宗教场所内进行。第一专业学位的教师包括两大类。一类是全职的教师，负责管理专业、辅导学生、课堂教学以及主持研讨班等；另一类临床实习和实习工作阶段的教师通常是兼职的实习教师，由本专业领域实践经验丰富的从业人员担任。

第一专业学位的专业只有在高级课程或实习阶段才有更细的专业分化，

或者没有细分的专业。因为美国的律师执照以及神职人员的圣职授予没有进一步专业方向的区分,所以法律和神学的第一专业学位的专业分化非常有限。医学类第一专业学位允许更多的专业分化,但绝大多数在临床实习或者是毕业后的住院实习医生阶段进行①。

入学标准要求学士学位的第一专业学位,其大多数都允许满足全部录取标准但尚未获得学士学位的本科学生通过提前招生渠道入学。许多专业学院与本科学院之间签订提前招生的录取协议,在学生完成第一专业学位的同时颁发学士学位和第一专业学位。有的专业学院甚至提供包含本科课程和高级专业课程相结合的整体专业学位学习计划,或者在学生修完指定的学分之后即录取学生,在学生完成专业学位课程后颁发一个第一专业学位(不颁发学士学位)②。

二、专业硕士学位教育的概况

硕士学位中的专业硕士学位和博士学位中的专业博士学位通称高层次专业学位。

20世纪60年代以后,受全球范围高等教育大众化的影响,包括研究生教育在内的美国高等教育整体规模增长迅速。但1973年的石油危机导致经济增长停滞,由此造成高校毕业生普遍的就业困难。原本以学术研究为主要培养目标的研究生学历教育由此出现了强劲的职业化和专业化转型趋势。另一方面,20世纪中期以后,美国大公司和教育机构的大规模扩张大幅增加了对工程师、教师和会计师等高层次专业化人才的需求③。在上述两个因素的影响下,针对具体职业培养高层次专业人才的专业硕士学位教育得以快速发展,并成为美国专业学位教育的主要组成部分。

美国的专业学位名称较为庞杂,缺乏统一的全国标准的制约,高校可自行

---

① First-Professional Studies[EB/OL]. http://www. ed. gov/about/officeslistous/international/ usnei/us/edlite-professional-studies. html.

② First-Professional Studies[EB/OL]. http://www. ed. gov/about/officeslistous/international/ usnei/us/edlite-professional-studies. html.

③ Corn, Morton. Professions, Professionals, and Professionalism[J]. American Industrial Hygiene Association Journal, 55 (7), 1994:590-596.

决定颁发的学位名称。专业学位的名称主要受到专业资格认证机构的影响。此外，劳动力市场及专业学术团体对其也有一定的影响。所以仅从学位的名称上无法直接判断其是否是专业硕士学位，必须根据该学位的具体学业标准要求进行界定。如教育硕士学位[Master of Education（M. Ed.）]，可能是1~2年全日制的专业学位，但也有可能是学术型学位。而教学硕士学位[Master of Arts in Teaching（M. A. T.）]则基本是专业硕士学位。常见的专业硕士学位有工商管理硕士、建筑硕士、图书管理科学硕士、公共卫生硕士和社会工作硕士等。表3-2为美国常见的专业硕士学位。

表 3-2　美国专业硕士学位一览

专业	专业硕士学位名称	录取教育要求	一般学习年限
建筑学	Master of Architecture（M. Arch）	学士学位或第一专业学位	全日制2~3年
教育学	Master of Arts in Teaching（M. A. T.）	学士学位或第一专业学位	全日制1年
工商管理	Master of Business Administration（M. B. A.）	学士学位或第一专业学位	全日制2年
教育学	Master of Education（M. Ed.）	学士学位或第一专业学位	全日制2年
工程	Master of Engineering（M. Eng.）	学士学位或第一专业学位	全日制1~2年
艺术	Master of Fine Arts（M. F. A.）	学士学位或第一专业学位	全日制2~3年
图书馆	Master of Library Science（M. L. S.）	学士学位或第一专业学位	全日制2年
音乐	Master of Music（M. M.）	学士学位或第一专业学位	全日制2~3年
公共卫生	Master of Public Health（M. P. H.）	学士学位或第一专业学位	全日制2年
社会工作	Master of Social Work（M. S. W.）	学士学位或第一专业学位	全日制2年

资料来源：First-Professional Studies [EB/OL]. http://www. ed. gov/about/officeslistous/international/usnei/us/edlite-professional-studies. html.

专业硕士学位与第一专业学位的差异首先体现在申请资格上。专业硕士学位通常在取得学士学位或第一专业学位的基础上,再完成 1～3 年的全日制课程学习后颁发。与第一专业学位相比,专业硕士学位的入学或录取的教育要求较为统一,通常需要取得本科学士学位或第一专业学位。研究生院或者专业学院也会设计一些本硕连读的教育计划,如 5 年制的会计学士/硕士教育计划[Bachelor of Business Administration(BBA)/Master of Accountancy (MACC)]。在本硕连读的教育计划中,成绩优秀的本科生在完成本科三年级课程之后,第四年可直接攻读同一专业的硕士学位,在完成硕士学位课程的同时也获得学士学位。各专业硕士学位的入学资格考试要求则各不相同。大部分专业硕士学位和学术型硕士学位一样要求申请人参加研究生入学考试[Graduate Records Examination(GRE)]。工商管理硕士学位和会计硕士学位等商业管理类硕士学位则通常要求学生参加管理类研究生入学考试[Graduate Management Admission Test(GMAT)]。

其次,专业硕士学位的学制年限和教学计划比第一专业学位要复杂得多。专业硕士学位的录取要求中虽规定必须要取得学士学位或第一专业学位,但大多数均不限制非本专业的学生申请。许多高校都允许本科专业与硕士学位专业相近的学生免修一些基础课程,为其制定强化的学习计划,以缩短学制年限。如佐治亚大学(University of Georgia)的工商管理硕士学位的教学计划即分标准和强化两类。标准教学计划针对两年制的全日制教学课程;而强化教学计划针对为期 11 个月的全日制教学课程。拥有学士学位的申请人,无论其本科专业如何,均可申请佐治亚大学工商管理硕士的标准教学课程。如果申请人拥有经商学院促进协会(Association to Advance Collegiate Schools of Business,简称 AACSB)认证的高校颁发的工商管理类学士学位,则可申请佐治亚大学工商管理硕士的强化教学课程[①]。

专业硕士学位与学术型硕士学位的主要区别在于,前者可用实习课程代替后者的毕业论文要求。专业硕士学位对实践经验的重视还体现在其对部分或全部专任教师必须具备一定的专业从业经验的资质要求上。

---

① University of Georgia. Professional Degrees[EB/OL]. http://graduate.gradsch.uga.edu/bulletin/bulletin/degrees/profdegrees.htm.

在专业学位的质量保障方面，由于美国联邦宪法规定教育是州政府的职权范围，因此美国没有制定和实施全国统一的学位标准制度。专业学位的标准主要由州政府权威机构和专业协会制定，并由其负责监督和保障本专业的教育质量，确保专业规模及质量规格满足相关行业领域的用人需求。

专业硕士学位与职业资格之间没有必然的联系。许多提供专业硕士学位的专业本身就不需要职业资格证书或从业执照，如图书馆专业、音乐和社会工作等。那些需要职业资格证书的专业，如工程师、教师和注册会计师等，专业硕士学位并不是申请从业执照的必要条件。拥有学士学位的毕业生，只要修满规定的专业学分，具备一定时间的专业从业经验，即可申请教师和注册会计师资格。但是拥有专业硕士学位可以代替或减免一定年限的专业从业经验要求。

三、专业博士学位教育的概况

美国的专业博士学位是专业学位中的最高学位，相比第一专业学位和专业硕士学位，其数量较少，主要分布在医学、工程和教育领域。与学术型博士学位的主要目标是培养学术研究人才不同，专业博士学位注重培养实践和应用领域的领导人才。以教育博士为例，美国教育博士与教育哲学博士的培养目标定位差异较为明显。教育哲学博士培养目标是"专业化的研究人员"，注重培养对象的"学术性"，职业定位是高校的教师及研究人员；教育博士的培养目标是"研究型的专业人员"，注重培养对象的"实践性"，职业定位是教育领域的管理者及政策制定者。因此在招生方面，教育博士一般要求学生有相关的教育教学或者教育管理方面的工作经验，而教育哲学博士则没有这方面的要求。如宾夕法尼亚大学的职业生涯中期的教育领导博士［Mid-Career Doctoral in Educational Leadership（Ed. D.）］项目，其明确要求学生在申请目的中重点阐述确定其领导经验的关键事件，及从中得到的经验和教训。值得注意的是，该教育博士项目的入学要求中并没有对研究生入学考试的官方成绩和英语成绩设置门槛标准。

随着专业化社会的发展，高层次技术管理人才的需求激增，专业博士教育在美国高等教育中所占的比重越来越大。从统计数据看，1995 年在美国 127个教育管理博士点中，只授予教育博士专业学位的院校共 61 所，占拥有教育管理博士点院校的 48.03%;同时授予教育博士专业学位和教育哲学博士学位的院校有 43 所,占总数的 33.86%[①]。经过 10 年的发展,到 2005 年,美国已经有 250 所高等教育机构授予教育领域的博士学位[②],其中至少有 180 所以上的机构授予教育博士专业学位,占拥有教育领域博士授予机构的 72% 以上[③]。2007 年的统计资料显示,美国研究综合型大学、研究密集型大学和一类硕士教育层次的高等教育机构中分别有 74%、80% 和 81% 的机构授予了教育博士专业学位[④],各类院校综合起来,授予教育博士专业学位的院校占比总数超过 78%。

总体而言,不断变化的专业化社会发展趋势以及激增的对高层次人才的多元化需求,推动美国专业学位教育形成了多层次的结构类型,从而确保其能够适应与满足不同类型、不同行业对实践型、应用型专业人才的需求。

第二节 美国专业学位研究生教育的发展历程与规模适切状况

一、美国专业学位研究生教育的发展历程

美国的专业学位结构体系与美国高等教育的实用性、职业性导向是有密切关系的。

南北战争以后,美国经济空前发展。至 1894 年,其工业生产总值超过德国跃居世界第一。为满足社会经济发展对高层次应用型专业人才的需求,大学专业学院尝试将专业教育引入研究生教育之中。1908 年,哈佛大学正式设置全美第一个工商管理硕士(MBA)专业学位,1913 年更进一步建立了独立的工商学院。1920 年,哈佛又首设教育博士(EDD),招收在教育领域富有实践

---

① 邓涛. 国外教育专业博士教育的成效与问题[J]. 学位与研究生教育,2009(8):72—77.

② Lee, Shulman. Reclaiming Education's Doctorates: A Critique and a Proposal[J]. Educational Researcher,35(3),2006:25-32.

③ 文东茅,阎凤桥. 美国"教育博士"(Ed. D.)培养及其启示[N]. 国家教育行政学院学报,2004(3):97—100.

④ Levine, A. Educating Researchers[R]. New York: The Education Schools Project,2007:39.

经验的一线教师及管理人员,采用在职学习的方法,要求学位论文与工作中的实际问题紧密结合。此后由于社会经济的快速发展,专业人才的需求急剧扩大,专业学位研究生教育得到充分发展。在 1920 年至 1940 年的 20 年间,硕士学位教育增长了 4.8 倍,可授予硕士学位的学校由 200 所增至 300 所①。

在美国专业学位研究生教育的发展过程中,美国大学协会(Association of American Universities,简称 AAU)起到了积极的推动作用。1935 年,美国大学协会提出,有必要根据不同的培养目标及出口质量标准的差异区分不同学位类型,将硕士学位细分为文学硕士(MA)、理学硕士(MS)、教育文学硕士(MAT)和教育硕士(MEd)等。其中前两类为学术型学位,后两者为专业型学位。受此影响,此后各种非研究性的专业硕士学位,如企业管理硕士、社会工作硕士、公共卫生硕士等相继出现。大学协会同时还规定,不允许通过部分时间制或远程教育的方式攻读专业学位,要求全日制在校学习时间至少 1 年以上,并必须参加最后的综合考试及论文答辩。这项要求从时间上保证了专业学位的培养质量,为专业学位教育的发展奠定了良好的基础。

第二次世界大战以后,由于技术创新的推动及学科专业边界的延伸,美国对高层次专业人才的培养更为重视,专业学位教育蓬勃发展,其在硕士学位中所占的比例不断升高,逐渐超过了传统学术型学位的授予数量,成为美国硕士研究生教育的支柱。以 1957—1958 年度为例,传统的文学硕士及理学硕士仅占硕士学位授予总数的 29%,与 20 年前的 44% 相比出现大幅下滑趋势。与此相反,专业学位教育规模增长迅猛。根据统计,1971—1981 年规模增长最为迅猛的几个专业学位分别为:计算机信息科学(增长 210%)、卫生科学(增长 190%)和商业与经营(增长 131%)。同时,专业学位的发展不仅体现在数量上,也表现在专业类别的增加上。例如文科专业硕士达到了 121 种,理科专业硕士达到了 272 种②。除了专业硕士,美国专业博士及本科专科层次的第一学位专业教育也在 20 世纪中后期以后有了长足的发展。

20 世纪 70 年代后美国的研究生教育规模增长迅速。1971 年至 2012 年

① 课题组.开创我国专业学位研究生教育的新时代[M].北京:中国人民大学出版社,2010:104.
② 洪成文.美国硕士生教育发展的历史考察[J],学位与研究生教育,2002(2):68—73.

之间,在校研究生人数从 305617 人增至 924291 人,增长了 202.43％;其中在校硕士研究生规模从 225364 人增至 754229 人,增长了 234.67％;博士研究生规模从 32107 人增至 66862 人,增长了 108.25％;第一学位学生人数从 37946 人增至 103200 人,增长了 171.97％[①]。从图 3-1 可以看出,美国研究生教育在 20 世纪 90 年代以后,增长迅猛,尤其是硕士研究生规模,从 1990 年的 330152 人猛增至 2012 年的 754299 人,规模扩大一倍以上。硕士规模的迅猛增长成为研究生规模扩大的主要动力。

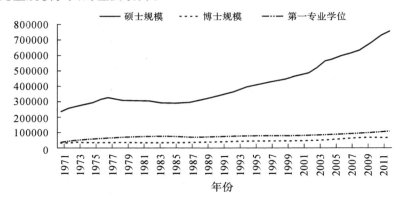

图 3-1　美国第一学位及研究生教育规模演变统计

从表 3-3 可以看出,美国的硕士研究生中专业学位研究生占比已高达 80％以上,可以说,20 世纪后半期美国研究生教育的规模发展实质是专业学位研究生教育规模扩张的直接结果。

表 3-3　2000—2012 年美国专业硕士发展状况统计

年份	专业硕士规模(人)	硕士规模(人)	专业硕士占比(％)
2000	381988	463185	82.50
2001	391028	473502	82.60
2002	404732	487313	83.10
2003	430934	518699	83.10
2004	470474	564272	83.40

①　胡莉芳.美国专业学位研究生教育规模变迁研究[J].中国高教研究,2016(2):82.

续表

年份	专业硕士规模(人)	硕士规模(人)	专业硕士占比(%)
2005	484245	580151	83.50
2006	501667	599731	83.60
2007	512024	610597	83.90
2008	527494	630666	83.60
2009	554983	662079	83.80
2010	582125	693025	84.00
2011	613829	730635	84.01
2012	629767	754229	83.50

数据来源:转引自胡莉芳.美国专业学位研究生教育规模变迁研究[J].中国高教研究,2016(2):82.

二、美国专业学位研究生教育的规模扩张及影响因素

从表3-4可知,20世纪70年代以后美国的研究生及第一专业学位教育发展迅猛。从1976年至2004年,研究生在校人数增长了62%,第一专业学位在校人数增长了37%。从具体的学生构成看,女生及少数族裔学生的规模增长较快。从1976年至2004年,在校研究生中女生和少数族裔的规模分别增长了106.5%和253.5%,第一专业学位中女生和少数族裔的规模增长更分别高达204.9%和318.6%。与此相比,研究生及第一专业学位中的男生及白人学生的规模同期分别仅增长了23.1%、26.7%、-11.3%和8.3%。至2004年,研究生及第一专业学位学生中的女性比例已分别达到59%和50%,相比1976年,这一比例分别提高了13个百分点和28个百分点。同时,少数族裔学生在研究生及第一专业学位学生中的占比也分别达到33.6%和40%。总体而言,随着20世纪60年代以后的高等教育大众化、民主化的发展,女性及少数族裔学生大批进入高校,成为专业学位教育的生源主体。

表 3-4　美国研究生和第一学位学生规模变化

统计参数		在校研究生人数（千人）			在校第一学位学生人数（千人）		
		1976 年	2004 年	增长率（%）	1976 年	2004 年	增长率（%）
总人数		1333	2157	61.8	244	335	36.9
性别	男生	714	879	23.1	190	168	−11.3
	女生	619	1278	106.5	54	166	204.9
种族	白人	1116	1413	26.7	220	238	8.3
	少数族裔	134	475	253.5	21	88	318.6
方式	全日制	463	1024	121.2	220	302	37.0
	非全日制	870	1133	30.2	24	33	36.5

资料来源：National Center for Education Statistics. The Condition of Education：2006：Indicator 10 Trends in Graduate/First-Professional Enrollments[EB/OL]. http://nces. ed. gov/programs/coe/2006/pdf/10_2006. pdf.

此外，从表 3-4 看，2004 年，有 113.3 万学生选择非全日制的方式攻读研究生学位，占在校研究生总数的 52.53%；与此相比，仅有 3.3 万学生选择非全日制的方式攻读第一专业学位，占第一专业学位在校学生总数的 9.85%。就学位攻读方式而言，第一专业学位以全日制方式攻读为主，而研究生中非全日制学生所占比例较高，两者的学习方式存在明显的差异。

从发展趋势看，一方面第一专业学位中全日制、非全日制学生的占比总体保持稳定。2004 年，全日制学生在第一专业学位中的占比为 90.15%，相比 1976 年 90.16% 的占比，两者几乎持平。另一方面，研究生的攻读方式变化较大。1976 年，全日制研究生总数为 46.3 万人，占在校研究生总人数的 34.73%；非全日制研究生总数为 87 万人，占在校研究生总人数的 65.27%，在校研究生中非全日制研究生占有明显优势。但从 1976 年至 2004 年，全日制研究生规模增长了 121.2%，而同期非全日制研究生规模仅增长 30.2%。至 2004 年，全日制与非全日制研究生总人数分别为 102.4 万和 113.3 万，非全日制研究生仅保持微弱的优势。可以说，全日制研究生规模的快速增长成为美国研究生整体规模扩张的主要动力。

20 世纪中后期以来，美国的专业学位规模扩张总体较为顺利。在专业学位的发展过程中两方面因素对其发展有较大的推进作用。

一是经济因素。从历史经验看,经济发展对社会分工及人才需求量有较大的带动作用。20世纪70－80年代,美国GDP从1.2万亿美元增至5.7万亿,经济总量翻了两番多。经济的高速增长带动了强劲的人才需求,同期美国第一专业学位年均增长4.6%;从1990年至2012年,美国GDP从6万亿美元增至16.2万亿美元,年均增长7.4%,同期以专业学位为主的硕士学位授予年均增长5.6%,第一专业学位年均增长1.5%。经济增长带动的社会分工及人才需求对专业学位规模、类型有较为明显的推动作用。

二是人口及高等教育自身规模的发展。20世纪70年代以来,美国人口持续增长,从1970年的2亿增至2014年的3.19亿,人口规模扩张50%以上,带动包括高等教育在内的各年龄段学龄人口的增长。1990年至2012年,高等教育在学的20~24岁人口、25~29岁人口、30~34岁人口分别从29%、10%和6%增至40%、14%和7%。同期硕士学位授予年均增长5.6%,第一学位年均增长1.5%,到2013年,美国25~29岁年龄段获得硕士以上学位的人口占比7%,增幅明显高于同期人口增长。

总体而言,20世纪中后期,美国专业学位教育与社会经济发展基本保持同步,这使其规模发展能有效地适切社会经济的需求。

第三节　美国专业学位研究生教育培养模式的适切性状况

从第二节的介绍可以看出,美国的专业学位类型结构差异明显,这使其在培养模式方面也存在着显著的不同。本节将以法律、工商管理及教育博士为例,对美国专业学位中的第一专业学位、专业硕士及专业博士的课程及培养特色进行分析。

一、美国法律专业学位培养模式的状况与特点

(一)法律专业学位教育的概况

美国是实行普通法的国家之一,美国法律教育的发展也别具一格。英国

殖民地时期,美国的律师最初都来自英国。直到 1730 年,纽约才开始正式以学徒培训(Apprenticeship or Clerkship Program)的方式培养美国本土的律师①。理想中的学徒培训要求学徒在律师的指导下进行独立学习,指导律师(Mentoring Lawyer)精心挑选学习材料,并在学习过程中指导学徒吸收消化必要的法律知识和技能②。然而现实中,大多数学徒成天忙于抄写法律文书、处理律所的日常杂务等低级琐碎的辅助性工作,负担沉重,很少有充足的学习时间。同时,指导律师挑选的学习材料五花八门、缺乏明确的标准,导致学徒缺乏有效且系统的法律技巧训练③。总体而言,学徒培训培养的律师虽然熟悉律师事务所的日常工作流程,但通常缺乏独立为客户提供法律服务的能力。美国独立战争爆发后,来自英国的律师大多回国。为了填补空白,美国逐渐出现了两类新的法律教育形式:一是私人举办的律师培训学校(Proprietary School),起源于律师招收多个学徒后开办的学校,提供注重实践事务操作的法律教育。二是模仿英国大学设立的法律学校或法学院,以传授法律理论、哲学和历史等理论教育为主④。19 世纪 70 年代成立的哈佛大学法学院标志着现代美国法学院的诞生,它是综合了注重理论的法学院,注重法律实务技巧的法律培训学校以及现代研究型大学部分理念的混合产物⑤。

　　美国法学院提供的首要法律学位(Primary Law Degree)也经历了从法学学士学位(Bachelor of Laws,简称 LL. B.)到法律学位的转变。首要法律学位起源于英国,是指获得法律职业的从业资格要求的基础学位。法学学士学位是大多数实行普通法的国家所认可的法律专业的本科学士学位,是这些国家的首要法律学位,不过这些国家的法学学士学位获得者必须通过额外追加的

---

① Stein, R. The Path of Legal Education from Edward to Langdell: A History of Insular Reaction [M], Pace University School of Law Faculty Publications, 1981:439.

② Moline, Brian J. Early American Legal Education [J]. 42 Washburn Law Journal, 2003:781.

③ Moline, Brian J. Early American Legal Education [J]. 42 Washburn Law Journal, 2003:782-783.

④ Sonsteng, J. A Legal Education Renaissance: A Practical Approach for the Twenty-First Century[J]. William Mitchell Law Review, 34(1):15.

⑤ William M. Sullivan, Anne Colby, Judith Welch Wegner, Lloyd Bond, Lee S. Shulman. Summary of the Findings and Recommendations from Educating Lawyers: Preparation for the Profession of Law [EB/OL]. http://www. carnegiefoundation. org/publications/pub. asp? key = 43&subkey=617.

教育培训或实践经验后才有资格申请律师执照。法学学士学位在初期是作为一个文科学位设立的，要求学生阅读一定数量的经典著作，但从 20 世纪后半期起，它已经发展成为一个更加专业化的专业学位①。

　　目前，美国是实行普通法的国家中唯一不再授予法学学士学位的国家。19 世纪后期，哈佛大学法学院不满当时注重理论和哲学的法学学士学位教育及法律教育整体的质量，首先提出设立一个本科后的三年制法律学位，提供经过强化的、高质量的法律专业学习（The Scientific Study of Law）②。作为终级专业学位（Terminal Professional Degree），美国法律学位的培养目标是为培养律师提供专业培训，它有机地融合了法律科学的学习和实践技能的培训③。在此过程中，哈佛大学法学院院长（1870—1895）和法律学位创始人兰德尔（Christopher Columbus Langdell）开创了新的教学方法：案例法（The Case Method），一种基于标志性案例分析的教学方法，和苏格拉底方法（The Socratic Method），一种在案例分析中培养学生在法庭上的思考和辩论能力的教学方法④。

　　从 19 世纪末开始，大多数美国法学院陆续停止颁发法学学士学位，转而提供法律学位教育。少数大学直到 20 世纪中期才停止颁发法学学士学位，比如耶鲁大学法学院直到 1971 年才停止颁发法学学士学位⑤。乔治·华盛顿大学法学院直到 1968 年才停止颁发法学学士学位⑥。从 70 年代起，法律学位成为在美国申请律师执照的必要条件之一⑦。

　　（二）法学院的课程设置与培养要求

　　美国大多数法学院的法律学位课程都遵循一个相当标准的模式。法律学

　　① Wikipedia. Bachelor of Laws[EB/OL]. http://en. wikipedia. org/wiki/Bachelor_of_Laws.

　　② Stevens，R. Two Cheers For 1870：The American Law School，in Law in American History[M]. Boston：Little，Brown & Co. ，1971：427.

　　③ Moline，Brian J. Early American Legal Education [J]. 42 Washburn Law Journal，2003：802.

　　④ Wikipedia. Juris Doctor[EB/OL]. http://en. wikipedia. orgwikiJuris_doctorate.

　　⑤ Wikipedia. Juris Doctor[EB/OL]. http://en. wikipedia. orgwikiJuris_doctorate.

　　⑥ George Washington University Law School. LL. B. to J. D. Transfer Form[EB/OL]. http://www. law. gwu. edu/Alumni/Benefits/Pages/LLBtoJDTransferForm. aspx.

　　⑦ Schoenfeld，Marcus. J. D. or LL. B as the Basic Law Degree[J]. Cleveland-Marshall Law Review，1963(4)：573-579.

位的录取要求一般包括:必要的本科教育经历(通常要求获得学士学位,至少完成 2 年大学课程)、法学院入学考试成绩(Law School Admission Test,简称 LSAT 考试),以及申请书、推荐信、大学成绩单、工作经验、课外活动和社区活动经历、个人背景等参考材料。法律学位通常需要 3 年全日制或 4~5 年非全日制的学习。在最初的一年半时间,攻读法律学位的学生通常选修一系列核心课程:宪法(Constitutional Law)、合同(Contracts)、刑法(Criminal Law)、财产法(Property Law)、侵权(Torts)、民事诉讼程序(Civil Procedure)和司法写作(Legal Writing)等①。在完成上述基础课程学习后,学生会根据自己的专业兴趣选修具体的法律专业门类的课程,如税法、公司法或家庭法等。法学院的教学方法,尤其是基础和核心法律知识的教学方法,大多采用案例或苏格拉底式的讨论教学方法,一些选修课也采用文理学院研究生课程常用的研讨班(Seminar)的形式。法学院普遍开设法律诊所(Legal Clinics)、模拟法庭训练学生进行法庭辩论,强化法律文书写作等实践技能②。美国法学院与其他文理学院的教学方法的主要区别在于它们的教学目的和环境:法学院提供的是模拟法律职业环境的学徒式教育。为了进一步说明这一特点,本节将以私立的哈佛法学院和公立的密歇根州立大学法学院为例,通过对其法学学位课程结构、毕业要求及实践教学等的介绍,扼要分析美国法律学位培养模式的特点。

1.哈佛法学院的课程设置与专业特色

哈佛法学院是美国历史最悠久,也是目前声誉最为显著的法学院。哈佛法学院的法律学位要求是 3 年全日制的学习年限,目的是确保学生有充足的时间学习法律基础理论和训练法律实务能力。课程的形式包括高级课程、法

---

① William M. Sullivan, Anne Colby, Judith Welch Wegner, Lloyd Bond, Lee S. Shulman. Summary of the Findings and Recommendations from Educating Lawyers: Preparation for the Profession of Law [EB/OL]. http://www. carnegiefoundation. org/publications/pub. asp? key= 43&subkey=617.

② William M. Sullivan, Anne Colby, Judith Welch Wegner, Lloyd Bond, Lee S. Shulman. Summary of the Findings and Recommendations from Educating Lawyers: Preparation for the Profession of Law [EB/OL]. http://www. carnegiefoundation. org/publications/pub. asp? key= 43&subkey=617.

律诊所和文书写作课程等多种,具体课程设置及学分要求如表 3-5 所示①。

表 3-5 哈佛法学院的课程设置状况

学年	课程及学分要求
第一学年	必修课程:民法程序、合同法、刑法、财产法、侵权法、国际/比较法、立法和管理、法律研究和写作以及一门高级课程的选修课。
第二、三学年	(1)总学分规定:52 个高级学分,其中 36 个学分为法学院课堂教学学分。 (2)最低和最高学分规定: ①第二、三学年每学期的总学分最低 10 分,最高 15 分 ②第二、三学年每学年的总学分最低 24 分,最高 33 分 ③法律诊所学分最高 12 分 ④高级写作学分最高 12 分 ⑤跨学院学分最高 10 分 (3)必修课程:职业责任(Professional Responsibility)、高级写作课 (4)法律专业公益服务(Pro Bono):自愿从事的、没有报酬的专业公共服务工作。毕业前,学生必须完成 40 小时的法律专业公益服务。

在教学方式上,第一学年,学生可以参加由教师主持的非正式的、不计学分的阅读小组(Reading Group),一般 10～12 个学生一个小组,阅读和讨论任何与法律事务有关的材料和问题。一年级法律研究和写作课由一系列有顺序的、相互关联的写作练习课组成,让学生了解律师在诉讼和交易场所分析和处理法律问题的方式,开展法律研究,并以书面报告和口头辩论的形式展示其工作成果②。

第二、三学年,学生可根据兴趣在五个专业方向中任选一个:法律和政府(Law and Government)、法律和社会变化(Law and Social Change)、法律和商业(Law and Business)、国际和比较法(International and Comparative Law)、法律、科学和技术(Law,Science and Technology)③。

哈佛法学院的法律诊所课程(Clinical Program)内容较为丰富,仅校内的

---

① Harvard Law School. J. D. Degree requirements[EB/OL]. http://www. law. harvard. edu/academics/registrar/policies-forms/degree-requirements. pdf.

② Harvard Law School. First-Year Legal Research and Writing Program[EB/OL]. http://www. law. harvard. edu/academics/degrees/jd/fylrwp/index. html.

③ Harvard Law School. J. D. Program[EB/OL]. http://www. law. harvard. edu/academics/degrees/jd/index. html.

法律诊所就多达 29 个,再加上外界机构提供的法律诊所机会,为学生提供了丰富多样的在现实法务世界获取专业实践经验的机会①。在法律诊所课程中,学生在近 70 位诊所教师和律师的指导下,在真实的案件中直接负责代表客户进行专业预演②。

2. 密歇根州立大学法学院的课程设置与专业特色

密歇根州立大学(MSU)是一所公立大学。其法学院的法律学位要求 3 年全日制或者 4~5 年非全日制的学习。获得法律学位所需的总学分数为 88 学分,其中 44 学分为必修课学分,必修课程及学分分配详见表 3-6③。

表 3-6　密歇根州立大学法学院必修课程设置情况

必修课程	学分
工商企业(Business Enterprises)	4
民事程序Ⅰ、Ⅱ(Civil Procedure Ⅰ、Ⅱ)	6
宪法Ⅰ、Ⅱ(Constitutional Law Ⅰ、Ⅱ)	6
合同Ⅰ、Ⅱ(Contracts Ⅰ、Ⅱ)	6
刑法(Criminal Law)	3
证据(Evidence)	4
职业责任(Professional Responsibility)	3
财产(Property)	4
研究、写作和辩护Ⅰ、Ⅱ(Research Writing & Advocacy Ⅰ、Ⅱ)	4
侵权(Torts)	4
合计	44

上述必修课程集中在第一学年。在第二、三学年,学生须另外完成 29 个学分的选修课程,主要是具体的法律领域,如公司法、刑法、家庭法、税法、公共

① Harvard Law School. Clinical and Pro Bono Programs[EB/OL]. http://www.law.harvard.edu/academics/clinical/.

② Harvard Law School. Clinical and Pro Bono Programs[EB/OL]. http://www.law.harvard.edu/academics/clinical/.

③ Michigan State University College of Law. Juris Doctor Program: Required Curriculum[EB/OL]. http://www.law.msu.edu/academics/ac-juris-req.html.

法和管理、环境和自然资源法等，以确保学生形成某个特定法律领域的专长，提升日后就业和职业发展的竞争力。

除了上述专业课程学习外，密歇根州立大学法学院还有一门非常重要的法律写作课程作为专业培养的关键。对法学院学生而言，法庭辩护能力的强弱直接取决于其是否具备成功与有说服力的沟通能力、深入彻底的法律研究能力。因此，司法写作与表述能力训练在法学院的课程体系中具有与法律知识学习同等重要的地位。从第一学年开始，写作和辩论课成为密歇根州立大学学生的必修课，每学期 2 个学分。秋学期的研究、写作和辩论课 I 着重通过撰写法律备忘录、起草客户意见书等方式训练学生的法律分析能力。研究和引用法律经典是第一学期的重要课程。作为这门课的辅助练习课，学生必须参加写作技能讲座，向密歇根州立大学英语专业的博士生学习良好写作的技巧与规范。春学期的研究、写作和辩论课 II 注重通过撰写有说服力的上诉法庭的申辩书及面向由律师校友组成的实践导师组进行口头辩论以训练学生的辩才。学校每年都会邀请有经验的辩护律师来校开设上诉法庭的辩护讲座。同时，学校还要求学生到上诉法庭旁听、联邦及州审判法庭旁听法庭审议（Trial Court Motion Hearings）。到了高年级，学生还必须在法学院专职教授的指导下完成高级法律写作课程。高级写作课程形式较为多样，可以是一个研讨班的一部分，或者是学校举办的模拟法庭计划或审判实习计划的一部分①。密歇根州立大学法学院设置的高级写作课的目的就在于保证本校的每一个毕业生都具备高水平的分析和表述法律专业问题的经验与能力。高级写作课不仅能够提高学生的研究、分析和写作法律事务的专业技能，其成果还可以论文形式发表，以丰富学生的职业经历，提升其在司法领域就业的竞争力。

总体而言，哈佛大学法学院和密歇根州立大学法学院的法律学位的课程结构和学分要求显示美国法学院的法律学位的课程具有较高的一致性。其特点在于：一是重视法律从业的基本能力训练。如两校都非常注重学生的法律写作和法庭辩护等法务基本技能的训练。二是重视法律实践经验的积累。两

---

① Michigan State University College of Law. Juris Doctor Program：Required Curriculum[EB/OL]. http://www.law.msu.edu/academics/ac-juris-req.html.

校均采用法律诊所、法律评论、模拟法庭、审判实习等形式强化学生的法律实战经验。此外,高年级学生还可根据自己的兴趣专攻一个具体的专业方向,以形成一项特长。上述这些特点反映了美国法律教育立足行业特性,突出专业化人才培养的导向。

3. 法律专业学位的专业资格认证要求

为了确保专业学位的专业教学质量,美国一般由第三方机构对从事专业学位教育的院校实施专业认证。第一专业学位中的法律学位的专业认证由行业组织美国律师协会(The American Bar Association,简称 ABA)下属的法律教育和律师资格部门委员会(The Council of the Section of Legal Education and Admissions to the Bar)负责提供。美国律师协会于 1878 年在纽约成立。协会成立的初始目的之一是提高法律行业从业人员的能力素养,确保美国法律行业的服务质量[①]。在成立之初,成员仅有来自全美 21 个州的 100 名律师,但经过 100 多年的发展,目前美国律师协会已经成为一个由成员代表大会、董事会、办公室、5 个分部、23 个部门、6 个论坛和几千个委员会与任务小组组成的非营利性行业组织。1952 年联邦政府决定将专业资格认证作为向高校分配联邦经费的前提条件时,美国律师协会的法律教育和律师资格部门委员会成为最早获得联邦教育部承认的专业资格认证机构之一。

美国律师协会的管理架构主要由成员代表大会、董事会和事务办公室构成,其成员大部分是热心于公益服务,并有多年法律实务经验的从业人员。成员代表大会(The House of Delegates)是美国律师协会的最高决策机构。它始于 1936 年,目前每年召开两次会议:一次年会和一次年中会议。成员代表大会通过的决定和行动方针即成为美国律师协会的正式政策。2017 年的成员代表大会共由 546 名成员组成,包括 52 名州代表、221 位州律师协会代表、79 位地方律师协会代表、18 位一般律师代表、73 位过去和现任董事会及事务办公室成员、70 位分部和部门的代表、2 名事务办公室代表、28 位相关组织代表、1 位维京岛(Virgin Islands)律师协会代表、1 位关岛(Guam)代表和 1 名一般成

---

① History of the ABA[EB/OL]. http://www.abanet.org/about/history.html.

员代表①。成员代表大会闭会期间,董事会有权代表美国律师协会对外行使职责。董事会由 44 名成员组成,包括 18 名地区代表、18 名一般成员代表和 6 名职位成员(如总裁、成员代表大会主席、秘书长和财务部长等)②。董事会会议通常每年举行 5 次,负责协会的总体运行和制定具体的行动计划。美国律师协会的日常工作由选举的协会官员(Officers)负责,他们包括总裁(任期一年)、总裁助理、成员代表大会主席(任期两年)、秘书长(任期三年)和财务部长(任期三年)。目前美国律师协会的成员超过 40 万人③。他们分成 5 个分部(Division)、23 个部门(Section)、6 个论坛(Forum)和几千个委员会和任务小组(Commission,Standing and Special Committees,and Task Forces)。这些组织负责出版期刊、业务通讯、杂志和书籍,举办会议,对成员进行业务培训与继续教育,监督协会政策的执行,开展研究和提供政策建议等④。

　　在美国律师协会的诸多分部和部门中,法律教育和律师资格部门委员会是获得联邦政府承认的法律学位专业资格认证机构。早在 1879 年美国律师协会就成立了第一个委员会:法律教育和律师资格常务委员会(The Standing Committee on Legal Education and Admissions to the Bar)。1893 年该委员会改名法律教育和律师资格部门(The Section of Legal Education and Admissions to the Bar)⑤。1952 年,该委员会获得联邦教育部认可成为美国全国的法律学位专业资格认证机构。美国律师协会的法律教育和律师资格部门委员会的职责是根据法学院办学资格标准和程序为美国法学院提供临时(Provisional)和正式(Full)的办学资格认证⑥。法律教育和律师资格部门委员会一共由 21 名有投票权的成员组成,其中法学院院长或教师最多不得超过 10人,其他成员包括法官、律师、1 名法律学生和至少 3 名非律师或法学院教职工

---

　　① House of Delegates[EB/OL]. http://www.abanet.org/leadership/delegates.html.

　　② Board of Governors[EB/OL]. http://www.abanet.org/leadership/governors.html.

　　③ ABA: Introduction[EB/OL]. http://www.abanet.org/home.html.

　　④ History of the ABA[EB/OL]. http://www.abanet.org/about/history.html.

　　⑤ ABA Section of Legal Education and Admissions to the Bar. Standards and Rules of Procedure for Approval of Law School 2006 – 2007[EB/OL]. http://www.abanet.org/legaled/standards/2006 – 2007StandardsBookMaster.PDF.

　　⑥ History of the ABA[EB/OL]. http://www.abanet.org/about/history.html.

会的公共成员①。法律教育和律师资格部门委员会及其资格认证委员会的工作由一个拥有 13 个全职职员的事务办公室协助。

　　为了满足联邦教育部关于任何资格认证机构必须"分开和独立"于任何专业组织或行业协会的规定,美国律师协会于 1999 年修改了法律教育和律师资格部门委员会与成员代表大会之间关系的规定条文,使彼此间的关系相对独立②。法律教育和律师资格部门委员会关于授予一所法学院临时或正式的办学资格的决定是最终决定,无须成员大会的认可即可自动生效。法律教育和律师资格部门委员会有权直接拒绝授予一所法学院临时或正式的办学资质或者取消一所法学院的办学资质。如果该法学院不进行申述,则其决定将自动生效。如果该法学院不服,也可向律师协会的成员代表大会进行申述。对于法律教育和律师资格部门委员会做出的法学院认证决定,成员代表大会在收到申诉后可以表决认可或者建议其重新考虑所做出的认证意见。一般而言,成员代表大会有权就法律教育和律师资格部门委员会的拒绝授予办学资格的决定向其提出两次重新考虑建议,就取消办学资格的认证意见向其提出一次重新考虑建议,但最终决定仍由法律教育和律师资格部门委员会独立做出。此外,法律教育和律师资格部门委员会任何关于修改法学院办学资格标准和程序的决定都必须经过成员代表大会的审查。如果成员代表大会有不同意见,可以提出两次重新考虑的要求。此后,无论法律教育和律师资格部门委员会是否同意重新考虑的建议,其决定都将是最终的。

　　1921 年,美国律师协会制定了第一部法律教育标准(Standards for Legal Education),同时公布符合美国律师协会标准,并通过资格认证的法学院名单。随后美国律师协会颁布了法学院办学资格标准(Standards for Approval of Law School)③。法律教育资格的标准和资格认证程序经过多次修改,最近一

---

① Accreditation[EB/OL]. http://www.abanet.org/legaled/accreditation/abarole.html.

② ABA Section of Legal Education and Admissions to the Bar. Standards and Rules of Procedure for Approval of Law School 2006 - 2007[EB/OL]. http://www.abanet.org/legaled/standards/2006 - 2007StandardsBookMaster.PDF.

③ ABA Section of Legal Education and Admissions to the Bar. Standards and Rules of Procedure for Approval of Law School 2006-2007[EB/OL]. http://www.abanet.org/legaled/standards/2006-2007StandardsBookMaster.PDF.

次修改完成于 2017 年 2 月[①]。现行法律教育和律师资格部门委员会的法学院办学资格认证标准(以下简称资格认证标准)包括 4 个部分:(1)认证标准;(2)认证程序规则;(3)国际法律专业标准;(4)附加内容。表 3-7 和表 3-8 分别显示了法学院办学资格认证标准和程序规则的目录。

表 3-7　法学院办学资格认证标准

第 1 章	资格认证的总体目标、实践和定义	第 5 章	招生和学生服务
101	资格认证的基本要求	501	招生
102	临时资格认证	502	教育要求
103	正式资格认证	503	录取考试
104	超越基本资格认证要求的特例	504	品德和健康
105	法学院重大结构调整或专业调整	505	以前无资格的申请人
106	定义	506	非美国律师协会认证的法学院学生
		507	来自国外法学院的申请人
第 2 章	组织和管理	508	非学位学生
201	专业资源	509	基本消费者信息
202	学院自我研究	510	学生贷款计划
203	战略规划和评价	511	学生支持服务
204	独立法学院的董事会		
205	董事会和法学院权力机构	第 6 章	图书馆和信息资源
206	法学院院长	601	总体要求
207	院长和教师之间的权力分配	602	管理
208	校友、学生和其他利益方的参与	603	法律图书馆馆长
209	非大学从属的法学院	604	人员
210	法学院—大学关系	605	服务

---

① ABA Section of Legal Education and Admissions to the Bar. Standards and Rules of Procedure for Approval of Law School 2017 – 2018[EB/OL]. https://www.americanbar.org/groups/legal_education/resources/standards.html.

续表

211	非歧视和机会公平	606	藏书
212	机会公平和多样性		
213	残疾学生的合格标准	第 7 章	设施
		701	总体要求
第 3 章	法律教育专业内容	702	法律图书馆
301	目标	703	研究和学习场所
302	课程	704	技术能力
303	学术标准和成就		
304	学制和学时	第 8 章	其他
305	课外学习	801	委员会权力
306	远程教育	802	差异
307	国外学习活动	803	标准、解读和程序规则的修改
308	法律学位以外的学位		
第 4 章	教师		
401	资格		
402	全日制教师规模		
403	教师的教学职能		
404	全日制教师的职责		
405	专业环境		

表 3-8 法学院办学资格认证程序规则

1	程序规则定义
2	法学院现场的视察与评估
3	认证委员会的考虑
4	临时或正式资格认证的申请
5	认证委员会裁决权限
6	法学院对认证委员会以及法律教育和律师资格委员会的解释
7	重新考虑的要求

续表

8	法律教育和律师资格委员会对认证委员会建议的考虑
9	法律教育和律师资格委员会对认证委员会决定的申述的考虑
10	成员代表大会对法律教育和律师资格委员会授予、拒绝或取消临时或正式办学资格决定的审查
11	临时或正式办学资格的重新申请或重大调整的默许
12	对具备临时或正式办学资格的法学院的现场视察与评估
13	对与标准明显不符现象采取的行动
14	查找证据
15	听证会
16	制裁
17	法律教育和律师资格委员会对制裁的考虑
18	服从制裁、纠正要求及试用要求
19	申述期间法学院的办学资格
20	获得临时或正式办学资格的法学院组织结构的重大变化
21	获得临时或正式办学资格的法学院法律教育专业的重大变化
22	法学院的关闭
23	授予学分的国外法律教育项目
24	对法学院不符合标准的报告
25	资格认证信息和文件的保密事项
26	法学院信息的公布
27	法学院需提供的信息
28	具备办学资格法学院名单的公布
29	费用分担事项
30	现场视察的评估专家和证据查找人员费用的报销事项

　　法学院办学资格认证标准包括八章，分别规定了法学院资格认证的总体目标、组织和管理、法律教育专业内容、教师、招生和学生服务、图书馆和信息资源、设施等的标准要求。资格认证规定法学院应先申请临时办学资格认证，通常情况下法学院至少在获得临时办学资格认证两年后，才能申请正式的办

学资格认证。

在法学院的课程要求方面,资格认证标准要求其课程设置至少需体现 5 个方面的知识和技能的培养[1]:

第一,有效从事法律行业所必备的法律知识的传授。

第二,法律分析和逻辑思维、法律研究、问题处理和沟通能力的训练。

第三,严格的法律文书写作,包括第一学年和第二或第三学年阶段至少两学期法律文书写作课程的训练。

第四,有效从事法律行业所必备的其他法律技能的传授。

第五,法律职业及其成员的历史、目标、结构、价值、规则和责任等必要事项的传授。

此外,资格认证标准还要求,合格的法学院还必须为学生提供以下机会:

第一,在恰当的指导下,让学生实际接触客户以获得实践经验;鼓励学生反思其实践经验、法律职业的价值和责任、拓展学生自我评估、自我发展的能力。

第二,鼓励学生参与公共法律服务活动,培养其服务社会的公益精神。

第三,通过研讨班、指导研究、小班教学或者合作项目等开展团队合作学习,培养协作精神与沟通能力。

资格认证标准还为一些较为笼统的规定做了具体的解释,如对法律分析等专业技能培养的课程内容明确为:法庭旁听、模拟案件审理和上诉辩护、事实和证据调查、参与法律咨询并制定解决纠纷的各种选择方案、法律事务的组织和管理、法律文书起草等。

资格认证标准对法学院学制和学时标准也有详细的规定[2]:

第一,每学年实际在校学习时间不得少于 8 个月或 130 天;在 130 天以外,应保证学生有充裕的时间自主安排。

---

① ABA Section of Legal Education and Admissions to the Bar. Standards and Rules of Procedure for Approval of Law School 2017 – 2018[EB/OL]. https://www. americanbar. org/groups/legal_education/resources/standards. html.

② ABA Section of Legal Education and Admissions to the Bar. Standards and Rules of Procedure for Approval of Law School 2017 – 2018[EB/OL]. https://www. americanbar. org/groups/legal_education/resources/standards. html.

第二,法学院学生在校期间必须完成 58000 分钟的课程学习时间,其中 45000 分钟的教学时间必须是常规的课堂教学时间。

第三,学生获得法学学位的在校学习时间不得少于 24 个月,也不得超过 84 个月。

第四,学生在任一学期不得选修超过总课时计划课程的 20%。

第五,每星期选修 12 小时或以上课程的学生,其课余的兼职工作每星期不得超过 20 小时。

此外,资格认证标准还对法学院的学生录取标准有明确规定,要求法律学位的申请人应拥有学士学位或至少完成学士学位四分之三的课程,同时其本科学业必须是在联邦教育部承认的教育资格认证机构所认可的高校完成。在特殊情况下,如申请人的经验、能力或其他特征清楚地显示申请人具备法律学习的能力与资质时,法学院也可破格录取不具备上述规定教育条件的学生,但录取人员必须在这些特殊申请人的录取档案中注明录取的原因,并签字存档①。录取考试规定法学院应该要求法律学位申请人参加有效和可信的录取考试以帮助法学院评价申请人完成法律学位的能力。法律教育和律师资格部门委员会承认的法律学位录取考试为法学院入学考试(LSAT 考试),如果学校采用其他考试,则需证明该考试能够有效地和可信地衡量申请人完成法律学位的能力。

总体而言,由行业组织所确定的上述资格认证标准确保了提供专业教育的法学院的教育质量能够满足行业执业准入的要求。截至 2017 年 12 月,通过美国律师协会法律教育和律师资格部门委员会办学资格认证有权授予法律学位的法学院共有 204 所,其中 3 所拥有临时办学资格②。

二、美国专业硕士学位培养模式的状况与特点

美国的专业硕士种类繁多,其课程设置与培养模式有着较为多元的选择。

---

① ABA Section of Legal Education and Admissions to the Bar. Standards and Rules of Procedure for Approval of Law School 2017 – 2018［EB/OL］. https://www. americanbar. org/groups/legal_education/resources/standards. html.

② ABA-Approved Law Schools［EB/OL］. http://www. abanet. org/legaled/approvedlaw schools/approved. html.

为更清晰的把握专业硕士的课程设置及培养模式特点,本部分将以专业硕士中设置较为普遍的工商管理硕士学位(Master of Business Administration,简称 MBA)以及会计硕士学位(Master of Accountancy,简称 MAcc)为例进行分析。

(一)工商管理专业硕士学位的培养模式

工商管理专业硕士学位是美国专业硕士学位中占有较大比重与影响力的一个领域,其课程设置及培养的专业性要求也较为明确。2017 年,美国新闻和世界报道(U. S. News & World Report)的大学排名中商学院(研究生院)排名靠前的有哈佛商学院、斯坦福商学院及佐治亚大学(University of Georgia)等,本部分将以上述学校为例分析介绍 MBA 的课程结构和专业特色。

1. 哈佛商学院与斯坦福商学院的课程设置与专业特色

哈佛商学院 MBA 是学制两年的全日制专业,其课程包括两部分内容:一年级的必修课和二年级的选修课。由于哈佛商学院 MBA 学生的背景及个性差异较为显著,为了确保教学质量的稳定,哈佛商学院在录取学生时对其专业素质有统一的要求,即其在入学时应具备会计、金融和定量分析方法的基础知识[①]。在素质能力规范统一的基础上,哈佛商学院在第一学年共开设 11 门必修课,以强化学生的商业经营与企业管理能力。第一学期的金融、财务报表和控制、营销、领导和组织行为、技术和运筹学等五门必修课培养学生从管理者的角度了解商业机构的内部功能和运行[②]。第二学期的六门必修课,包括商业、政府和国际经济、战略与创业管理、谈判、高级金融、领导和商业机构责任等[③],重点培养学生认识与把握商业机构与外部经济、政府和社会环境关系的能力。哈佛商学院 MBA 的一年级学生每年大约 90 人。学生第一学年同时攻读相同的必修课。在一个共同学习的环境中,除了需要掌握具体的商业知识和分析技能之外,学生还必须熟悉 MBA 专业特有的沟通和合作方式,建立彼

---

① Harvard Business School. MBA Curriculum [EB/OL]. http://www. hbs. edu/mba/academics/curriculum. html.

② Harvard Business School. MBA Curriculum [EB/OL]. http://www. hbs. edu/mba/academics/curriculum. html.

③ Harvard Business School. MBA Curriculum [EB/OL]. http://www. hbs. edu/mba/academics/curriculum. html.

此之间稳固而持久的人脉关系。

在第二学年,哈佛商学院学生可根据兴趣选修最多10门课程,结合必修课阶段所学的基本概念、知识和技能,形成对商业运营的整体认知。二年级的课程安排为一学期最多选修五门课程,课程内容包括会计、管理、营销、组织和市场、组织行为等①。哈佛商学院重视实践学习,超过一半的 MBA 学生选择实践学习计划或独立研究计划②。实践学习计划通常由一名教师指导三名以上学生组成的小组与实习单位合作,从事产品上市营销、企业战略设计等现实管理问题的研究与实务操作。独立研究计划则让学生在导师的指导下自主深入地研究其感兴趣的企业经营管理问题。上述两种实践学习模式提供充分的平台与机会,帮助学生将课堂理论教学与商业现实世界有效衔接,提升其实践认知。

斯坦福商学院 MBA 同样是两年全日制学习专业,包括一年级必修课阶段和二年级的选修课阶段。一年级的必修课一共18门,包括秋季学期的7门课程:批判分析思考、管理与道德、全球化的管理、管理金融、管理小组和团队、组织行为、战略领导;冬季和春季学期共开设11门课程,包括数据分析和决策、金融、金融会计、人力资源、信息技术、管理会计、营销、微观经济学、最优化和决策支持的模型、非市场战略、运行等③。二年级学生可以最多选修18门选修课,选修课程包括会计、创业、金融、全球管理、人力资源、信息技术、领导、管理经济学、营销、运行、组织行为、政治经济学、公共管理、战略管理等④。因为实行4学期制,所以斯坦福商学院的课程数量较多。

————————————

①　Harvard Business School. MBA Curriculum:Elective Curriculum[EB/OL]. http://www. hbs. edu/mba/academics/elective. html.

②　Harvard Business School. Field-based Learning[EB/OL]. http://www. hbs. edu/mba/academics/fieldbasedlearning. html.

③　Stanford Graduate School of Business. MBA Program:Curriculum First Year[EB/OL]. http://www. gsb. stanford. edu/mba/academics/curriculum_year1. html.

④　Stanford Graduate School of Business. MBA Program:Curriculum Second Year[EB/OL]. http://www. gsb. stanford. edu/mba/academics/curriculum_year2. html.

斯坦福商学院的 MBA 非常强调培养学生的全球意识,将全球化经验(Global Experience Requirement)作为 MBA 学生的毕业要求之一。MBA 学生可以选择全球管理经验(Global Management Immersion Experience)和全球学习旅行(Global Study Trips)等形式满足其全球化经验提升的要求。全球管理经验要求学生暑期在美国境外完成至少四个星期的实习计划(可以是工作或研究),以获得国际工作的经验①。全球学习旅行计划中,学生在暑期到境外游学,亲身体验其他国家的商业、政治和社会环境,了解当地的文化环境、社会规则及商务活动特点等,以此拓宽学生的全球视野,强化学生在全球化的商业环境中的经营管理能力。实习结束后,学生将以报告的形式总结游学经历和心得②。

2.佐治亚大学工商管理硕士学位的课程设置与专业特色

佐治亚大学的工商管理硕士学位的课程分为标准和强化两类。标准课程为学制 2 年的全日制教学课程;而强化课程则是为期 11 个月的全日制教学课程。拥有学士学位的申请人,无论其本科专业是什么,均可申请佐治亚大学工商管理硕士的标准教学计划。如果申请人拥有经商学院促进协会(AACSB)认证的高校颁发的工商管理类学士学位,即可申请佐治亚大学工商管理硕士的强化教学课程。如表 3-9 所示,佐治亚大学工商管理硕士的强化教学课程仅需暑期 2 个月的课程加下学年秋季和春季 9 个月的课程即可完成学业。因为本科阶段专业与专业硕士学位的专业相近,攻读强化教学课程的学生被允许免修 6 门标准教学课程学生必修的基础课程(表 3-9 中带下划线的课程)。强化教学班的学生只需要在暑期两个月内完成七门课程的集中教学,即可与标准教学班的学生一起在秋季开始第二学年的学业。

---

① Stanford Graduate School of Business. MBA Program:Global Management Program[EB/OL]. http://www.gsb.stanford.edu/mba/academics/gmp.html.

② Stanford Graduate School of Business. MBA Program:Global Management Program[EB/OL]. http://www.gsb.stanford.edu/mba/academics/gmp.html.

表 3-9　佐治亚大学工商管理硕士教学计划①

标准教学计划（两年）		强化教学计划（11 个月）	
第一学年	秋季课程： 会计 商业统计 商业经济（微观和宏观） 领导技能 管理信息 商业道德* 谈判* 团队发展、协调和技术*	第一学年	秋季课程： 无
	春季课程： 金融管理 市场管理 综合资源管理 商业法律和法规 战略管理和沟通 会计信息的内部使用		春季课程： 无
	夏季课程： 无		夏季课程： 商业道德* 谈判* 团队发展、协调和技术* 商业统计 战略管理和沟通 金融管理或市场管理** 经济学泛读或管理信息**
第二学年秋季和春季的课程一致			

注释：* 代表该课程是为期 3 周的技能类课程，** 学生根据需要任选其中一门课程。

除了上述专业课程设置外，工商管理专业硕士的另一特点是，区别于学术型硕士学位有毕业论文的要求，工商管理专业硕士强调以专业实习计划代替毕业论文，以此体现对行业实践经历的重视。

---

① University of Georgia. Professional Degrees［EB/OL］. http://graduate. gradsch. uga. edu/bulletin/bulletin/degrees/profdegrees. htm.

（二）会计专业硕士学位的培养模式

会计硕士是美国专业硕士中另一设置较为普遍的专业。本部分选择美国新闻和世界报道 2017 年对美国会计专业（研究生）排名前列的德克萨斯大学（McCombs School of Business，the University of Texas）和南加州大学（Marshall School of Business，the University of Southern California）为例介绍会计硕士专业的课程结构和培养特色。

1. 德克萨斯大学会计硕士的课程设置与专业特色

德克萨斯大学会计硕士专业的标准毕业要求为 43 个学分，包括 14 门 3 个学分的课程和 1 门 1 学分讲座课程。如果学生在入学前，已经在四年制大学选修了部分相近的必修课，则可以申请免修最多 2 门课程。换言之，完成 37 个学分即可申请提前毕业。会计硕士专业的课程分为必修课和选修课两部分（见表 3-10、表 3-11），学生在完成规定的必修课程后可根据个人的专业兴趣选择四个方向的选修课程攻读①。

表 3-10　德克萨斯大学会计硕士专业必修课

课程名称	学分数
会计领域杰出人士系列讲座	1
财务会计	3
管理会计	3
财务管理	3
会计职业的法律环境	3
会计和控制的信息技术	3
财务会计标准和分析 I（中级）	3
保障服务入门	3
税收入门	3
合计	19

① McCombs School of Business，the University of Texas. Summary of Degree Requirements for the MPA Program[EB/OL]. http://www. mccombs. utexas. edu/mpa/traditional/advising/summary. asp.

表 3-11 德克萨斯大学会计硕士专业选修课(4 个方向)

财务报表和保障方向		管理会计和控制方向		税收方向		综合方向	
课程名称	学分	课程名称	学分	课程名称	学分	课程名称	学分
财务会计标准和分析 Ⅱ(高级)	3	管理审计和控制	3	税收研究方法	3	4 门会计研究生选修课	12
财务报表分析	3	2 门会计研究生选修课	6	机构税收 Ⅰ(公司)	3	2 门商业研究生选修课	6
1 门审计选修课	3	2 门商业研究生选修课	6	机构税收 Ⅱ(合资企业)	3		
1 门会计研究生选修课	3	战略成本或战略控制	3	2 门税收选修课	6		
2 门商业研究生选修课	6			1 门会计或商业研究生选修课	3		
合计	18	合计	18	合计	18	合计	18

由于德克萨斯大学的会计硕士专业面向所有专业的本科生招生。为了确保学生入学时具备一定的专业基础,学校设置了前置课程要求,所有会计硕士专业的学生在入学前必须完成 1 个学期的下列课程:宏观经济原则、微观经济原则、统计学入门、财务会计入门①。除了具体的课程之外,该专业还要求学生具备熟练运用统计分析的能力、合格英语能力(如果母语不是英语)及掌握基本的商业计算方法。

2.南加州大学会计硕士的课程设置与专业特色

南加州大学的会计硕士是一年全日制学制的专业学位,主要培养学生从事公共会计、金融服务和企业财务的专业知识与能力。该专业的最低毕业要求为 30 个学分,其中包括必修课和选修课(见表 3-12)。南加州大学会计硕士专业同样面向所有专业的本科生招生,并设置了前置课程要求。所有会计硕士专业的学生在入学前必须完成一个学期财务会计入门以及宏观或微观经济

① McCombs School of Business,the University of Texas. Pre-enrollment Requirements for the MPA Program [EB/OL]. http://www.mccombs.utexas.edu/mpa/traditional/advising/prereqs.asp.

等两门课程①。

表 3-12　南加州大学会计硕士专业课程结构②

课程内容			学分数
必修课	3 门会计必修课	专业会计概念	3
		下列 4 门课程中任选 2 门 管理控制系统 审计/保障服务 高级审计 财务报表分析	6
	1 门会计信息系统必修课	下列 3 门课程中任选 1 门 企业信息系统 企业系统设计、执行和安全 高级企业系统和技术	3
	1 门交流和沟通必修课	交流和沟通	3
选修课	3 门会计选修课	下列课程中任选 3 门 管理控制系统 企业系统设计、执行和安全 高级企业系统和技术 税收理论 全球(国际)环境会计 财务报表分析 公司并购(会计和税收) 所得税会计 家庭财富管理 法医会计学 证券交易所注册和报告	9
	2 门研究生选修课	商业、金融、会计等	6
合计			30

① Marshall School of Business，the University of Southern California. Master of Accounting Program：Prerequisite Coursework［EB/OL］. http://www. marshall. usc. edu/leventhal/curriculum/macc/maccprogram/admissions. htm.

② Marshall School of Business，the University of Southern California. Master of Accounting Degree Requirements［EB/OL］. http://www. marshall. usc. edu/leventhal/curriculum/macc/macc-program/degreerequirements. htm.

虽然是专业学位,但南加州大学的会计硕士并未将专业实习经历列入毕业要求之中。这是因为其标准的学制年限只有一年,要完成毕业要求的 30 个学分的课程学习,时间安排已较为紧凑,没有充裕的时间安排学生进行实习实践。不过学校还是为学生提供了校内外的各种实习机会,鼓励学生参与实习实践,以提升其专业实战经验。当然,这种实习实践完全基于自愿原则,无法强制作为学生毕业的条件。

(三)MBA 和会计专业的专业认证

1. 商学院促进协会的认证概况

美国专业学位发展历程中,专业认证对确保专业教育的职业性、应用性导向起着关键的作用。目前美国有两个商学专业和会计专业的教育资格认证机构:商学院促进协会(The Association to Advance Collegiate Schools of Business,简称 AACSB)和商学院与专业协会(Association of Collegiate Business Schools and Programs,简称 ACBSP)。这两个机构均获得高等教育资格认证委员会的承认。AACSB 成立于 1916 年,而 ACBSP 成立于 1988 年。ACBSP 的资格认证比较注重商学院的教和学,而 AACSB 相对更加关注相关专业领域的学术研究[①]。两个协会目前不仅在美国,而且也在全球范围内提供商学院的资格认证。至 2018 年,各有 1000 多所高校的商学院及会计专业通过 ACBSP 和 AACSB 的认证。由于 AACSB 成立时间较早,成员更多,而且美国诸多商学院名校(比如哈佛商学院和斯坦福商学院)均通过其认证,所以本部分将详细分析 AACSB 的资格认证标准和程序。

作为一个专业资格认证机构,商学院促进协会只为本科和研究生层次的工商管理和会计专业提供专业认证服务。它的使命是通过专业认证,保证本科和研究生层次的工商管理和会计专业的质量,并促进这些专业质量的持续提升。商学院促进协会在协会成立不久的 1919 年即制定了第一个工商管理专业标准,同时开展专业认证服务[②]。1980 年,商学院促进协会又增加了针对会计专业的专业认证标准。1991 年,商学院促进协会成员通过了新的与专业

① Wikipedia. Association of Collegiate Business Schools and Programs[EB/OL]. http://en.wikipedia.orgwikiAssociation_of_Collegiate_Business_Schools_and_Programs.

② AACSB. Accreditation[EB/OL]. http://www.aacsb.edu/accreditation/default.asp.

或学校使命相结合的专业认证标准,并决定在专业认证过程中采取以同行评议为主的方式。2003 年,商学院促进协会再一次修改专业认证标准,使专业认证标准适用于国际工商管理专业。截至 2018 年 8 月,共有 820 多所高校的工商管理专业通过商学院促进协会的资格认证,另有 185 所高校通过了会计专业的资格认证[①]。这些高校中有 53 所是美国以外的高校[②]。

在商学院促进协会专业认证过程中,学院或高校首先自愿申请"资格评审"。通过资格评审后再申请初次资格认证,初次资格认证包括自我评价和同行评议两部分。通过初次资格认证后,学校即可进入商学院促进协会的定期评审阶段。在定期评审阶段,学校需要提交年度数据和年度战略管理报告供协会审核。定期评审的周期为五年。

资格评审是商学院申请 AACSB 专业认证的起点与基础,其审核标准包括六方面内容[③]:一是商学院必须提供工商管理类的学位教育;二是工商管理学位教育必须拥有持续发展的资源(包括但不局限于管理结构、师资等);三是商学院提供的所有工商管理学位专业将同时接受认证(包括继续教育);四是商学院必须证明其工商管理学位专业的多样性,并保证其与学校的使命和文化环境一致;五是商学院或者其工商管理学位专业必须制定管理人员、教师和学生的道德行为准则;六是在初次资格认证时,商学院的大部分工商管理学位专业必须已拥有至少两届毕业生。

只有通过上述资格评审,商学院才能进入正式的专业认证程序。

2. 工商管理专业的专业认证要求

AACSB 对工商管理专业资格认证的最小单位为学院(文理学院、商学院或研究生院)或学校(独立的商学院)。本科层次学位专业中 25% 的课程为传统工商管理课程,研究生层次中 50% 的课程为传统工商管理课程的学院均在认证范围内。学院也可要求将一些学位专业排除在认证范围之外。排除的标

---

① AACSB. Accreditation Council Profile[EB/OL]. https://www.aacsb.edu/accreditation/accredited-schools.

② AACSB. Accreditation Council Profile[EB/OL]. https://www.aacsb.edu/accreditation/accredited-schools.

③ AACSB. Eligibility Procedures and Standards for Business Accreditation[EB/OL]. http://www.aacsb.edu/accreditation/process/documents/AACSB_STANDARDS_Revised_Jan07.pdf.

准包括参与独立性（学位专业中传统商业课程少于 25％）、独特性（比如公共管理、公共卫生管理和农业管理等）、自主性（管理和师资独立自主的非工商管理类学位专业）等。

传统的工商管理课程包括会计、商业法、决策科学、金融（包括保险、房地产和银行）、人力资源、企业管理、管理信息系统、管理科学、市场运营管理、组织行为、组织发展、战略管理、供应链管理（包括运输和后勤）和技术管理等。

从资格评审标准可以看出，其评审的重点是商学院的特色、持续发展的可能性、全面性、多样性、道德行为准则和成熟性。工商管理学位专业的初次资格认证标准包括三部分内容：战略管理标准、参与标准、教学标准（见表 3-13）。

表 3-13　AACSB 资格认证标准

评估项目	具体评估内容与标准
战略管理标准	①使命宣言：学院应制定并公开办学使命。 ②使命的恰当性：学院的使命应该适合高校工商管理专业，不违背整个大学的使命。使命应该表明学院对推动和发展工商管理知识和实践的贡献。 ③学生使命：学院的使命宣言或补充文件应明确描述学院服务的学生群体。 ④持续改进目标：学院应明确制定优先发展与持续改进目标的行动计划。 ⑤财务战略：学院应有明确的财务战略规划，为实现学院的使命和战略行动计划提供充分的资源保障。
参与标准	①录取标准：工商管理学位的学生录取标准应清晰明确，并与学院的使命相符。 ②学术标准：学院的学术标准和教学方针应确保培养高质量的毕业生。 ③职员规模与学生支持：学院应有充足的职员数量以确保学生支持活动的稳定性和持续改进。学生支持活动应反映学院的使命、专业和学生的特点。 ④教师规模：学院应拥有充足的师资数量以确保教学质量的稳定性和持续发展。教师资源的分配应符合学院的使命和专业的需要。所有学生都应有机会接受合格教师的指导。 ⑤教师资格：教师应具备完成学院使命的学术能力及持续改进的最新的专业经验。学院应明确规定评价教师对学院使命的贡献的标准与过程。 ⑥教师管理和支持：学院应制定详细公开的规章制度以引导和支持教师发展。管理规章应包括恰当的教学任务、学术活动目标和服务工作量，提供职员和其他资源支持教师完成学院对他们的期望，开展正式的定期评审、晋升和奖励以及合理的规划教师资源的发展。 ⑦教职工的集体教育责任：确保教师和学生有足够的时间开展教学活动；确保教学活动过程中教师和学生之间的充分的交流；对学生的学术发展寄予明确的期望，引导与帮助学生实现这些期望；有效评价教学效果及学生发展成就；持续改进教学计划，推动教学过程的创新。 ⑧教师个人的教育责任：与学生和同事的真诚交流；在专业领域的变革发展中不断更新与拓展自身的专业知识；积极参与学生的学习过程；鼓励学生的团队合作与主动参与精神；动态评价学生表现并提供及时反馈。

续表

评估项目	具体评估内容与标准
教学标准	①课程管理：学院应以系统有机的方式制定、管理、评价和完善专业学位课程的内容和教学方式，完整地评价课程对学习的影响，并提供详细记录。课程管理应确保各利益相关方的参与。利益相关方包括本专业教师、职员、管理人员和学生、非工商管理专业的教师、校友以及学院服务的商业社区。 ②本科层次学习目标：本科学位专业必须提供充足的时间、覆盖充分的内容、提供充分的学生支持服务、确保学生与教师之间的交流以保证学习目标的实现。学院应根据学院的使命和文化明确对学生的期望，据此制定学习目标并确保每个学生均能达到本专业预期的基础知识和管理技能的要求。 ③一般工商管理硕士学位学习目标：学生入学时应具备适当的本科学位教育的一般知识和技能。专业课程内容应比本科学位教育更加综合，更多地采用学科交叉的方式。 ④特殊工商管理硕士学位学习目标：学生入学时应具备一定的本科学位教育的一般知识和技能。其课程学习相比本科课程应具备更高层次的内容。

在上述的评估标准中，虽然要求学院以系统的方式设置与管理专业课程，但并未对课程的内容和教学要求做具体规定。通常情况下，商学院本科层次的教学计划一般要求学生通过课程学习形成良好的职业道德及基本的沟通能力、分析能力、信息技术的综合运用能力、多元文化的理解能力以及反思与批判能力。为了培养上述能力，商学院本科层次的专业课程一般包括，组织和社会中的道德与法律责任、金融理论、市场分析、数据处理、团队管理和领导力、管理学、决策学、信息技术、宏观经济分析等。

在专业硕士的定位与学习要求方面，一般工商管理硕士学位注重培养组织领导力以及在陌生的挑战性环境中自主进行信息收集与分析判断、创新解决问题的能力。而对于特殊工商管理硕士学位的学生，教学要求是具备合理运用所学的理论知识进行综合分析及创新解决具体专业问题的能力。专业硕士的课程主要涉及工商管理领域核心的理论、模型及解决实际商业管理问题的技巧。学校必须证明根据其使命定位能明确对学生的期望，并据此制定学习目标，确保每一个一般工商管理硕士学位专业的学生完成专业学习目标的成就。

总体而言，从 AACSB 的认证标准可以看出，本科层次商学院的课程与培养要求更偏向一般的基础理论，而在专业硕士层面，课程与培养要求多直接围绕行业的实践与实际操作展开,在专业性方面更为具体、有针对性。

3. 会计专业的专业认证规定

商学院促进协会开展的专业认证活动以工商管理专业为主,会计专业的专业认证是作为其中的一个独立专业由学院自愿申请进行额外认证的。工商管理专业认证是会计专业的资格认证的基础。商学院不能只申请会计专业的资格认证,必须和工商管理专业一起,或者在获得工商管理专业的资格认证的基础上申请会计专业的资格认证。因此会计专业虽有单独的资格认证标准,但它是以工商管理专业资格认证的标准为模板的。具体而言,会计专业认证标准以工商管理专业认证标准的基本框架和原则为基础,取消了一些针对工商管理专业的标准,增加了适用于会计专业的标准。工商管理专业认证标准中具体标准的序列号为 1—30;会计专业资格认证标准的序列号则采用 31—50 以示区别。

商学院在申请会计专业的初次资格认证前同样要经过"资格评审"。会计专业的资格评审标准和工商管理专业基本一致。会计专业包括,但不局限于:

(1)本科会计专业或同等教学计划;(2)150 学分的综合会计专业;(3)工商管理硕士学位中的会计专业;(4)硕士学位层次专业中会计教师参与工作的比例较大,且主要培养学生从事会计的专业,如金融、保险、税收、信息系统、管理会计、政府部门会计和内部审计等;(5)博士学位会计专业。

会计专业的初次资格认证标准同样包括 3 个部分:战略管理标准、参与标准、教学标准[①]。但审核标准与工商管理专业略有不同。

第一,战略管理标准中保留了工商管理专业标准中的第 4 和 5 条,增加了第 31 条和 32 条,两条内容均为有关会计专业使命恰当性的内容,具体内容如下:

第 31 条,会计专业应该制定并公开明确的办学使命,该办学使命一是应体现会计专业在社会中的职能方向;二是应体现通过专业学术发展为会计专业知识和实践的改进做出贡献的方针;三是应明确专业教育体现并适用专业领域执业标准的方针。

---

① AACSB. Eligibility Procedures and Standards for Accounting Accreditation[EB/OL]. http://www. aacsb. edu/accreditation/process/documents/AACSB _ Accounting _ STANDARDS _ Revised _ Jan07. pdf.

第 32 条,会计专业使命应体现会计专业关于恰当服务和及时应对其利益关系人的承诺。

第二,参与标准中保留了工商管理专业标准中的第 6—14 条,但增加了新的内容,具体条文如下:

第 33 条,每个会计专业的毕业生毕业后 3 个月内均应能成功找到工作。

第 34 条,会计专业的教师中有足够比例的教师拥有专业会计学历和职业资格证书,专业的办学方向与其使命、教学目标以及每个教师的教学科研责任相符合。

第 35 条,会计专业的教师应积极参与推动本专业及会计领域的学术研究、实践活动和教育教学的发展。

第 36 条,所有会计专业教师应能证明其开展充分的持续的专业交流活动,以支持专业使命和教育目标的实现。

上述内容分别对会计专业学生就业标准、会计专业教师的学历及资格做出了规定,对会计专业教师的专业素质及实践经验提出明确的要求,以此确保专业培养的应用性、职业性导向。

第三,教学标准保留了工商管理专业标准的第 16 条,增加了 37—45 条,标准明确提出:

第 37 条,会计专业课程从会计在社会中承担的提供财务和其他信息服务并保证其真实性的职能发展而来。每个会计专业的学习目标必须与专业的使命宣言相符。每个会计专业应覆盖适当的学习内容以确保达到由利益关系人共同制定的学习目标。会计专业的学习成果包括但不局限于财务和其他信息的发展、衡量、分析、验证和沟通,并确保其真实性。通常会计专业应该包括下列学习内容:会计的职业道德和规章制度;商业过程和分析;内部财务管理和财务安全;财务和非财务报告的风险评估和保证;财务和非财务信息的记录、分析及解读;项目和活动管理;财务和非财务信息管理中的技术设计和应用;个人和企业税收政策与对应策略。

第 38 条,以会计执业为就业目标的会计专业,其专业使命应强调并体现专业教育规范,确保所有毕业生均能达到行业准入的要求。

第 39 条,本科会计学位专业的学习目标应注重财务和其他信息的建立、衡量、分析、验证和沟通。学生参与这些学习活动的时间应与专业的使命、要求相匹配。

第40条,本科会计学位专业的学习目标还应包括会计专业之外的注重学生能力发展的广泛的通识与专业教育内容。

第41条,工商管理硕士学位中会计专业的学习目标应注重财务和其他信息的建立、衡量、分析、验证和沟通。学生应具备本科教育的总体知识和能力。硕士层次的学习比本科层次应更加综合和强化。毕业生对会计职业的道德标准、商业组织和社会中会计职业的职能责任有更广泛深刻的理解。

第42条,会计硕士学位和其他特殊会计硕士学位,如税收硕士学位的学习目标应注重财务和其他信息的建立、衡量、分析、验证和沟通。学生应该具备本科教育的总体知识和能力。会计硕士学位的学习比本科层次应更加综合和强化,比工商管理硕士学位——会计专业更加深入。毕业生对会计职业的道德标准、商业组织和社会中会计职业的职能责任有更广泛深刻的理解。

上述条文对会计硕士专业教育的目标作了明确的限定,强调学习的内容和学分要求必须与专业的使命相一致。其中特别指出,会计硕士专业的专业学习内容与质量标准应高于工商管理硕士学位中的会计方向,更加切合会计行业的职业需求。实际上,通过上述专业认证的设计与安排,会计专业教育与会计行业职业准入资格在教育内容与质量规格上的对接就有了可能。

为了确保专业认证的有效性,商学院促进协会在资格认证的程序方面也作了严格的规范,其具体的认证程序如表3-14所示[1]。

表3-14　商学院促进协会专业认证程序

程序	内容
1	申请学校加入商学院促进协会成为会员
2	申请学校递交"资格评审申请"开始资格认证过程。申请递交的时间没有限制
3	根据对资格评审申请的审核,预备资格认证委员会为申请学校指定一名审核顾问。审核顾问的任命应该避免利益冲突

---

[1] AACSB. Accreditation Process Steps [EB/OL]. http://www.aacsb.edu/accreditation/process/initial.asp.

续表

程序	内　　容
4	审核顾问参观申请学校,帮助学校修改资格评审申请。如果审核顾问认为申请学校不可能制定符合要求的资格认证计划,应明确告知申请学校
5	资格认证协调委员会审核修改后的资格评审申请,并决定是否批准学校开始初次资格认证过程
6	在审核顾问的帮助下,申请学校提交一份资格认证计划和一份学校发展的战略计划。资格认证计划是战略计划的一部分,战略计划的目标和内容要超出资格认证计划的范围
7	初次资格认证委员会批准资格认证计划或者要求学校修改直到满意为止。如果初次资格认证委员会认为申请学校不可能制定符合要求的资格认证计划,应明确告知申请学校。申请学校在申请过程中出现任何现状变化都可能影响其初次资格认证的进程
8	初次资格认证委员会批准申请学校发展的战略计划或者要求学校修改直到满意为止
9	申请学校提交年度报告,通报资格认证计划的进展情况或任何推迟情况。年度报告应标明资格认证计划的任何修改内容
10	初次资格认证过程的最长期限为初次资格认证委员会批准资格认证计划开始之后的五年以内。前三年,审核顾问继续和申请学校一起执行资格认证计划
11	初次资格认证决定出台的 2 年之前就应任命同行评议小组主席(不是小组所有成员)。同行评议小组主席将在最后 2 年指导申请学校,完成资格认证计划。同行评议小组主席的任命应避免利益相关
12	此后 2 年在同行评议小组主席的协助下,申请学校准备自我评价报告
13	初次资格认证委员会任命同行评议小组的其他成员。小组评审学校的自我评估报告,并将参观学校的计划提交初次资格认证委员会
14	同行评议小组参观学校,并向学校和初次资格认证委员会提交参观报告,参观报告中应包含关于资格认证决定的建议。初次资格认证委员会批准或修改建议
15	批准或拒绝资格认证的建议经初次资格认证委员会批准后提交给董事会,由董事会最后决定是否批准或拒绝申请

通过对工商管理及会计等两个专业硕士学位的案例分析可以看出,其课程设置及培养模式是紧密围绕行业标准展开的,而专业认证是确保上述教育内容适切行业特性的关键。

三、美国教育专业博士培养模式的状况与特点

美国教育博士是专业学位领域较有影响力的一个学位,其专业方向的设置较为复杂多样,包括教育管理(教育行政管理、高校管理、中小学管理)、学生事务管理、课程与教学、中小学学科教育、临床心理、学前教育、成人教育、特殊教育、对外英语教学、教师发展与领导、人力资源开发、教育技术等众多专业和方向,其中教育管理(教育行政管理、高校管理、中小学管理)、课程与教学(包括大学和中小学的学科教学)的学位点及学生数量最为庞大。[①]

经过近百年的发展,美国教育博士形成了具有自身特色的、区别于教育哲学博士的培养模式。由于美国教育博士专业方向较为复杂,本部分将以华盛顿大学的教育领导博士项目为例,分析美国专业博士学位教育课程设置及培养模式的特点。

华盛顿大学教育领导博士项目(The Leadership for Learning,简称 L4L),是一项为期三年的教育博士项目,目标是培养中小学及各级教育部门的领导者、管理者。其录取标准明确要求学生应具备教育部门的管理经历并能证明其具有系统的思维能力和领导潜力,以确保整个培养过程的有效性与针对性。

基于中小学及教育部门管理者的培养目标,华盛顿大学 L4L 项目重点围绕领导力进行课程设置。其中领导力相关的课程模块包括基础知识类课程、探究调查类课程和专业实践类课程等三部分(见表 3-15)。

表 3-15　华盛顿大学 L4L 项目领导力核心课程设置

课程名称	类型	学分	课程内容
教育行动的知识与数据	基础知识类	3	系统调查的理论与数据分析方法,侧重提供分析教育问题并设计解决对策的理论知识
领导力探究一:教育实践问题的设计与行动研究	探究调查类	3	侧重评估设计、行动研究、批判研究及混合方法的理论与技巧的教育。目的在于使学生针对具体的实践问题,具备识别和创建可行有效的行动方案的设计能力

① 李广平,饶从满.美、澳、英三国教育博士的培养目标与培养过程研究[J].学位与研究生教育,2010(9):73.

续表

课程名称	类型	学分	课程内容
领导力探究二:有效的定量与定性证据研究	探究调查类	3	提升学生针对具体问题进行数据采集的技术能力,帮助其构建基于可信数据基础之上的合理的行动方案
领导力探究三:探究性设计与完善分析	探究调查类	3	主要围绕学生的研究课题设计探讨如何通过文献梳理和甄别分析,批判性地评价和改进课题方案
领导力基础一:复杂教育系统中的领导力	基础知识类	3	提升学生对在大规模教育系统中(社区、区域、州)发挥教育领导力的理论认知,探究教育领导力和学生学习变革之间的相关影响要素
领导力基础二:基于道德和历史背景的复杂教育系统中领导力的学习	基础知识类	2~4	在价值观、伦理道德以及历史发展趋势中定位教育领导力,探究公共教育中社会公平的准则与现实困境的解决思路
领导力基础三:组织、政策、制度变化的动态研究	基础知识类	2~6	思考大教育系统中教育组织的职能和动态发展趋势,探究组织设计及政策实施的作用机制及变革策略
领导力基础四:复杂教育系统中财政与法律问题研究	基础知识类	2~5	深入探究复杂教育系统面临的两大主要挑战:资源获取及合理分配,公平与法治。思考发挥教育领导力进行改革的思路与方案
教学更新与成绩差别研讨	专业实践类	3	探讨当代美国学校和学区中精英群体和弱势群体之间的学业表现差异,思考在课堂教学中缩小这种差异的可能性
学生多样化背景下的教学、学习与教学改革研讨	专业实践类	2~5	考察学习的本质与学习者之间的差异。在特定的主题(文字、数学)和多样性(语言、文化、残疾)背景下,评估与研讨缩小差异的可行性方案
专业学习与教学改革	专业实践类	2~4	研讨提升课堂教学有效性的可行性方案及必需的支持技术

资料来源:http://www.washington.edu/students/crscat/edlp.html.

从表 3-15 的课程内容可以看出,基础知识类课程的目的在于使学生熟悉宏观的教育环境及教育发展趋势,训练并强化其在学理层面认知与探究复杂教育问题的能力与知识储备;探究调查类课程是针对教育博士专业学位的实践性特点而设,主要训练学生运用理论模型和技术,对教育实践中的实际问题进行分析,探究其问题机理,进而设计问题解决方案的能力;专业实践类课程侧重的是学校教育面临的最大课题,即教学有效性的提升与完善,通过案例分析与小组研讨,强化学生在课堂内外推进教学变革的教学领导力及教育专业能力的训练。

除了上述的领导力核心课程外,华盛顿大学 L4L 项目还开设了不少与领导力相关的课程,以拓展学生的专业领导能力与视野(见表 3-16)。

表 3-16　华盛顿大学 L4L 项目设置的与领导力相关的课程

课程名称	学分	课程内容
学校与社区关系研究	3	理解学校与社区之间的互动关系,特别关注社区组织类型对学校发展的影响
教育领导专题	10	阅读、报告以及讨论教育领域的热点问题
教育的道德使命	3	从历史、哲学、社会学等领域总结与反思教育领导者的使命与职责
教育组织动态学	3	学习组织理论的各种假设,探索如何应用理论方法推进组织变革的方案
政治学视野下的教育政策与领导	3	从政策研究的视角思考与分析教育问题
基础学校系统中的改革问题	3～5	通过阅读、讨论以及分析写作等方式探讨 K—12 学校系统中的教育改革的问题

资料来源:http://www.washington.edu/students/crscat/edlp.html.

上述课程力图将学校教育改革置于大的社会系统之中,侧重从学校与区域社会、学校与政府关系的视角,深化学生对教育本质的认知及系统分析与解决现实教育问题的能力。

总体而言,华盛顿大学教育博士 L4L 项目课程设置旨在强化学生在教育教学的理论、学校战略规划、课堂教学管理、课程设计、教师团队与教育组织管理、道德与公共关系等领域的专业能力,为其在学校改革过程中的领导力形成与发挥奠定基础。这与华盛顿州以及美国州际学校领导者资格认证协会(the Interstate School Leaders Licensure Consortium,简称 ISSLC)对校长及教育部门管理者的能力素质要求高度吻合。

华盛顿州教育局对于中小学校长等教育管理者的任职资格与能力素质有

明确的要求,强调校长是集知识、能力和素养于一体的致力于提高学生学业成就以促进所有学生走向成功的教育领导者,其能力具体应表现在六个方面①:

一是具有前瞻性的预见力。具体而言,即是校长应富有远见,制定出合理可行并能得到利益相关者最广泛支持的学校愿景与发展目标,并根据环境的变化不断调整。

二是改进教育教学和促进教师专业发展的专业指导能力。具体而言,校长应发挥积极的主体作用促进学生有意义的学习,不断改进与完善教育教学质量。在此过程中,校长应具备有效地指导教师提升教育教学技能,帮助其不断反思并拓展自身专业化发展以及加强团队协作的专业指导能力。

三是高效的组织管理能力。具体而言,校长应具备最大限度地合理利用人力、财力、技术和设施设备的能力,通过制度、文化与组织建设,创造安全、高效的学习环境的综合组织管理与协调能力。

四是灵活有效的交流沟通能力。具体而言,即是针对社区与区域多元复杂的利益需求,校长应具备主动推进学校与家庭和社区的协同合作,协调与处理各利益相关方的合理权益,为学校的发展争取政府、企业、媒体等社会广泛支持的能力。

五是伦理感召力。即是校长在法律、伦理和道德的框架内应坚持正直、公平的标准,运用个人价值和信念来指导行动,以个人魅力树立榜样形象,赢得师生及家长的尊重与支持。

六是理解与把控社会复杂关系的政治指导力。具体而言,校长、教育领导者一方面需要理解学校在复杂社会中的角色,及时调整领导策略,确保学生在公平和包容性的政策环境中最大限度受益;另一方面校长也需要积极发挥主动性,通过影响地方以及联邦的政策制定与实施,为学校和学生发展争取有利的空间。

除了课程设置以外,华盛顿大学教育博士 L4L 项目对于校长及教育管理者的指向性培养还体现在其项目毕业后所授予的学位类型中。L4L 项目完成

---

① 华盛顿州教育局官网［EB/OL］:http://www. k12. wa. us/certification/Administrator/generalrequirements. aspx.

后,可颁发三种教育博士学位证书,由学生根据自己的职业目标进行选择。三种学位分别是:教育博士学位兼督学资格证书、教育博士学位兼项目管理员资格证书以及普通的教育博士学位。不过无论是哪一种博士学位,都要求学生完成至少 360 个小时的实习[①]。

对于同时申请督学资格证书的教育博士,其必须已持有教师资格证书、教育管理员证书或者是教职工协会证书。学生在现任督学或者是助理督学的指导监督下完成规定的实习。在此过程中,华盛顿大学指定的实践导师将全程参与指导,确保每个学生的实践经验满足华盛顿州的督学认证要求。学生要想在获得教育博士学位的同时通过项目管理员的资格认证,必须在学区管理办公室完成实习。华盛顿大学同样为实习生指定实践导师进行指导监督,确保学生实习时间及内容符合华盛顿州的资格认证要求。

总体而言,华盛顿大学教育博士的培养目标、课程设置以及对毕业生所授予的学位证书类型都充分体现了其培养教育管理者、领导者的特色。

从本节总结的美国专业学位的培养模式看,无论是如法律这样的第一专业学位,还是如 MBA 这样的专业硕士或是教育博士等专业博士学位,其在教学内容及培养模式方面,都是围绕其相关的行业领域的需要与要求展开,这些要求主要由行业组织主导制定。这是美国专业学位在教育内容适切性方面的主要体现,反映了美国专业学位"专业性"的实质内涵。

第四节　美国专业学位研究生教育与职业资格匹配的适切状况

一、美国职业资格准入机制的特点

(一)美国职业资格准入的一般概况

职业资格制度是判定从业人员是否具有从业资质的准入许可制度,是对职业体系的规范。它包括了专业技术人员入职的学历标准、考试管理及要求,

---

① 华盛顿大学教育博士 L4L 简介[EB/OL]. https://education. uw. edu/l4l/home.

入职后的培训、证书的管理等。美国的职业资格准入种类繁多,基本上每一个行业都有相应的职业准入资格限制,其总数高达 2000～3000 种[①]。美国的职业资格基本是在专业化社会发展基础上根据社会需要而设置的,这些标准的确立及具体的管理主要通过相关领域的行业协会来实现,如法律领域的美国律师协会及会计领域的美国注册会计师协会(American Institute of Certified Public Accountants,简称 AICPA)。一方面行业协会的主导与管理使得职业准入资格的标准能够满足行业发展的需要。同时职业资格的细分实质上也符合专业化社会分工细化的趋势。另一方面行业协会虽然是民间团体,但其对职业准入资格的审核及管理也得到了政府行政部门的明确授权与法律法规的保障。这使美国的职业资格具有较高的权威性与社会认可度。

一般而言,美国的职业资格申请具有两个较为鲜明的特色。

第一,美国的职业资格非常注重相关的教育背景。

无论是法律还是会计抑或是工程领域,职业资格申请的前提是有相关的专业学习的背景,修足规定的专业学分。以律师资格准入为例,所有的州都要求参加律师资格考试(Multistate Bar Exam)的人拥有法学院颁发的法学学位,18 个州明确规定获得 ABA(美国律师协会)资格认证的法学院颁发的法律学位是参加律师资格考试的必要条件,其他各州也均允许获得 ABA 或州政府认可的法学院毕业的学生参加律师资格考试。而注册会计师资格考试的教育要求则包括:一是在本州教育部注册为符合申请注册会计师资格要求的专业;二是经商学院促进协会认证的会计专业;三是经州教育部门认定并注册与有资格申请执照的会计专业同等的专业;四是经州公共会计理事会(State Boards of Accountancy)认可的 15 年公共会计从业经验,等等。上述教育要求中规定的必要会计课程可以是本科层次的课程,也可以是研究生层次的,或者是两者相结合的。如果是本科层次的会计课程,其平均成绩必须达到"C"及以上;如果是研究生层次的会计课程,其平均成绩必须达到"B"及以上。

从上述教育要求看,美国职业准入的教育要求比较多样化,教育经历可以分 3 种类型,同时还允许申请人以丰富的会计专业经验代替教育经历要求。

---

① 美国资格[EB/OL]. http://www.triworld.co.jp/old/usa_qa.html.

对教育背景的强调一方面是保证了职业资格申请人具有相关领域从业的理论素养,为其今后拓展职业生涯提供了知识基础;另一方面对学历的注重也便于职业资格与相关的专业学习建立有机的衔接。

第二,除了注重学历之外,美国的职业资格普遍注重从业资历与实践经验的积累

无论是法律还是会计抑或是工程领域,美国在强调职业资格申请的学历背景的同时,也非常注重个人实践能力的培养,强调实践实习经历。在美国,通过职业资格并不意味着职业生涯准入的终结。不同的行业领域都根据各自行业的特点规定了期限不一的入职实习,要求通过职业资格的从业人员每年必须完成相应的研修课程,以此保证从业人员从业素质的不断提高。

以会计行业为例,为了获得注册会计师从业资格,申请人必须拥有两年以上有效的经州会计理事会所认可的会计职业经历。在一定条件下,具备良好的专业教育背景可申请减免职业经历,如工商管理或会计类专业学位的毕业生可以免去一年的工作经验要求。

上述这些特点是美国在长期的市场经济发展及职业资格管理过程中逐步摸索并完善的,这使美国的职业资格准入机制保持着较高的活力与水准。

(二)注册会计师资格准入的案例分析

由于美国的专业分工高度发达,职业资格准入状况各有特点,较为复杂。本部分将以注册会计师为例,介绍其资格准入的特点,尤其是在教育经历方面的要求。

1. CPA注册会计师资格的教育标准要求

在美国任何人都可以称自己为会计,但要成为任何一个州的注册公共会计师(Certified Public Accountant,简称CPA,注册会计师),就必须符合该州会计理事会制定的教育、经验和道德标准,并通过统一注册会计师考试,才能获得注册会计师执照。只有注册会计师才有资格参与上市公司的业务审计。

全美各州都设有州会计理事会,州以下的地区和郡也设有地方的会计理事会。州会计理事会全国协会(National Association of State Boards of Accountancy,简称NASBA)是全美各州及地方会计理事会的代表性组织,其目的是提升各州会计理事会工作的有效性,协调其彼此之间的关系,确保各州

在注册会计师资格标准上最大限度的一致性[①]。

虽然制定注册会计师准入标准是各州会计理事会的职责,但其制定的标准的基本结构是一致的:完成会计类专业本科层次以上的教育要求、具备一定的公共会计行业的专业经验和通过统一注册会计师考试。这即是注册会计师资格准入的三个"E's"要求——教育(Education)、经验(Experience)和考试(Examination)。几乎所有的州都要求注册会计师资格申请人必须先通过年龄和品行等基本条件的审核。但是各州的注册会计师资格准入标准的共性也仅限于此。各州对会计类教育经历的规定、对公共会计专业经验的规定和年限要求以及是否允许教育经历和专业经验之间的相互代替都存在着一定程度的差异。例如,各州对教育经历的规定即存在较大差异。有30多个州通过了注册会计师必须达到150学分教育要求的法案,但另有部分州只是将150学分教育要求作为学士学位或副学士学位教育经历之外的可选择要求。甚至有6个州没有强制性地规定注册会计师必须具备大学教育经历[②]。注册会计师资格申请中对实践工作经验的要求比较一致,但是仍然有4个州不要求任何实践工作经验即可颁发注册会计师资格;有6个州要求3~6年工作经验;34个州要求2年工作经验;9个州仅要求1年工作经验[③]。

以纽约州为例,纽约州会计理事会规定取得该州的注册会计师资格必须符合以下三大类标准[④]:一是良好的职业道德;二是年龄达到21岁;三是满足教育、经验和考试要求。

其中对教育经历的要求,纽约州规定:在纽约州教育部注册为符合申请注册会计师资格要求的专业;经商学院促进协会认证的会计专业;经州教育部门认定并注册与有资格申请的会计专业同等的专业;经州公共会计董事会认可的15年以上公共会计从业经验。

①　NASBA[EB/OL]. http://www.nasba.org/nasbaweb/NASBAWeb.nsf/WPANP.

②　Mednick, R. Licensure and Regulation of the Profession: A Time for Change[J]. Journal of Accountancy, 1996,181(3): 33-38.

③　Mednick, R. Licensure and Regulation of the Profession: A Time for Change [J]. Journal of Accountancy, 1996,181 (3): 33-38.

④　New York State Education Department. CPA License Requirements[EB/OL]. http://www.op.nysed.gov/cpalic.htm.

　　上述教育要求中规定的会计专业可以是本科层次的,也可以是研究生层次的,或者是两者相结合的。如果是本科层次的会计专业,其会计类课程平均成绩必须达到"C"及以上;如果是研究生层次的会计课程,其平均成绩必须达到"B"及以上。在实际申请时,纽约州会计理事会规定的教育要求有三种方式可供申请人选择:

　　方式1:具备学士或以上的学位,最少完成120学分下列相关领域的课程:24学分的会计课程,包括会计原理、高级财务会计、成本核算、美国联邦税收和专业审计;6学分或者4个研究生学分的商业法课程;6学分的财务课程;3学分的商业统计课程;21学分的商业和会计选修课;6学分的经济学原理。

　　方式2:具备学士或以上的学位,完成包括下列领域最少150学分的相关课程:33学分的财务会计理论、高级财务会计、管理会计、美国联邦税收会计、审计;36学分一般商业选修课,包括商业统计、商业法、计算机科学、经济学和财政学;课程必须还包括商业与会计沟通、职业道德与职业责任等。

　　方式3:经州公共会计理事会认可的15年公共会计经验可代替注册会计师资格的教育要求。公共会计经验必须是在美国注册会计师或纽约州公共会计师的直接指导下进行的,必须包括一般会计和一般审计的实习经历,具备充分的审计和财务的经验。

　　在纽约州教育部注册为符合申请注册会计师资格要求的专业一共有148个,其专业名称和授予学位如表3-17所示①。

表 3-17　纽约州注册会计师对应的专业目录

专业名称	学位
会计学（Accounting/Accountancy）	工商管理学士学位（Bachelor of Business Administration,简称 BBA,下同）,工商管理硕士学位（Master of Business Administration,简称 MBA,下同）

---

　　①　New York State Education Department. The Inventory of Registered Programs（CPA-150）[EB/OL]. http://www. nysed. govCOMSRP090/IRPS2C.

续表

专业名称	学位
专业会计（Professional Accounting/Accountancy）	BBA，MBA，理学学士学位（Bachelor of Science，简称 BS，下同），理学硕士学位（Master of Sciense，简称 MS，下同）
公共会计（Accounting/Public Accountancy ）	BS，MS，MBA
公共注册会计（Accounting/Public Accounting-CPA Preparation）	BBA，MBA，MS，
国际商务会计（Accounting/ International Business）	MS
税收（Taxation）	MS
企业财务（Corporate Finance）	MBA
金融（Finance and Banking）	MBA
质量管理（Total Quality Management）	MBA
管理（Ggneral Management/ Management）	MBA
航空管理（Aviation Management）	MBA
信息管理（Information Systems Management）	MBA
金融学（Finance）	MBA
信息系统（Information Systems）	MBA
市场（Marketing）	MBA
工商管理（Business Administration）	MBA
税收（Professional Taxation）	MS
沟通与媒体管理（Communication and Media Management）	MBA
会计与税务（Accounting and Taxation）	MS
会计信息系统（Accounting Information Systems）	MS
企业管理会计（Business Admin-Accounting）	MBA
财务管理（Financial Management）	MBA
会计与金融（Accountancy and Finance）	BS
会计与管理信息系统（Accountancy & Management INF. Systems）	BS

从表 3-17 显示的情况看,纽约州教育部承认的满足注册会计师资格教育要求的专业,除了会计类专业外,还包括工商管理、市场管理、信息管理等管理类专业。这些专业授予的学位包括了工商管理学士和硕士学位、理学学士和硕士学位等。总体而言,注册会计师资格对专业教育背景的要求较为宽松。

2. CPA 注册会计师资格的职业经验规定

除了教育要求以外,为了获得会计师资格准入,申请人还必须拥有 2 年以上的有效会计职业经验。有效的会计职业经验必须是经纽约州会计理事会承认的,涉及在公共会计实践活动中从事过一般会计和一般审计的多重职业经历。有效公共会计经验中至少有 75％ 的时间必须是从事审计和财务报表处理的经历,而在这 75％ 的经历中又至少需要有一半以上的时间是从事有关审计服务的。如果申请人从事的是非公共会计工作,那么至少有 75％ 的工作经验必须是从事有关审计服务的。有效会计经验可以通过全职或兼职的方式取得。全职的定义是每周工作 5 天,总计 35～40 小时。兼职的会计工作不得少于一周 20 小时。2 周兼职工作经验可折算为 1 周全职工作经验。申请人提供的有效会计工作经验的证据有两项:一是由雇主填写的工作经验证明;二是指导申请人工作的注册会计师提供的书面证明。

如果申请人具备下列两种教育经历中的一种,可以申请减免 1 年的会计工作经验要求。申请人完成教育要求方式 1 中规定的 120 学分的课程,获得学士以上学位,同时课程学分中有 30 个学分为会计或商业类课程,包括高级审计、经济分析、高级税收、财务、会计理论和定量分析等 6 门课程;或者申请人满足教育要求方式 2 中规定的 150 学分的课程,并拥有学士或更高的学位。这就意味着拥有工商管理或会计类硕士学位的申请人可以免去一年的工作经验要求①。

二、美国法律及会计专业学位与职业资格匹配的案例

从上一部分的分析看,美国的职业资格准入标准中均设置了一定的教育

---

① New York State Education Department. The Inventory of Registered Programs（CPA-150）[EB/OL]. http://www.nysed.gov/COMS/RP090/IRPS2C.

经历要求,这使得专业学位教育能够与职业资格建立起一定的匹配关系。

（一）美国法律专业学位与司法资格的关系

在宏观的制度层面,法律学位、专业认证与律师资格之间存在显著的相关关系,虽然这一相关关系的程度在各州表现不一。提供法律专业的专业资格认证机构美国律师协会（ABA）强烈要求,各州律师资格管理机构将通过专业认证的法律学位作为律师资格考试的必要条件,但部分州仍然允许其他形式的法律教育替代法学学位教育,比如远程法律教育、律师事务所学习、国外的法律教育等。在明确规定获得 ABA 认可的法律学位为律师资格考试的必要条件的州中,法律学位、专业认证与律师资格之间存在非常显著的高度相关关系。即使在允许其他形式的法律教育替代法律学位的州,法律学位教育的标准仍然是衡量这些替代法律教育的恰当性和充分性的基准[1]。因此,律师资格与法律学位、专业认证之间仍然存在实质上的相关关系。

在微观层面,专业认证和律师资格考试对法律学位教育的课程同样存在显著的影响。虽然 ABA 在对法律学位专业认证时,对其专业课程设置及法律知识的教学要求较为宽松,但是律师资格考试内容对法律知识的规定非常明确,这直接体现在法律学位的课程,尤其是必修课的要求上。全美 48 个州统一要求的律师资格考试 MBE[2] 部分的考试内容包括宪法、合同法、刑法、证据法、物权法和侵权行为法等,完全包括在密歇根州立大学法学院的必修课当中。哈佛法学院虽然没有明确规定宪法和证据法为第一年的必修课,但宪法和证据法都在高年级选修课名单中,而且将其列为哈佛法学院必修环节——法律诊所的核心内容之一。在 MBE 的考试内容以外,MEE（Multistate Essays Examination）考试内容还包括法律冲突、家庭法、民事程序等。密歇根

---

① NCBE & ABA. Comprehensive Guide to Bar Admission Requirements 2009[EB/OL]. http://www.ncbex.org/fileadmin/mediafiles/downloads/Comp_Guide/CompGuide.pdf.

② 美国律师资格考试包括 MBE、MEE 和 MPT 等三部分。MBE,即 Multistate Bar Exam 的缩写,是 200 题的多项选择题,考试时间 6 个小时,考试内容涵盖 Contracts（合同法）、Torts（侵权行为法）、Constitutional Law（宪法）、Criminal Law（刑法）、Evidence（证据法）和 Real Property（物权法）等。MEE,即 Multistate Essays Examination 的缩写,是一个 30 分钟的综合问答题,每次 9 题。MPT,即 Multistate Performance Test 的缩写,是案例分析考试,分两次考完,每次考试时间为 90 分钟,考试内容涵盖了法律分析、事实分析、问题解决、道德问题解决和沟通等。

州立大学法学院和哈佛法学院的必修课中均开设了民事程序,家庭法则在两所学校都属于选修课。此外,法律冲突的教学分散在法律研究、写作以及实践课程中。

除了法律知识之外,ABA的专业认证对法律学位学生的法律分析和逻辑思维能力、法律研究、法律写作能力以及交流表达能力都有明确规定。这一规定直接影响着法律学位必修课中法律研究、写作和辩护课程的规定。这些法律实战必需的技能更重要地体现在美国法学院采取的通用的教学方法:案例法和苏格拉底讨论教学法上。ABA明确规定,法律学位课程必须包括初级和高级两个阶段的法律写作,而这在哈佛及密歇根法学院的课程中均得到明确体现。ABA专业认证要求法律学位课程必须包括职业伦理,这同时也是MPRE(Multistate Professional Responsibility Examination,律师职业道德考试)的考试内容。上述两所法学院都将职业道德与职业伦理作为必修课之一。ABA资格认证还对法律公共服务做出规定。哈佛法学院要求法学学位学生在毕业前必须完成40小时的法律公益活动,但是密歇根州立大学法学院对此没有做出明确规定。

ABA专业认证要求法律学位课程必须包括法律实践经验的获得以及团队合作能力的培养。哈佛及密歇根的法学院分别以法律诊所、法律评论、模拟法庭、审判法庭实习等形式满足这一要求。正因为美国法律学位教育本身就已经包含了实践教育和执业经验训练的要求,因此如果拥有法律学位,申请美国律师资格通常不需要额外的实践经验。

由此可见,美国法律学位的课程结构和毕业要求与专业认证标准对法律学位课程的知识结构、能力技巧、教学方法的规定以及律师资格考试内容之间体现出较高的一致性。专业认证标准和律师资格考试对法学院课程的影响是密切、直接、具体的(见表3-18)。

美国法学院的法律学位的课程的标准化和相似性,与美国高度规范化和一致性的专业认证以及几乎统一的律师资格考试的影响是密切相关的。这有利于美国法律学位毕业生质量标准的衡量以及各州之间律师资格的互认,但是同时,这也在一定程度上抑制了法律学位教育的创新和特色的形成。

表 3-18　ABA 资格认证条件、法学学位课程及职业资格考试科目对照表

ABA 专业认证的课程规定	法学学位的课程	律师资格考试内容
法律知识； 法律分析和逻辑思维、法律研究、事务处理和沟通交流能力； 法律文书写作，包括第一学年和第二或第三学年阶段至少两次法律文书写作经历； 必要的法律技能； 法律职业责任； 法律实践经验； 法律公共服务活动； 通过研讨班、指导研究、小班教学或者合作项目参与小组工作。	哈佛法学院的法学学位必修课： 合同法、刑法、财产、侵权行为法、民法程序、国际/比较法、立法和管理 法律研究和写作 高级写作 法律诊所 跨学院课程 职业责任 法律专业公益服务	MBE(选择题考试)：宪法、合同、刑法、证据、不动产和侵权 MEE(简答题考试)：法律冲突、宪法、合同法、刑法和程序、证据法、家庭法、联邦民事程序、物产法、侵权法、信托和财产 和/或： MPT(案例考试)：法律分析、事实分析、问题解决、道德困境处理、律师任务的组织、管理和沟通
	密歇根州立大学法学院的法学学位必修课： 宪法、合同法、刑法、证据法、财产法、侵权行为法、民事程序、工商企业法、研究、写作和辩护 高级写作 职业责任 法律评论、模拟法庭、审判法庭实习	MPRE(律师职业道德考试)：法律职业行为规范和道德标准

　　法律职业的从业资格——律师资格对专业认证和课程的影响虽然非常重要和显著，但在不同州之间这一影响的程度不同。在有的州，律师资格、专业认证标准和法律学位课程之间的联系可能高度一致，因为获得 ABA 资格认证的法学学位是参加律师资格考试不可替代的法律教育必要条件。而在有的州，这三者之间的联系也许没有如此紧密，因为获得州政府认可的法律或法学学位，或其他形式的法律教育，比如远程教育和律师事务所学习，再加上一定时间的实践经验，也可以满足律师资格考试对法律教育的要求。

　　(二)会计硕士学位与注册会计师资格之间的关系

　　在宏观的制度层面，会计硕士学位与会计硕士专业认证以及注册会计师资格之间存在一定的联系，但是不如法律专业那么密切。首先，会计硕士学位

并非申请注册会计师资格的必要条件,但是能获得优惠待遇。只要拥有会计或相关专业的学士学位就有资格申请注册会计师资格。获得会计硕士学位的申请人在申请注册会计师资格时能获得豁免一年会计职业工作经历的优惠待遇,而只有会计学士学位的申请人必须拥有两年以上的有效会计职业经历。其次,注册会计师资格的申请并未限定于通过专业认证的会计专业毕业生。只要获得该州教育部门认可的相关专业(比如会计、工商管理、税收、金融、市场、全面质量信息系统等)的毕业生均可申请注册会计师执业资格。截至2018年,美国共有大约2400多所商学院,而通过商学院促进协会(AACSB)与商学院和专业协会这两大专业资格认证机构认证的商学院不到一半。

在微观层面,会计硕士学位的专业课程结构更加直接地反映出会计硕士专业认证的教学内容要求以及注册会计师资格的教育要求与考试内容。AACSB的专业认证对课程的规定虽然采取较为原则性的表述,但是对财务以及会计课程内容的涵盖相当全面。注册会计师资格考试由于对学位的要求比较宽松,因此对具体课程内容的规定就较为具体。表3-19的南加州大学会计硕士专业的课程设置完全符合专业认证与注册会计师资格的要求。注册会计师资格考试的内容也完全涵盖在其专业的课程内。

表 3-19　AACSB 资格认证、会计专业学位课程及职业资格考试科目对照表

AACSB 资格认证的课程规定	会计硕士学位的课程	注册会计师资格
总体培养目标:财务及相关信息的分析、验证和处理,并确保其真实性。具体包括: 会计的职业道德和法律行规 商业过程和分析 内部控制和安全管理 财务和非财务报告的风险评估 财务和非财务信息的记录、分析与解读 项目管理 财务和非财务信息管理中的技术设计与应用 个人和企业税收政策和应对策略	财务会计、管理会计 财务管理 会计职业的法律环境 会计和控制的信息技术 财务会计标准和分析 保障服务入门 税收入门 审计 宏观经济原理、微观经济原理 统计学入门 财务会计入门	教育经历中的课程要求: 财务会计理论、高级财务会计、管理会计、成本会计、美国联邦税收会计、审计、经济学原理、商业选修课(包括商业统计、商业法、计算机科学、经济学和财务)、商业/会计沟通、职业道德/责任、会计研究。

续表

AACSB 资格认证的课程规定	会计硕士学位的课程	注册会计师资格
	专业会计概论 管理控制系统 审计/保障服务 高级审计 财务报表分析 企业信息系统 税收理论 公司并购(会计和税收) 所得税会计 交流和沟通 宏观/微观经济原理 财务会计入门	考试内容: 审计和证明 商业环境和概念 财务会计和报告 相关法律制度

资料来源:Marshall School of Business,the University of Southern California. Master of Accounting Degree Requirements[EB/OL]. http://www. marshall. usc. edu/leventhal/curriculum/macc/macc-program/degree-requirements. htm. The Uniform CPA Examination Candidate Bulletin[EB/OL]. http://www. nasba. org/nasbaweb/NASBAWeb. nsf/FNAL/CandidateBulletin? opendocument.

三、美国专业学位研究生教育与职业资格匹配的特点

从上述美国专业学位与相关职业资格对应匹配的情况看,其特点主要在于:

第一,专业学位能够与职业资格有效衔接的一个重要前提是对专业学位进行的专业认证。无论是在法律领域还是在工商管理及会计领域,只有通过专业认证的院校毕业生才能较为顺利地进入职业资格准入的选拔阶段。而没有接受专业认证的院校毕业生,即使能够参与职业资格考试,也被附加了较为严格的职业资质及经历审核。这是因为专业认证实质上是按照行业执业能力的要求,对培养机构的教育内容、方式、师资、设备及教学水平提出统一的标准。这种认证的标准是一种基本的质量标准,它最大限度地保证了认证院校毕业生能符合行业用人的标准。对专业学位的认证使得专业学位教育与职业资格准入在职业性、应用性的基础上有了共同的对话基础。

第二,在对专业学位进行专业认证及构建其与职业资格匹配的有效机制

方面,行业协会发挥着主导的作用。无论是美国律师协会还是商学院促进协会,其主导作用一方面是作为行业的代言人,按照行业执业能力的要求,提供专业学位教育的基本质量标准,确保专业学位教育的职业化发展导向;另一方面是直接参与专业人才的招收及培养过程,制定相关标准,监控指导专业学位教育的开展。行业协会作为行业代言人,它是职业准入标准的制定者与把关者,但通过对教育机构的专业认证及人才培养过程中的指导与监控,它在实质上也承担着建设与发展专业学位教育的规划者与主导者的角色。这种双重身份保证了专业学位教育的内容与质量标准能够符合行业工作的实际需要,从而使两者之间能够建立起较为紧密的关联。

第三,不同的领域专业学位与职业资格匹配又具有其各自的特色。

例如,法律领域,专业学位与职业资格资格的匹配相对紧密,全美 50 州中的 46 州都严格规定:报考律师资格考试的学历条件是在通过专业认证的院校获得法律学位。只有极少数州规定在学历不符的情况下可用工作经历顶替。专业学位教育由此成为职业资格准入的必要条件。

与此相比,会计专业的匹配则明显不如法律专业那么密切。首先,会计硕士学位在申请注册会计师执照时虽能获得优惠待遇,但并非必要条件。一般而言,只要拥有会计或相关专业的学士学位就有申请注册会计师的资格。其中获得会计硕士学位在申请注册会计师执照时能获得豁免一年会计职业工作经验的优惠待遇。相比而言,会计学士学位的申请人必须同时拥有两年以上有效的会计职业经验。其次,注册会计师资格的申请并未限定于通过专业资格认证的会计专业毕业的学生,只要获得该州教育部门认可的相关专业(比如会计、工商管理、税收、金融、市场、全面质量信息系统等)毕业生都可以申请。

匹配状况的不同实质上与行业专业化的发展及其需求状况有较大的关系。但无论如何,专业学位与职业资格准入的匹配对促进专业学位的职业化发展趋势及行业社会专业分工的细化无疑具有积极的意义。专业教育是否能够对应相应的行业执业资格并构建有效的衔接匹配关系,这也是专业学位适切性的重要标志。

第四章　英国专业学位研究生教育的适切性状况

第一节　英国学位与专业学位研究生教育的历史与现状

一、英国学位教育的发展历史与体系结构

(一)英国学位教育的发展历史

英国的学位制度源自中世纪大学的行会体制。中世纪的欧洲,为了保护商业和手工业者的利益,同业者之间形成了一种新型组织——行会。行会对外限定入行门槛,保护从业者利益;对内实行严格的等级制,成员分为师傅(Master)、帮工(Journeyman)、徒弟(Apprentice)等不同级别,师傅和旗下成员之间有严格的契约约束,徒弟只有通过规定年限的训练及复杂的考核程序才可升为师傅,具备独立的从业资格。

欧洲中世纪大学自建立伊始即按当时流行的行会体制,建立了相应的教师行会,以保护教师权益。12世纪,牛津大学建立后,教师行会也引入英国。学生在大学必须经过规定的学习年限,通过复杂的考试和带有宗教色彩的仪式后方可获得硕士学位(Master)以及大学的执教资格。在整个12世纪,牛津大学在神学、法学和医学等三个专业领域授予毕业生硕士学位称号,这是英国学位制度的开始①。与此相比,学士学位起源则晚于硕士。学士(Bachelor)原意为"新手",学生在求学过程中,在语法、修辞和逻辑等三科学习3~4年后可作为教师(Master)助手辅导新生,这使其同时具备双重身份:硕士(教师)资格

---

① 陈嵩.中英学位制度比较研究[D].武汉理工大学,2007:15.

候选人和学生助教。

　　作为学位的学士的资格标准是在中世纪大学的发展过程中逐步明确与完善的。虽然在 1252 年即有文件中提及学士一词,但其中并未涉及其课程内容与资格获取标准。直到 1275 年,一份文件才首次将文学士列为获取硕士学位资格的前置条件。至 1366 年,英国的学位制度有了重大进展。在同年由英王颁布的法令中明确将学士列入学位体系并指定了其必修课目和阅读书目,学士学位作为学位体系中的第一级学位由此确立:学生学习四年可获得学士资格,此后再学习三年即可获得硕士学位,具备独立执教资格①。随着高等教育的发展,学位等级进一步细化,至 15 世纪,教师执教资格出现差别,专业学部(医学、神学、法学)的教师被称为博士,而文学部的教师则被称为硕士。到 15 世纪末期,两者又进一步分化成两个不同的学位级别,学士、硕士、博士三级学位体系最终定型。

　　19 世纪中叶以后,产业革命及由此带来的高速经济增长,促进了高等教育的进一步发展。为了更好地适应社会对人才的需求,英国爆发了"新大学运动"。1836 年,大学学院和国王学院合并成立新伦敦大学,并成功获得了举办证书考试的资格和授予学位的权利,学位制度突破了牛津、剑桥等古典大学的权利壁垒。受此影响,各大工业城市纷纷建立城市大学,并均成功获得了学士学位授予权。1878 年,达勒姆大学(University of Durham)又提出了增设理科硕士学位的构想,英国学位制度得到进一步完善。

　　进入 20 世纪,英国的学位制度得到进一步体系化、组织化的完善。1919 年,英国大学协会通过了在大学设置研究生院的决定,同时颁布法令细化了学位制度内容,明确了相应的学制年限。研究生院的设置和学位制度的完善对英国高等教育的发展产生了积极的推动作用。

　　虽然英国的学位教育在 20 世纪有了相当完善的发展,学位类型较为完备,不过在 90 年代之前,英国高等教育实行双轨制:大学主要开展学术研究,承担学术研究人才的培养;非大学的高等教育机构,如多科技术学院、开放大学(Open University)等则侧重应用技术人员的培养。两者在层次等级上存在

①　北京师范大学外国教育研究所.国外学位制度[M].北京:地震出版社,1981:98－102.

明显差别,大学拥有独立的学位授予权,非大学的高等教育机构则要通过国家学位委员会或挂靠其他大学才能授予学位。1992年,《继续教育和高等教育法》的颁布结束了学位授予的双轨制,英国开始实行学位授权审核制,更多的开放大学承担起了授予学位的责任。同时,硕士学位类型也进一步细分,产生了新的介于硕士与博士学位之间的哲学硕士学位。

总体而言,英国学位体系较为复杂,在对应社会经济需求的发展过程中学位层次与类型不断扩充与丰富,形成了多元化的学位教育体制。

(二)英国学位教育的体系结构

英国现代高等教育的学历学位体系可分为两个层次五个等级类别,其中研究生阶段的学历学位教育有两个等级,研究生阶段前的学历教育有三个等级,具体情况如表4-1所示。2008年由英国高等教育质量署(The Quality Assurance Agency for Higher Education,简称QAA)发布的《英格兰、威尔士和北爱尔兰高等教育学历学位框架》对各级学历学位持有者应具有的能力标准进行了具体的规定。

表 4-1 英国高等教育学历学位体系一览

级别	学位/文凭/证书
D级博士学位	博士学位
M级硕士学位	硕士学位、教育研究生证书(PGCE)、研究生文凭
H级荣誉级学历	荣誉学士学位、学士学位、教育本科专业证书(PGCE)、本科文凭、本科证书
I级中级学历	高级国家文凭(HND)、高等教育文凭(DipHE)和准学位(Foundation Degree)
C级学历证书	高等教育证书(CertHE)、高级国家证书(HNC)

资料来源:QAA. The Framework for Higher Education Qualifications in England, Wales and Northern Ireland[R]. Mansfield:QAA,2008.

在英国,学士学位是第一级学位,主要有两种类型:普通学士学位和荣誉学士学位,学制一般为3～4年(医学专业为5～6年)。普通学士学位又被称为合格学士学位,其课程的要求和难度比荣誉学士学位低。荣誉学士学位又被称为优等学位,其课程的级别及专门化程度较普通学士学位更高。荣誉学士学位可细分为三级,即一级荣誉学位、二级荣誉学位和三级荣誉学位。荣誉

学士学位在英国高等教育体系中属于基本学位,而获得第一级荣誉学士学位
又是获得第二、三级荣誉学位的基础。就其专业类别而言,学士学位可分为文
学学士、理学学士、法学学士和工程学士等。学士学位的持有者一般要求具备
从事职业工作所必需的素质和责任感,具有在复杂及多变环境下做出决策的
能力。

英国的硕士学位按照培养方式可分为:授课型(Taught)硕士学位和研究
型硕士学位,学制一般为 1～2 年。授课型的硕士学位课程学制一般为 1 年,
与研究型硕士学位相比,授课型硕士学位的职业指向性较为明显,学生须修满
相应学分的课程、撰写课程论文、提交规定的课题报告方可获得相关专业的硕
士学位。授课型硕士通常有文学硕士、理学硕士、法律硕士或工商管理硕士
等。研究型硕士学位,学制通常为两年。除了课程学习外,还需要在导师指导
下完成规定的毕业论文。未完成毕业论文的学生只能获得学校颁发的研究生
文凭。研究型的硕士学位主要为哲学硕士或文学硕士。硕士学位的持有者一
般要求能够在应用知识的过程中具有创新性,通过研究,理解与区别不同层次
知识的边界与功能,系统性、创造性地解决复杂问题。

博士学位是英国学位体系中的第三级学位。在 20 世纪 90 年代之前,英
国的博士学位分为两种:哲学博士学位和高级博士学位。博士的学制一般为
三年,需要完成规定的课程学习,提交学位论文并通过答辩,有时也需书面考
试。博士学位持有者一般要求能够通过创造性研究,进行知识创新与诠释,将
学科前沿向前推进。

除了上述的正规学位教育外,英国还有一种针对应用型人才培养的速成
式的高等教育模式,即 I 级高等教育文凭与 C 级高等教育证书。英国在不少
地方性的多科技术学院或开放大学中设有两年或三年制的职业课程面向期望
尽快就业的学生。学生修完两年制或三年制课程并且考试合格,即可获得高
等教育文凭或高等教育证书。如果学生想继续深造,也可申请转入学士课程。
此时,其此前所修的课程学分可申请转化为大学的学分。高等教育文凭与高
等教育证书是对上述正规学位教育的有力补充,体现了英国高等教育的灵活
性与开放性。

总体而言,受古典大学传统的影响,英国高层次的学位体系主要面向学术

型、研究型人才的培养,职业性、应用性指向的学历学位类型主要集中于硕士层次以下。不过1992年以后,英国为解决产业发展所面临的技术人才严重不足的局面,创设了新的学位类型——专业博士,重点培养应用型的技术管理人才,这使得英国的职业型、专业应用型学位得以覆盖所有层次类别的学位。

二、英国专业学位研究生教育的发展历程

(一)英国研究生教育的发展历程

英国的专业学位研究生教育是在英国研究生教育的发展过程中逐渐形成。现代英国的研究生教育的发展大致可分为三个时期:研究生教育的形成及初步发展时期、研究生教育的大发展时期以及研究生教育稳定发展与调整时期。

1.英国研究生教育的形成及初步发展时期(20世纪10年代之前)

虽然中世纪英国大学已有学位教育的雏形,但现代意义的研究生教育产生于德国,英国的研究生教育是受德国大学的影响,在19世纪后期发展起来的。1862年伦敦大学设立第一个科学博士学位,1878年达勒姆大学又设立科学硕士学位,这标志着英国现代研究生教育正式开始[①]。

在发展之初,由于受中世纪古典大学传统的影响,英国各大学的学位均自行设置,彼此互不相通,学位结构复杂混乱、水平层次差别也较大。直至1918年,英帝国大学会议召开才结束了学位体系的混乱局面。此次会议制定了统一的哲学博士学位条例,明确了研究生教育的质量标准,由此形成了较为统一规范的研究生学位体系。不过,此阶段英国研究生教育受传统大学理念的影响,其重点集中于基础领域的学术研究人才的培养,研究生教育规模较小,与社会经济发展需求的关联程度也较为薄弱。

2.英国研究生教育大发展时期(20世纪20—80年代)

20世纪以后,研究生教育体制的规范化,尤其是大学拨款委员会的成立有力地促进了英国研究生教育的快速发展。1915年,科学和工业研究署的成立

---

① 赵蒙成. 论英国研究生教育发展的历史[A]. 中国地方教育史志研究会、《教育史研究》编辑部. 纪念《教育史研究》创刊二十周年论文集(18)——外国高等教育史研究[C]. 中国地方教育史志研究会、《教育史研究》编辑部,2009:5.

标志着英国政府开始直接介入研究生教育发展。随着经费投入力度的增加，英国研究生教育进入快速发展的轨道。50年代以后，随着社会经济的发展，社会对各类高层次专业技术与管理人才产生了强烈的需求，在此背景下英国研究生教育得到空前的发展并呈现出与此前不同的发展趋势。一方面在培养机制上，由于社会对研究生教育的量的需求激增，部分多科技术学院也逐步开始参与研究生培养，由此打破了传统大学对研究生教育的垄断。另一方面在培养模式上，除了传统的学术型研究生教育外，由于社会对应用型、职业型专业技术人才的大量的、急迫的需求，新型的授课式研究生教育出现。与传统的以研究为导向的研究生教育不同，授课式研究生教育的职业指向性较强，其课程一般为一年，学生完成规定课时的学分即可获得相应的毕业证书。由此研究生教育的功能发生了变化，研究生教育不再仅仅满足于培养大学和科研机构的学术研究人员，社会紧缺的各行业高层次应用型专业人才的培养逐渐成为研究生教育的主体。

从20世纪50年代开始，在上述社会经济需求以及高等教育大众化的刺激下，英国的研究生教育获得了长足的进步，研究生教育规模逐步扩大。截至1980年，注册研究生人数达到100826人，相比1957年，研究生规模增长了3.5倍，超过同期2.4倍的本科生增长规模[①]。

3.英国研究生教育稳定发展与调整时期（20世纪80年代以后）

20世纪80年代以后，英国研究生增长的速度逐步放缓，进入稳定发展及调整时期。政府财政赤字导致的大学经费投入不足严重影响了研究生教育规模的增长。同时，英国人口出生率的下降也影响到高等教育的生源供给，成为研究生教育发展速度放缓的诱因之一。不过相对而言，非全日制研究生教育的增长速度在80年代以后依然快于全日制研究生的发展速度。

由于增长速度的放缓，以学术研究型人才培养为核心的传统研究生教育模式受到了严重的冲击，被迫进行重大调整。为了吸引优质生源，获取社会资源，大学对与社会经济发展关联密切的领域的研究生教育寄予越来越多的关注。应用性需求为导向的专业学位研究生教育的发展由此获得强大的动力。

---

① 赵蒙成.英国研究生教育发展概述[J].宁波大学学报（教育科学版），1999(4)：54—58＋63.

总体而言,受古典大学传统的影响,英国研究生教育在起步之初是以精英化的学术研究人才培养为导向的。但在高等教育与社会经济发展的互动关系日益紧密的趋势下,英国研究生教育的主体逐渐向应用型、职业型人才培养转型,专业学位研究生教育正是在此背景下在 20 世纪 60 年代兴起,并在 90 年代以后获得较大的发展。

(二)英国专业学位研究生教育的形成与发展

1963 年,英国政府发表《罗宾斯报告》(*Robbins Report*),认为研究生教育的发展重心应从学术型学位转向应用型学位教育。大学应以社会需求为导向,大力扩充与行业关联紧密的专业学位研究生教育的规模,推动研究生教育更好地服务社会经济建设。专业学位研究生教育由此产生,并得到迅速的发展。

20 世纪 70 年代末,由于持续的经济衰退,政府财政受到严重的冲击,导致高等教育经费大幅削减,制约了英国研究生数量规模的增长。80 年代在校研究生数量规模基本在 11 万人左右浮动,到 1990 年,在校研究生总体规模也仅增至 12.5 万人,发展较为缓慢[①]。

在英国高等教育的传统中,大学声誉主要基于学术研究的产出以及学术研究人才的培养,研究生教育的首要目标始终是大学及科研机构的研究人员的培养。但在经济衰退的背景下,大学承受着来自政府越来越大的压力,因为政府要求其重视培养社会紧缺的各类高层次专业人才。在一定意义上,政府对高等教育适切社会需求及专业人才培养的关注,推动了英国专业学位教育的发展。

20 世纪 80 年代,专业学位研究生教育首先以授课型研究生教育的方式获得较大发展。授课型研究生教育学制较短,多为一年,但其职业指向性强,课程对应行业专业化的程度较高,这使其迅速受到社会的关注和考生的欢迎。根据英国高等教育署的统计,至 2008 年,英国专业硕士学位总计已达 83 种,占在校硕士研究生总人数的比例高达 84%。从培养方式看,专业硕士主要以

---

① 栾锦红,梁红蕾,李作章.英国专业学位研究生教育的特色化发展及启示[J].职业技术教育,2013(14):83—86.

非全日制攻读为主；从学位授予状况看，每年授予专业硕士学位者约占硕士学位总人数的 75%；从学科分布状况看，专业硕士教育主要分布在教育、工商管理、行政管理、社会工作、医学和工程等领域。上述学科攻读人数约占专业硕士学位总人数的 74%，其中教育及工商管理两个学科即占到总人数的 46%[①]。总体而言，专业学位已成为英国硕士研究生教育的主体。

20 世纪 90 年代英国专业学位发展的另一重大突破是专业博士的设置，这标志着专业学位教育的高度化发展。

英国的专业博士学位始于 1992 年。当时布里斯托大学授予了全英第一个专业博士学位：教育博士。此后的 20 多年间，英国的专业博士学位发展迅猛。从 1998 年到 2009 年，至少设立一种以上专业博士学位的大学数量从 38 所增加到 59 所，所设的专业博士学位项目数也从 109 个增至 308 个。至 2010 年，专业博士学位数总计已达 63 种，在校生 7882 人，其中 80% 集中于医学、教育学及心理学领域[②]。

从 20 世纪 90 年代起，英国政府及相关行业或专业组织对专业学位教育的要求逐渐聚焦：一是专业学位培养方案应着眼于学生个体的职业生涯发展需求，使毕业生具有更强的"就业适应性"(Employ Ability)。二是专业学位教育应提供更明确、有效的研究训练，使学生具备通用的、可迁移的专业研究能力。英国大学拨款委员会从 90 年代开始拨款资助专业学位项目的发展，推动高校在培养过程中与企业的合作，以培养符合行业从业资质要求的专业人才。

总体而言，从 20 世纪中后期起，社会经济的发展对高层次专业人才的需求激增，由此促成研究生教育理念的变革，专业学位研究生也因此成为英国研究生教育的重要组成部分。

---

①　栾锦红，梁红蕾，李作章.英国专业学位研究生教育的特色化发展及启示[J].职业技术教育，2013(14):83—86.

②　王建梁，董鸣燕.英国专业博士教育 20 年发展的状况、问题及趋势[J].比较教育研究，2014(3):13—17.

第二节　英国专业学位研究生教育规模与结构发展的适切性状况

英国专业学位研究生教育规模及结构与英国的人口增长、经济发展以及高等教育的发展存在一定的相关关系。

一、英国研究生教育的规模与结构发展状况

英国研究生教育发展的总体规模，可通过千人注册研究生数这一指标进行衡量。所谓千人注册研究生数是指该国每千人口中在校注册的研究生人数，即以注册研究生数除以当年全国人口数所得数值表示（人/千人）。较之在校研究生数、招生数或学位授予人数，千人注册研究生数能更综合地结合人口基数体现高等教育的规模变动。从 2009 年开始，英国千人注册研究生数围绕着 9 人左右小幅波动，2011 年起逐年降低至 8.42 人（见表 4-2）。与此相比，美国、法国等千人注册研究生数始终稳定在 9 人以上。可以说，21 世纪以后英国研究生教育的规模发展相对其人口规模而言始终较为平稳。

表 4-2　英国千人注册研究生数（2003—2014 年）　　　单位：人/千人

年份	2003	2005	2007	2009	2011	2012	2013	2014
千人注册研究生数	8.35	8.97	9.3	8.81	9.3	8.92	8.57	8.42

资料来源：中国学位与研究生教育发展年度报告课题组. 中国学位与研究生教育发展年度报告 2015 [M].北京：中国人民大学出版社，2016.

从英国研究生教育具体的领域分布情况看，进入 21 世纪，英国研究生入学人数增长较快，并于 2011 年前后达到 588720 人的峰值，此后则呈下降趋势，至 2013—2014 年度，研究生入学人数减至 549430 人，总体规模萎缩 7％。从具体学科看，教育、工商管理、医学（含牙医）、工程（含建筑）等应用型学科占比较高。2013—2014 年度，上述 4 学科研究生入学总人数共计 325830 人，占研究生入学总人数的 60.40％。其中医学（含牙医）的入学人数在研究生入学总体规模下滑的背景下，继续保持增长，至 2013—2014 年度，医学学科入学人数达到 80390 人，相比 2010—2011 年度，增长 6.7％（见表 4-3）。

单位：人

表 4-3　英国研究生入学情况

学科领域	2005—2006 年	2006—2007 年	2007—2008 年	2008—2009 年	2009—2010 年	2010—2011 年	2011—2012 年	2012—2013 年	2013—2014 年
医学（含牙医）	15950	17160	17830	18570	19915	20480	21210	21130	21390
医学（其他）	43305	43770	46855	50300	53450	54790	57155	58230	59000
生物科学	25135	26315	26590	29095	34840	32230	32960	32515	33050
兽医	735	850	715	855	945	935	840	870	925
农学	2580	2440	2665	2690	3010	3065	3380	3155	3315
自然科学	16770	17180	17790	18395	19500	19935	19900	19230	19295
数学科学	5070	5335	5120	4855	5435	5865	5925	5765	5930
计算机科学	20240	20110	19945	21900	23885	22480	19075	16510	16615
工程与技术	33330	34660	35675	38975	43620	44955	41995	38865	39245
建筑学	14210	14385	14990	15545	16145	16010	15285	14420	14150
社会科学	39655	39115	39640	42970	46950	49535	49955	47785	48560
法学	22020	22015	21680	21650	22240	21535	21770	20650	19835
工商管理	94360	95790	98530	106805	117845	116715	113910	105770	107870
传播学	9005	9225	9190	9580	10870	11365	11015	9940	10020
语言学	14750	15005	15045	16190	17120	17395	17595	15830	15635
历史与哲学研究	15270	15595	16045	16465	16910	17385	17915	17040	16515
创意艺术与设计	14975	16345	17365	18725	20865	21930	22685	21965	21870
教育	103095	104735	93030	101005	106190	109930	94460	86155	84175
其他（交叉学科）	2165	2710	2435	2245	1995	2185	1490	1610	2035
合计	492620	502740	501135	536815	581730	588720	568520	537435	539430

资料来源：根据英国高等教育统计署（Higher Education Statistics Agency）统计数据整理。

在层次结构方面,首先从博士学位授予情况来看,从 2005 年起,英国博士学位授予人数的整体规模持续增长,但至 2012 年达到峰值后出现小幅下滑趋势,至 2013—2014 年度,博士学位授予人数 21235 人,相比 2011—2012 年度,规模减少了 17%。在研究生总体规模萎缩的背景下,以学术研究型人才培养为重点的博士学位规模降幅尤为明显(见表 4-4)。

从具体学科专业情况看,医学(含牙医)、生物科学、自然科学和工程技术是博士学位授予较为集中的学科。从发展趋势看,2013—2014 年度,上述学科的博士授予人数相比峰值都有一定程度的回落。不过从各学科专业的具体情况看,相比学术类学科,工程技术与医学等应用学科的下降幅度极小,与峰值期几乎持平。

从硕士规模情况看,英国硕士学位授予人数于 2010 年达到 25 万人的峰值后急速下滑,此后基本维持在 17 万人左右。从具体学科情况看,工商管理、社会科学、工程技术等应用型专业是硕士学位授予数量较多的领域。其中工商管理硕士发展最为迅速。在研究生整体规模萎缩的背景下,工商管理硕士逆势增长,至 2013—2014 年度,其规模已占到硕士学位授予人数的三分之一(见表 4-5)。

总体而言,从英国研究生规模结构现状看,无论是硕士还是博士层次,与社会发展关联紧密的应用型专业已成为英国研究生教育的主体支撑。在研究生教育整体规模增长乏力的背景下,工程、医学和工商管理等应用型为主的专业仍保持了良好的发展趋势,反映出英国应用型研究生教育的规模较好地适应并满足了社会经济发展的需求。

二、英国专业学位研究生教育的规模与发展动力

(一)英国专业学位研究生教育发展的规模状况

20 世纪 80—90 年代以来,英国大力强化研究生教育服务社会需求的职能,在原有单一的学术型学位的基础上,大力扩充职业型的专业学位,增设了大量的授课型或职业型(Professional)学位的研究生。此外,在其研究生教育体系中,还存在相当数量不授学位仅颁发证书、文凭的研究生。总体合计,其非学术学位的专业学位在校研究生数量几乎是学术学位在校研究生数量的 4

单位：人

表 4-4　英国博士学位授予情况

学科领域	2005—2006 年	2006—2007 年	2007—2008 年	2008—2009 年	2009—2010 年	2010—2011 年	2011—2012 年	2012—2013 年	2013—2014 年
医学（含牙医）	1745	1730	1785	1970	1945	2010	2060	2090	2050
医学（其他）	905	955	1005	965	1080	1130	1165	1350	1300
生物科学	2510	2635	2510	2625	2940	3050	3110	3365	3190
兽医	85	80	70	50	55	70	65	65	60
农学	230	175	125	175	160	150	170	185	190
自然科学	2300	2405	2205	2295	2510	2575	2575	2845	2745
数学科学	450	470	445	430	515	590	560	655	555
计算机科学	715	720	720	795	845	870	900	925	795
工程与技术	2205	2395	2140	2385	2530	2590	2710	2885	2835
建筑学	195	250	230	250	250	260	295	290	295
社会科学	1315	1480	1310	1500	1540	1750	1770	1875	1805
法学	215	265	250	285	275	295	355	400	385
工商管理	695	745	765	785	765	945	955	1040	1070
传播学	95	110	95	110	155	150	155	190	155
语言学	905	970	945	945	945	1080	1090	1200	1165
历史与哲学研究	985	1030	985	1075	1065	1245	1250	1300	1235
创意艺术与设计	320	360	405	400	460	515	515	620	610
教育	585	680	660	610	725	805	735	885	790
其他（交叉学科）	60	95	10	5	0	0	0	0	5
合计	16515	17550	16660	17655	18760	20080	20435	22165	21235

资料来源：根据英国高等教育统计署（Higher Education Statistics Agency）统计数据整理。

表 4-5 英国硕士学位授予情况

单位：人

学科领域	2005—2006 年	2006—2007 年	2007—2008 年	2008—2009 年	2009—2010 年	2010—2011 年	2011—2012 年	2012—2013 年	2013—2014 年
医学（含牙医）	2255	2350	2415	2535	2800	3255	3775	3670	3940
医学（其他）	4430	4930	5830	6340	6515	7540	8615	8320	8150
生物科学	5565	5690	5770	6305	6885	7915	8535	9310	9390
兽医	75	80	80	90	80	100	115	90	100
农学	910	870	815	960	915	1220	1045	1060	930
物理科学	3625	3640	3865	3770	4190	4985	5135	5040	4995
数学科学	1150	1225	1870	1320	1355	1685	1780	2060	2015
计算机科学	6545	6240	6655	6060	7670	9225	8345	6590	5875
工程与技术	9455	9335	9995	10030	123456	15105	15685	14165	13715
建筑学	3310	3335	3915	4235	5085	5205	5285	5145	4430
社会科学	12580	13065	13390	13800	14680	17255	18390	18840	18760
法学	5445	5510	5655	5955	6510	7615	8010	7730	7640
工商管理	30045	30520	34610	36240	42035	48490	53255	51710	51055
传播学	3435	3445	3415	3605	4160	5185	5475	5540	5490
语言学	5035	5165	5065	5105	5425	6355	6590	6795	6495
历史与哲学研究	4055	4380	4535	4670	4935	5355	5515	5835	5495
创意艺术与设计	5540	6015	6565	7100	8015	9205	9975	10445	10255
教育	5045	5010	5025	5130	5695	6800	8290	8750	8660
其他（交叉学科）	55	40	65	55	85	35	45	35	45
合计	108555	110845	119535	123305	250491	162530	173860	171130	167435

资料来源：根据英国高等教育统计署（Higher Education Statistics Agency）统计数据整理。

倍左右(见表 4-6)。根据 2016—2017 学年英国高等教育统计署公布的统计结果显示,当年在校授课型学位的专业学位研究生为 355670 人,已占到在校硕士研究生总数的 81.7%(见表 4-7)。申请专业学位研究生的人数已达到 21 世纪以来的最高点,专业学位研究生教育已成为英国研究生教育的主力军。

表 4-6　英国学术学位与非学术学位在校研究生人数之比(2003—2014 年)

	2003 年	2005 年	2007 年	2009 年	2011 年	2012 年	2013 年	2014 年
学术学位与专业学位研究生人数之比	1∶3.58	1∶3.76	1∶3.70	1∶4.70	1∶4.70	1∶4.25	1∶3.95	1∶3.87

资料来源:中国学位与研究生教育发展年度报告课题组. 中国学位与研究生教育发展年度报告[M]. 北京:中国人民大学出版社,2016.

表 4-7　2016—2017 学年英国专业学位研究生基本情况

全日制专业学位在校生总数(人)	全日制研究生总数(人)	非全日制专业学位在校生(人)	非全日制在校研究生总数(人)	在校专业学位研究生总数(人)	在校研究生总数(人)	专业学位在校研究生比重
107500	149800	183045	205870	290545	355670	81.7%

资料来源:中国学位与研究生教育发展年度报告课题组. 中国学位与研究生教育发展年度报告[M]. 北京:中国人民大学出版社,2016.

表 4-8　2016—2017 学年英国研究生专业学位分学科入学情况

序号	学科领域	学生数(人)
1	医学(含牙医)	8795
2	医学(其他)	58560
3	生物科学	21160
4	兽医	1205
5	农学	1810
6	物理科学	4705
7	数学科学	1700
8	计算机科学	7140
9	工程与技术	10310
10	建筑学	9590
11	社会科学	27445
12	法学	10395

续表

序号	学科领域	学生数(人)
13	工商管理	36305
14	传播学	4945
15	语言学	5985
16	历史与哲学研究	7215
17	创意艺术与设计	11730
18	教育	60175
19	其他(交叉学科)	1370
合计		290540

资料来源:根据英国高等教育统计署(Higher Education Statistics Agency)统计数据整理。

从表 4-8 可以看出,英国的专业学位涉及的领域虽然较多,但学生分布相对较为集中,教育、医学、工商管理、社会科学是英国专业学位中规模较大的几个领域。2016—2017 年度,上述几个专业领域入学的学生合计 191280 人,占专业学位研究生总数的 65.83%。这些专业领域是英国在国际上具有一定优势的行业领域,是英国社会经济发展的主力部门。专业学位研究生主要集中于这些领域也反映出英国专业学位研究生教育规模适切社会经济发展需求的特点。

(二)英国专业学位研究生教育规模发展的动力

英国专业学位研究生教育规模的扩张与其在行业领域的就业优势有直接的关系。2013 年,英格兰高等教育基金会发布《本科毕业后的走向》的报告指出,在所调查的本科毕业生中,35% 的学生有意愿直接攻读研究生和准备继续学习深造。当问及确定读研或准备读研的动因时,39% 的学生倾向于特定职业领域的专业性,这说明学生通过研究生教育获取职业的意愿极为强烈①。

毕业生的读研意愿可以反映英国研究生教育发展的潜在需求,而最终需求的规模和结构则以申请报考的方式直接反映出来。2013 年英国商业创新和

---

① HEFCE 官网[EB/OL]. http://www.hefce.ac.uk/.

技能部通过对 141 家高等教育机构的申请情况进行在线统计,并据此完成《探索学生对研究生教育的需求》的报告。该报告指出,从 2005—2006 年度至 2011—2012 年度,学术型研究生的申请人数增长了 73%,与此相比,侧重于职业性、应用性的授课型研究生的申请人数则增长了 164%[①]。表 4-9 反映了 2005—2006 学年至 2011—2012 学年学术学位与专业学位申请趋势变化情况。英国高等教育研究院(Higher Education Academy,简称 HEA)发布的 2017 年研究生教学体验调查(Postgraduate Taught Experience Survey 2017)显示,学生申请研究生的动机中,最为看重的是职业和就业前景,尤其是通过研究生教育获得专业资格或满足职业资格条件,其比例高达 58%[②]。专业学位研究生教育强化了研究生教育在提高国民职业潜力方面的作用,这是其需求及规模增长趋势大大超过研究生教育整体状况的重要原因。

表 4-9　英国研究生教育的申请趋势(2005—2006 至 2011—2012 年)

申请趋势	学术学位研究生	专业学位研究生
总体情况	7 年间增长 73%	7 年间增长 164%
申请类型	博士居多	学位性质的硕士居多
申请学科	社会政治经济领域最多,但逐年下降;医学和生物科学不断增加	大部分为商学和管理学,2010 年以前增长,2010 年以后下降;医学生物学没有明显增长
本科经历	15% 来自本校的本科毕业生	4% 来自于本校的本科毕业生
申请者年龄	申报者小于 23 岁的占 24%	小于 23 岁的申报者比例从 2005/2006 学年的 40% 增至 2011/2012 学年的 55%
申请者性别	基本不变,男女比例为 6∶4	基本不变,男女比例为 5∶5

资料来源:中国学位与研究生教育发展年度报告课题组. 中国学位与研究生教育发展年度报告 [M].北京:中国人民大学出版社,2016.

---

① BIS 官网 [EB/OL]. https://www. gov. uk/government/organisations/department-for-business-energy-and-industrial-strategy.

② Higher Education Academy. Postgraduate Taught Experience Survey 2017[EB/OL]. https://www. heacademy. ac. uk/knowledge-hub/postgraduate-taught-experience-survey-report-2017.

第三节　英国专业学位研究生教育培养模式的适切性状况

英国专业学位研究生教育包括授课式硕士和专业博士两类,均以培养服务经济发展需求的高层次应用型技术人才为目标。虽然发展历史较短,但其发展迅速,已逐步建立起层次清晰、类别多样的专业学位教育体系,在培养目标、招生录取、课程教学、导师指导、专业实践与协同育人、质量保障等方面形成了鲜明的特色。本节将从培养内容与培养过程的视角,分析英国专业学位在匹配衔接社会需求方面的适切性状况。

一、英国专业学位研究生教育培养的入口管理状况

(一)培养目标

相对于学术型学位而言,英国专业学位研究生教育强调以相关专业理论与技能学习为基础,注重培养和提升学生在特定职业领域所具备的专业能力及实际问题的解决能力。其目标是为特定行业输送高层次的、具有实践反思能力和问题解决能力的管理人员及专业技术人员,"实践性"和"职业性"是其主要价值取向。

英国高等教育质量保证署(QAA)于 2015 年发布了《硕士学位的特征声明》(Master's Degree Characteristics Statement,以下简称声明)的报告,对专业硕士学位的培养目标和毕业生的能力要求做了详细规定。对于专业硕士的培养目标,"声明"主要强调两方面:一是确保毕业生能够满足行业专业化的准入要求,具备行业从业的资质与能力;二是毕业生应具备在行业领域自主持续的专业发展能力[①]。基于上述培养目标,专业硕士学位毕业生应达到的能力要求包括,一是在学科专业能力方面,对专业领域的知识和实际工作应具有深刻的理解力,具有专业情境下的实践操作和理论研究能力,能够综合运用各种技

---

① QAA. Master's Degree Characteristics Statement [EB/OL]. https://www.qaa.ac.uk/docs/qaa/quality-code/master's-degree-characteristics-statement.pdf? sfvrsn=6ca2f981_10.

术和方法分析与解决行业的专业性问题;二是在一般能力方面,应具有创新意识和责任感,能够为行业发展创造性地解决面临的问题,在急剧变化的环境中具备准确的决策能力、复杂情境下有效的交流能力及在行业内自我学习与持续的专业发展能力。

相比专业硕士,专业博士的目的在于培养更高层次理论与实践能力兼备的专业技术人才。根据英国研究生教育委员会(The Council for Graduate Education in the UK,简称 CGE)的定义,专业博士学位是一种高层次的人才培养项目。一方面,它应具有一定的理论与研究能力,符合大学博士学位的授予标准;另一方面,它的质量规格也应能满足大学之外行业团体对从业人员的能力要求,毕业生应具备在专业领域从事实际工作并持续发展的能力[①]。针对上述要求,高等教育质量保证署(QAA)在 2015 年发布的《博士学位的特征声明》(Doctoral Degree Characteristics Statement)中,进一步明确了专业博士学位(Professional and Practice-based Doctorates)的培养目标和特点:适应行业对高层次人才的实际需要,以实践应用为导向,以专业技能和相关的理论研究能力培养为重点,通过课程教学、研讨、小组学习以及实践实习等方式完成高质量的人才培养[②]。

总体而言,相比专业硕士,专业博士除了需要进行特定行业的专业技能学习外,还需要掌握行业相关的理论知识,以具备进一步自我学习和拓展专业领域发展的需求。此外,相比专业硕士多侧重于课程学习,专业博士生除了需完成大量的课程学习外,一般还需针对专业实践问题开展相应的专题研究,提交多篇和行业实践相关的研究报告,在此基础上完成学位论文,方有资格获得专业博士学位。上述培养目标及培养要求的设定,重点在于确保专业博士的培养规格与质量能满足行业对高层次专业人才的要求。

(二)招生及录取

在招生方式方面,英国没有统一的研究生及专业学位招生考试,无论是入

---

① Taylor,John. 质量和标准:专业博士面临的挑战[EB/OL]. http://www. cdgdc. edu. cn/xwyyjsjyxx/xsyd/xsyd/lwtj/267889. shtml.

② QAA. Doctoral Degree Characteristics Statement [EB/OL]. https://www. qaa. ac. uk/docs/qaa/quality-code/doctoral-degree-characteristics-15. pdf? sfvrsn=50aef981_10.

学资格审核、招生方式还是招生数量等均由大学自主确定与实施。英国的专业学位招生采用的是申请审核制,即有学习意愿的申请人向大学提交申请材料(通常是在线提交),由大学对申请材料进行审核、甄选,然后组织面试,确定入学人选。一般而言,个人提交的申请材料包括个人申请书、工作经历证明、受教育经历证明、课程成绩单、平均绩点和专家推荐信。

从录取要求看,一般要求申请者具备次一级的学位或同等学力,即申请专业硕士学位项目要有学士学位或本科层次的学习经历(文凭或证书),申请专业博士学位一般要有硕士学位或研究生教育证书或文凭。有些专业学位类别,如工商管理硕士、教育硕士、公共管理硕士等,以及大多数专业博士学位都要求申请者有一定年限的相关工作经历,专业工作年限一般要求 1~5 年。录取时重点考查申请者是否具备攻读专业学位的资质及发展潜力,包括是否具备广博的实践知识,对本专业的理论、方法和研究伦理的批判性理解力,较强的研究能力和丰富的研究经历,表达和交流能力,工作经验与团队合作能力等。这些要求旨在确保选拔的专业学位入学者具有符合行业从业需求的培养潜质。

(三)学制年限

从培养模式看,英国专业学位通常有全日制、非全日制(部分时间制)和远程教育三种,以前两种方式为主。远程教育是一种随着信息技术逐渐兴起的学习方式,主要集中在少数专业硕士学位中,专业博士学位大多采用非全日制方式。

由于研究生教育对于经济、社会发展具有积极的作用,英国政府非常重视研究生教育。从 20 世纪 90 年代以后,英国政府便加大了对研究生教育的改革力度,除了新增博士专业外,对硕士和博士的培养年限也做了相应的调整:对于本科直接攻读博士学位的学生,要求最少在校学习时间须为连续的三年;也可采用非连续的分段式,即一年的硕士学位注册时间加上三年的博士学位注册时间。分段式是目前英国专业学位教育的主流模式。上述学制年限的调整,一方面在于规范与统一英国的研究生教育培养机制,另一方面充分的学制年限的保障规定也有利于专业学位教育的培养效率与质量保障。

不过,在实际的操作层面,不同的学位类别与层次,其学制年限并不完全相同。一般而言,全日制专业硕士学制年限多为 1 年,非全日制学制年限多为 2～3 年。专业博士学制年限较为复杂,根据英国高等教育署的不完全统计,截至 2016 年,在 128 个全日制专业博士学位项目中,65.63% 的项目学制为 3 年,19.53% 的项目学制为 4 年,两者占比高达 85.16%;在 169 个非全日制专业博士学位项目中,52.66% 的项目学制为 4 年,20.71% 的项目学制为 5 年,两者合计占比达 73.37%[①]。相比较而言,全日制学术硕士的学制年限为 1 年,非全日制学术硕士学制年限多为 2 年;全日制哲学硕士的学制年限多为 2 年,非全日制哲学硕士的学制年限多为 3 年;哲学博士的学制年限因学科差异跨度较大,通常为 3～6 年不等。总体而言,专业学位虽然在科研标准要求方面不如学术学位严格,但其课程量较大,无论是专业硕士抑或是专业博士,其实际在校学习时间并不少于甚至多于同类型学术学位的在校学习时间。

二、英国专业学位研究生教育培养的过程管理状况

(一)课程教学

英国专业学位教育的课程设置一般都包含教学和实践课题研究等两部分内容。不过不同层次和不同专业方向类别对两者的结构比重有不同的要求。

就课程内容而言,专业学位课程一般包括四个方面内容:基础理论课程,主要传授专业相关的核心理论与方法,侧重涵养学生的专业基础及专业认知能力;拓展课程,主要传授专业相近领域的知识,目的在于丰富学生的专业阅历,培养其拓展专业领域的能力;高度专业化课程,针对专业发展的高级专业核心课程,重点在于深化学生的专业认知与实际问题解决能力;实践课程,旨在培养学生实际的专业从业经验。在具体的教学方式上,英国专业学位教育通常采用基于模块化结构的小组合作方式。小组学习的功能体现在结合课程学习和教师讲授,成员彼此进行经验共享、合作交流和互帮互学;同时在课程学习过程中模拟实际工作场景进行情境学习,以此强化学生的团队协同及个体的专业应用能力。在专业学位教育的课程学习过程中,学生通常将其普遍

---

① 刘亚敏.英国专业学位研究生培养模式及其发展动态[J].河北科技大学学报(社会科学版),2017(1):80－84.

关注的专业实践问题提炼成若干项目和研究课题,在导师的指导下结合工作实践开展研究以解决实际问题。总之,小组合作学习充分体现了专业学位研究生教育的实践特色,对提高学生的问题研究与解决能力有积极的作用。

就课程教学各部分学分分配比例而言,不同层次类别的专业学位差异较大。在专业硕士的层次方面,课程教学学分占比较大,课题研究所占比例相对较小。在总学分为 180 学分的专业硕士项目中,课程教学往往可达 120 学分。因此,专业学位硕士常常被称为课程硕士。专业硕士的这一课程比例分配主要因为它是专业技术人才培养的初级阶段,其侧重点在于专业基础能力的训练,而研究与解决专业具体问题的能力培养更多地贯穿在课程教学之中,主要通过与理论教学的结合而非通过实践教学来实现。在专业博士层次上,课程教学仍占有相当的比例,但实践型的行业课题研究比例逐渐增大。专业博士学位的总学分一般为 540 学分,其中课程教学占三分之一左右,通常有 180 学分,其余为专业实践和课题研究学分①。专业博士一般已具备一定的专业理论基础,因此教学的重心可更多的置于运用理论知识解决实际问题的能力训练之上。总体而言,英国专业学位课程教学中不同内容比例的配置体现了英国专业学位教育面向专业发展需求,有针对性地培养不同层次类型专业人才的实践性、应用性导向。

(二)导师指导

导师指导是英国专业学位研究生培养过程的重要环节。根据专业学位研究生生源的不同,导师指导机制的内部结构也各有侧重。

单一导师制多在以在职生源或具备相应工作经历的学生为主的专业学位项目中实施。学校为每位专业学位研究生配备学术导师,其具体负责学生课题研究的指导,监督与管理学生的课程学习过程。双导师制则适用于没有工作经历的专业学位研究生,学校在为其配备校内学术导师的同时,还聘有来自相关行业领域、具有丰富实践从业经验的行业导师为学生提供实践指导。一些大学甚至还为专业学位研究生配备专门的课程指导教师,为学生提供选课、

---

① 刘亚敏. 英国专业学位研究生培养模式及其发展动态[J]. 河北科技大学学报(社会科学版),2017(1):80—84.

上课、完成作业等方面的专业指导。

专业博士中通常实行的是"双导师制",即由大学的学术导师和来自于行业一线的实践导师共同指导,两者各有分工与侧重。学术导师的基本职责是把握学生所从事的课题研究项目的前沿性与理论性;而行业导师的基本职责则是为学生的课题研究项目提供产业技术和管理经验支持,确保专业博士的培养质量符合并满足行业的发展要求与趋势。

"双导师制"并不代表导师的绝对数量,例如伦敦大学规定,每位专业博士应有三位导师联合指导,其中两位是学术指导教师,其职责有主次之分,另一位必须是来自行业或企业的资深指导教师。以丰富的学识理论见长的学术指导教师,与实践经验丰富、操作能力强的行业指导教师合作指导,有利于提高博士生在专业实践中将课题研究成果转化为现实生产力的能力。两类导师共同参与专业博士的培养计划、指导课程的选择、实习训练项目的制定、课题的研究、论文的写作等活动,定期召开评议会,检查、监督专业博士生的学习进度、发展状况等,以保证专业博士生培养过程顺利进行。

(三)产学协同的实践实习机制

英国的专业学位教育是应用性、职业性的学位教育。虽然英国大多数专业学位项目招收的都是有一定行业工作经历的学生,但专业教学环节与实践技能培养仍然是英国专业学位教育中的重中之重。

在专业硕士教育中,由于学制年限短,专业实践能力培养主要贯穿于课程教学、基于实践问题的群组项目研究和专题研讨中,大多数专业没有独立设置的专业实践教学环节。但在专业博士学位项目中,专业实践环节不仅独立设置,而且周期较长,学生一般需要到合作的行业机构进行为期 2～3 年的专业实习与项目研究,在真实的工作场景中培养和提升其专业技能。英国专业博士教育通常采用高校与行业部门、研究机构等联合培养的"协作式"的培养模式。学生在完成一定的课程学分后,需要在行业的合作机构中通过实践实习以及课题研究的方式逐步形成运用理论知识解决实际问题的工作能力。实践实习及课题研究的选题一般由专业博士培养单位、合作企业、专业博士等三方共同商定,其内容多为行业发展中急需解决的实际问题,这在工程博士的培养过程中体现得最为明显。如曼彻斯特大学规定,工程博士在学期间,必须与企业的技术人员及管理者合作确定论文选题。在企业实习期间,工程博士必须参与并在企业实际的产业管理与技术研发中进行学习,学习内容包括如何选择有技术价值的产业课题进行研发,如何分析判断其市场前景及对环境的影响以及评估所选课题对企业发展战略的影响等。就工程博士而言,多数工程博士学位点都有相当数量的稳定的联合培养企业。联合培养企业一方面为工程博士提供实习训练的场所,向工程博士生提供资深的企业技术指导人员和相关物质支持;另一方面工程博士学位点丰富的智力资源以及大学先进的科研设备和研究成果,对于联合培养企业而言也是极有吸引力的。参与工程博士的联合培养有助于解决企业面临的实际问题,促进科技成果的转化效率,提升企业的核心竞争力。

三、英国专业学位研究生教育培养的出口管理状况

(一)学位授予的要求与标准

英国大学的硕士研究生有三种毕业类型:研究生证书、研究生文凭和硕士学位。不同的证书授予是基于对课程学习的不同要求。有些专业学位项目只需完成相应数量的课程学习并达到相应的要求,即可获得硕士证书或学位。以教育硕士为例,格拉斯哥大学规定,修完60个学分后结业,可获得教育专业研究生证书;修完120个学分后结业,则可得到教育专业研究生文凭;而要获得硕士学位,除了课程学习的基本要求外,还需要撰写毕业论文或毕业设计。多数教育硕士学位项目的毕业要求是提交毕业论文。毕业论文的选题必须结合学生本人的工作实践,突出实际问题的解决。毕业论文完成后可获得60学分,相当于修读四门课程。在多数大学,课程学习和毕业论文是相对独立的两个环节,即完成课程学习后进入论文阶段。也有部分大学尝试着将二者结合起来,把教育科研方法训练过程、毕业论文写作过程整合在一起,作为一门独立的课程开设。在进行科研方法训练的同时,要求学生按照规范的流程和方法提交课程作业,以此作为毕业论文。

专业博士学位项目的毕业要求较高,不仅要完成课程学习任务,还需要进行专门的研究能力训练和以解决实际问题为内容的学位论文研究工作。如工程博士学位论文选题强调"专业实践应用",强调能解决实际问题并具有一定

的创新性。不少学位论文选题在工程博士生入学时就与联合培养企业以合同的形式确定下来。所完成的学位论文要在导师认可的情况下向学位委员会递交论文,学位委员会指定答辩委员会主持答辩。答辩的结果分为五类:无条件通过;通过但要做小的修改;通过但要做大的修改;不能授予工程博士学位,但可以授予哲学硕士学位;不通过。其他类型的专业学位项目也要求博士生完成基于实践的专题性研究,提交学位论文并通过答辩,才能获得专业博士学位。

总体而言,英国研究生教育对于学生学位论文的独创性和创新性有较高的要求,要求学生关注本学科或专业领域中未曾被关注过的问题,鼓励其在研究范式上进行创新以发展知识。尤其是,相比学术学位注重理论创新,专业学位研究生的论文更强调实践应用性,鼓励学生把创新性思维应用于实际问题的解决中,以确保所授予的专业学位质量规格符合行业发展的标准要求。

(二)质量保障机制

英国专业学位教育的质量保障主要通过英国高等教育署所构建的评估认证机制来实施。

1997年英国高等教育质量保证署成立后,即围绕学术规范体系实施了系统的质量保障机制建设。具体而言,即是通过《高等教育学术质量与标准保证的行为准则》《英格兰、威尔士、北爱尔兰与苏格兰高等教育资格框架》《学科基准文件》及《专业项目说明》等4个文件的颁布,明确高等教育的基本质量标准和相应的运行原则①。

从2002—2003年度起,高等教育质量保证署对英格兰和北爱尔兰的高校逐步推行院校审查(Institutional Audit)的质量评估方法,通过严格、规范、公开和持续性的评估活动,确保研究生教育质量在内外部的结合互动中得到良好的保障。

在评价方式上,高等教育署对专业学位研究生教育质量的评估方式基本参照美国20世纪80年代兴起的成果评价运动。针对以过程评估为重心的输

① 许迈进,阚阅.建立研究生教育质量的外部保证机制:英国的经验与启示[J].浙江大学学报(人文社会科学版),2008(3):173—179.

入式评价方式无法充分体现教育效果等弊端,成果评价强调结果导向,通过学生学业成就、毕业就业率等出口指标来反映高等教育的实际实施效果。以英国工程专业学位为例,英国工程专业学位结合本专业的特点,主要从工程硕士和工程博士毕业生的学习产出维度对专业学位研究生教育质量进行评估。工程硕士毕业生学习产出主要分为一般学习产出和专业学习产出两部分。一般学习产出是指工程硕士与其他专业学位的毕业生共同具备的通用性技能,包括拟定、监控和调整规划的能力;监控和调整工作计划的能力;具备团队不同角色的思维能力和领导能力;学习新理论、概念和方法的能力。专业学习产出则是指工程硕士毕业生特有的专业能力,具体包括扎实的自然科学与数学基础、工程分析能力、设计能力、对经济社会与环境的把握和适应能力、工程实践能力等[1]。工程博士教育质量评估的指标包括运用知识与技能的能力、工业设计与社会需要的判断能力、团队精神与领导能力等。上述三种能力实质是对工程博士教育的目标、内容与方式合理性的高度概括。评估基于毕业生学习产出维度进行,能够更直观地展现出专业学位研究生教育的成果,使学校、企业、社会及学生本人对专业学位研究生的教育成果有更直观清晰的认识,并能根据各自不同的需求进行调整与完善。

总体而言,通过结果导向的专业学位教育质量评估,专业学位教育的质量规格能够与行业对专业人才的质量标准进行直接的对接,确保了专业学位教育适应并满足行业发展的应用性、职业性指向的需求。

综上所述,英国专业学位研究生教育培养的特点主要体现在培养目标以服务社会经济发展的高层次应用型专业技术人员培养为核心;课程设置职业指向性明显、授课方式灵活多样,突出实践性与专业性;学习过程中以合作学习方式为主,通过联合培养和导师制强化学生实践应用能力;出口规格上注重与行业标准的沟通与衔接等方面。这些特点体现了英国专业学位教育在培养内容与模式上充分把握行业需求,适切社会经济发展的特色趋势。

---

① 郑娟,王孙禹.英国硕士层次工程教育展业认证制度探讨[J].高等工程教育研究,2015(1):83—90.

第四节　英国专业学位研究生教育与职业资格匹配的适切状况

专业学位研究生教育与相关职业资格的衔接的有效性是体现专业学位职业性、应用性指向的主要指标。本节将以法律、会计及工程等3个重要的专业学位为案例,分析其在职业资格匹配方面的特点与适切状况。

一、英国法律专业学位与法律职业资格的关系

(一)英国的法律专业学位教育概况

英国法律硕士(LL.M)是一种专业硕士学位,学制为一年,主要招收取得法学学士学位的本科毕业生或通过CPE(转化课程)考试的非法学本科毕业生。在英国有超过40所大学提供约350项LL.M课程,这些学校包括英国伦敦大学校外课程中心、爱丁堡大学(通过远程学习获得LLM学位)、莱斯特大学和女王大学等。伦敦大学自1925年起就为法学本科毕业生以及非法学毕业生提供LL.M课程;爱丁堡大学则通过远程教育提供LL.M课程。LL.M课程所涉及的专业范围较广,根据LL.M study网站显示,其涉及的法学领域主要包括银行法、商业和税收法、环境(保护)法、国际法、欧盟法、公法等。此外,近年攻读人权保护、国际冲突、网络与电信等相关领域法律的学生人数也有较大幅度的增加[①]。上述领域几乎涵盖了当前法律行业所有重要的问题。

LL.M课程一般要求学生修完六门总计20学分的课程,同时提交一篇毕业论文才能获得学位。从法律职业准入的视角而言,拥有LL.M学位并不足以成为出庭律师或者事务律师,学生还必须完成律师公会规定的法律实践课程,包括LPC(针对出庭律师)及BVC(针对事务律师)等。不过LL.M学位可以为学生在法律领域的就业增添砝码。

(二)英国法律职业资格准入及其与专业学位教育的衔接路径

英国虽然没有全国统一的职业资格准入考试,但各地的司法职业准入基

[①]　LLM官网[EB/OL]. https://www.llmstudy.com/.

本上都包括两个阶段:基础法学阶段和职业适合性阶段。基础法学阶段又称法学理论阶段。这一阶段通常由合格法学学位或者其他学科学位外加一年的转化课程组成。在该阶段,职业资格申请人要完成 7 门法律基础课程的学习。职业适合性阶段又可分解为两个阶段:一是职业培训及证书考核阶段,主要进行法律实践课程(Legal Practice Course,简称 LPC,针对出庭律师)及律师职业课程(Bar Vocational Course,简称 BVC,针对事务律师)等专业核心课程的学习;二是司法实习阶段,通过职业课程培训并考试合格后,学生需与律师事务所或经批准的其他司法机构组织(如地方政府、刑事公诉署)签订为期两年的训练合同并学习职业技能课程。

1971 年公布的《奥姆罗德报告》(Ormrod Report)指出,英国法学教育必须放弃"学问"与"职业"、"理论"与"实务"相对立之二律背反的思考方法,加强法律实务界与大学法学院之间的协同与合作,以共同提高法律教育水平。报告建议法律职业的从业人员均应是接受过高等教育,拥有一个法律学位,或在获得一个非法律的学位后再攻读一个两年制的法律研究生课程专业人才,上述学术性的和职业性的教育整合,确保法律教育成为一个有机的整体①。《奥姆罗德报告》确立了英国司法职业从业的基本原则,即要成为一个律师必须拥有一个合格法学学位(Qualifying Law Degree),或是通过了法律转化课程的学习。合格法学学位被事务律师公会和出庭律师公会接受为符合基础法学阶段训练的前置条件。1990 年颁布的培训规则对合格法学学位做出了如下定义:第一,由英国或爱尔兰共和国境内的大学授予的学位。第二,由枢密院授权的英格兰或威尔士境内的学位授予机构授予的学位。第三,由 1993 年 3 月 31 日解散前的国家学位授予委员会授予的学位。第四,由前白金汉大学(在其被授予大学身份以前)所授予的法律许可证。事务律师公会和出庭律师公会还承认伦敦大学海外学生的法学学位为"合格法学学位",条件是有关学习期限不超过六年,且毕业生通过了七门法律基础课程的书面考试②。

以事务律师为例,成为事务律师的途径包括法律本科毕业生、非法律本科

①　中国政法大学科研处.21 世纪法学教育暨国际法学院校长研讨会综述[J].政法论坛,1999(4).

②　霍宪丹.当代法律人才培养模式研究[M].北京:中国政法大学出版社,2005:249－250.

毕业生、海外律师(需要转化)、出庭律师(需要转化)、苏格兰和北爱尔兰律师(需要转化)、法律行政部门的雇员、法庭书记员等。其中,在法律专业取得合格法学学位,并通过一年的法律实践课程及具备两年的实习经历是最为便捷的途径。通常法律专业毕业生最短可在六年内取得职业资格。与此相比,非法律专业毕业生则需要增加一年全日制的转化课程学习,然后再和法律专业毕业生一起进入实践课程培训和司法实习,这是非法律专业毕业生想获取律师资格的必要条件。另外,没有合格法学学位的法庭书记员协会的会员必须在通过法律实践课程培训并证明其在十年的时间内至少连续五年从事法律职业后才可申请律师资格①。

　　总体而言,从律师资格的申请条件看,合格法学学位虽非资格申请的前置条件,但具有合格法学学位在申请律师资格时可大大简化和减少申请的程序与时间。两者具有一定的匹配衔接关系。

　　需要指出的是,法律专业学位与职业资格匹配的关键在于法律职业资格的准入机构(行业协会)对大学法律专业实施的专业学位认证上。律师协会于1995年颁布的《关于合格法学学位的联合声明》(The Joint Announcement/Statement on Qualifying Law Degrees)中规定了合格法学学位必须符合的基本条件:学完并通过七门法律知识基础科目的考试。这些科目也是律师执业准入体系中第一阶段即基础学习阶段的核心科目。此外声明还对合格法学学位的形式进行了具体的规定,包括学制、模块学习内容及比例、学习时间、课程考试及免修等。行业协会对大学法律教育的专业认证保证了专业教育内容与职业资格准入标准基本保持一致②。

二、英国会计专业学位与会计职业资格准入的关系

(一)会计专业学位教育的概况

　　英国是现代金融的发源地之一,英国的金融及会计专业教育在世界上享有盛誉。在英国,会计学的全称为MSc in Accounting & Finance,它涉及会

---

①　The Law Society. Trends in the Solicitors' profession——Annual statistical report[R]. 2007.

②　王媛.试论英国律师公会在英国法律职业资格准入过程中的作用[J].法制与经济,2008(12):81—83.

计、财政、税收、金融、保险、工商企业管理等专业的内容。虽然英国会计教育的重心集中在特许公认会计师公会(the Association of Chartered Certified Accountants,简称 ACCA)的职业课程培训领域,不过不少大学也设置了会计学的本科及专业学位课程,比较著名的有巴斯、利兹、阿斯顿、伯明翰等大学。根据英国高等教育质量委员会对教学目标的规定,开设会计专业的大学基本围绕着专业知识的构建、认知和智力技能、核心和转换能力、实务操作能力等四个方面从五个层次的教学阶段来分解教学目标,其中第一到第三层次的教学要求是针对获取会计学学士学位而设计的,第四层次的教学要求是针对获取会计学硕士学位而设计的,第五个层次的教学要求是针对获取会计学博士学位而设计的。在上述专业目标中,专业知识的传授和学习是基础,但认知和智力技能、核心和转换能力、实务操作能力等不仅是学生学习的附加值,也是学生必须获取的高层次的"运用技巧"。通过教学让学生获取这些高层次的"运用技巧"的过程,不仅可以促使学生理解基本假设和原则等知识,更加牢固地掌握和运用会计知识,也使学生在毕业后走向社会时能更加适应雇主的要求[①]。

在课程设置方面,大学会计专业普遍开设:会计入门基础、审计学、财务报表分析、财务与定量分析入门、财务与数学建模、计量经济学、会计与计算机技术、高级财务会计与报告和管理会计等课程。从课程内容结构看,英国大学的会计专业教育,一是较为重视数学、计算机等应用技术与会计专业知识的结合;二是注重结合会计工作的实践进行教学,以此帮助学生掌握会计工作的技巧,提高实际的应用能力。

需要指出的是英国大学会计学专业在课程设计方面普遍重视与会计师行业协会职业资格考试科目的协调,以便让学生在获取学位的同时能获取相关职业资格认证考试的部分科目的豁免。英国的会计专业机构高度发达,拥有ACCA、英格兰及威尔斯特许会计师协会(The Institute of Chartered Accountants in England and Wales,简称 ICAEW)、苏格兰特许会计师协会(The Institute of Chartered Accountants of Scotland,简称 ICAS)、爱尔兰特

---

① 李晓慧.会计教学体系研究:来自英国大学的借鉴[D].北京:中央财经大学,2009.

许会计师协会（The Institute of Chartered Accountants of Ireland，简称 ICAI）、特许管理会计师协会（The Chartered Institute of Management Accountants，简称 CIMA）、特许公共财务及会计协会（The Chartered Institute of Public Finance and Accountancy，简称 CIPFA）等六个会计团体，以及 ICAEW，ICAS，ICAI，ACCA，AIA 等五个公认的考试团体（Recognized Qualifying Body，简称 RQB）。许多大学会计专业本科及研究生阶段的课程设置，通过与当地的特许会计师协会资格考试科目的对接匹配，确保学生在获得学位后参与会计师资格考试时可享有部分考试科目豁免的优惠待遇。以 ACCA 为例，在获得了其认可的英国大学会计学硕士后，学生只需再参加 ACCA 第三阶段的五门考试即可获得 ACCA 资格。

（二）会计职业资格准入与会计专业学位的对应互换关系

在会计领域，英国的 ACCA 是目前世界上最大及最有影响力的专业会计师组织之一。要取得 ACCA 资格，必须首先注册参加 ACCA 指定的职业课程培训，并且只有达到英国大学入学要求的人才被允许注册参与课程学习。培训完成后的资格考试包括两个阶段：第一阶段为基础阶段（Fundamentals），主要分为知识科目（Knowledge）和技能科目（Skills）两个部分。知识科目考试内容主要涵盖财务会计和管理会计方面的核心知识，技能科目考试内容包括法律、税务、审计、管理等方面的知识。第二阶段为专业阶段（Professional），主要分为核心科目（Essentials）和选考科目（Options）。核心科目主要包括了作为高级会计师所必需的更高级的职业技能和知识技能；选考科目共有四门，主要为从事高级管理咨询或顾问职业的学生设计，以解决更高级和更复杂的问题，学生从中选取两门参加考试即可。在通过 ACCA 规定的总计 14 门专业考试外，职业资格申请人还需具备三年财务及会计相关工作经验。此三年相关工作经验可在考试之前、中、后累积，不限地域、行业、公司或机构性质。

作为行业组织的 ACCA 在会计教育专业认证中发挥着极其重要的作用。通过对专业内容及质量标准的严格审核，大学的会计专业教育与会计行业的资格准入在一定程度上能够对接与转换。具体而言，一方面，大学会计专业课程设置结构和内容基本与 ACCA 考试挂钩，经过 ACCA 专业认证的大学会计本科毕业可自动免考 8 门以上课程；另一方面，ACCA 培训课程学分也可换算成大学学分。根据 ACCA 和牛津布鲁克斯大学（Oxford Brooks University）达成的学分互认协议,学生通过 ACCA 基础阶段前 9 门课程后,提交一篇论文且获得通过,即可获得该校应用会计学本科学位（见图 4-1）。

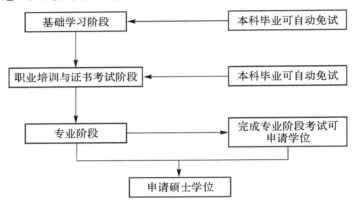

图 4-1　英国会计专业教育与 ACCA 考试衔接

三、英国工程专业学位与工程职业资格准入的关系

（一）英国工程专业学位教育的概况

英国的学位体系中最初并未设置工程学位,工程专业的学位授予根据其专业及培养特点分别被归入理学硕士、哲学博士等学位类别之中,如剑桥大学即对工程专业的硕士研究生授予哲学硕士学位。

20 世纪 80—90 年代,科学技术的发展有力地促进了产业的升级,企业急需大批高级专业技术型及管理类的复合人才。而传统大学培养的学术型研究生存在实践应用能力差,专业知识视野较窄的问题,无法有效地满足产业界的需求。改革工程教育培养模式,解决技术人员不足的技能危机（Skills Crisis）成为英国政府、产业界及高校的普遍共识。

1992 年,英国教育部下属的工程与自然科学委员会发起联合研究生培养计划（PTPs）,即由政府科技部门、企业及高校联合培养研究生,向企业输送科技人才。作为该计划实施的项目之一,工程与自然科学委员会在曼彻斯特理工大学和曼彻斯特大学（UMIST/Manchester University）设置了全英第一个工程博士培养中心,开展工程博士专业学位教育。每个工程博士中心一般只限一个工程领域,但同一所大学可设置两个以上不同工程领域方向的工程博士中心,如伦敦大学学院即设置生物工程、图像工程和通信工程等 3 个工程博士中心。每个工程博士中心可由一所大学设置,也可由几所大学共同组建,如伯明翰大学金属材料工程博士中心即由伯明翰大学、牛津大学、剑桥大学、南安普顿大学及威尔士思旺西大学等 5 所高校共同参与,以伯明翰大学为主组建而成①。工程博士中心具体负责工程博士计划的运行与管理,包括学生选拔、制定课程教学计划、聘请学术导师及联系实习实训企业等。工程与自然科学研究委员会则从宏观上监控工程博士中心计划的实施,包括批准工程博士中心的设置并提供财力支持,委派专家定期对工程博士中心进行评估,为其运行发展提供技术支持。

工程博士的课程设置突出体现了其应用性及职业指向性的特点。具体课程采用模块结构,由工程技术类、市场营销及管理类等部分组成。工程技术类课程是工程博士专业学位教育的核心课程。一方面,工程博士中心一般根据其所涉及的专业领域,有针对性地开设相关专业技术课程。课程内容强调理论知识和实践应用的结合,将科学、技术及工程实践经验融会贯通。如曼彻斯特理工大学和曼彻斯特大学所开设的工程技术类课程包括工程革新的方法、高级工程计算方法、技术变化和环境评估、研究计划和报告写作等。另一方面,与从事基础理论研究的学术博士不同,工程博士面临的不仅仅是纯技术问题,其需要解决的是企业面临的多重复杂的企业现实问题,往往涉及管理、环境、社会等方面。工程博士培养的不仅仅是专业技术人才,而且是同时熟悉企业生产运营、市场营销策略以及人际沟通技巧的复合型人才。除了工程技术以外,工程博士的课程还大量涉及管理学、经济学、社会学、心理学以及公共关系等领域。前述的曼彻斯特理工大学和曼彻斯特大学联合设置的工程博士中心即开设有市场营销、会计、财务金融管理、项目管理、战略管理、人力资源管理、组织行为、经济组织和战略等管理类课程,其与工程技术类课程的课时数

---

① 钟尚科,杜朝晖,邵松林,蒋慧.英国工程博士专业学位研究生教育的研究[J].学位与研究生教育,2006(7):70.

之比达到2∶1①。

作为应用性、职业指向性的专业学位,工程博士教育的重心是通过实习实训,培养学生的实践应用能力。各工程博士中心均有较多相对稳定的合作企业,与其联合开展工程博士培养。一般而言,工程博士在校的课程学习时间仅占其整个培养计划的25%(约1年),大部分时间(约3年),工程博士是在由工程博士中心指定的联合培养企业,以研究工程师的身份进行实习训练。实习训练由大学的学术导师和企业的实践导师联合指导,工程博士在此过程中需要通过实际的项目研发,尝试将科学与技术的理论原理运用于工程实践,以此强化其工程应用能力与职业发展能力。

总体而言,英国的工程博士专业学位教育通过课程学习与工程实践的有效结合,确保其具有较强的工程实践能力,在毕业后能迅速地适应企业的需求,胜任相称的工作岗位。

(二)英国工程专业的专业认证概况

工程委员会(Engineering Council UK,简称ECUK)是英国在全国层面统筹负责工程教育专业认证和工程师注册的机构。它负责提供工程教育专业认证和工程师注册的总体性要求与一般性标准,认证为保证注册工程师的教育基础服务,工程师注册时则要求申请人提供符合要求的经过认证的教育资质,两者互相关联。在操作层面,工程委员会并不直接介入工程教育专业认证和工程师注册的具体过程,而是授权其下属的各具体工程领域的专业学会,根据其行业专业的特色开展相关的认证与注册资格管理工作。如土木工程师学会(Institution of Civil Engineers,简称ICE)负责高等教育机构开设的土木工程专业认证和全国土木工程师注册。1922年成立的英国化学工程师协会(Institution of Chemical Engineers,简称IChemE)是唯一具有特许化学工程师授予资格的机构,并于1957年获得英国皇家许可,成为全球范围内专门针对化工专业进行认证的机构②。目前英国工程委员会下属的相关专业学会共

---

① 钟尚科,杜朝晖,邵松林,蒋慧.英国工程博士专业学位研究生教育的研究[J].学位与研究生教育,2006(7):71.

② 陈晓春,徐心茹,许青.化学工程领域专业学位硕士培养与注册化工工程师执业资格认证的衔接模式探讨[J].化工高等教育,2017(1):16—19.

有 35 个,注册的英国境内的工程师和技术人员 22.2 万人。

工程委员会工程专业认证的标准是由其制定的英国工程职业能力标准(UK Standard for Professional Engineering Competence,简称 UK-SPEC),该文件规定了英国范围内从事工程职业,注册成为各类工程师的职业标准。

工程专业认证主要采用同行评议的方式,由各专业学会指定的认证小组负责。认证小组的成员由来自工业界及高校的代表组成。专业认证的重点是专业培养能否为其毕业生注册为工程师提供部分或全部的支撑性知识、技能和素质。具体评估的内容是学生的学习产出,包括一般性产出和特殊产出:一般性产出包括知识和理解、智力能力、通用的可转移技能等,它反映的是学生作为工程技术专业人员所应具有的综合素质;特殊产出包括由相关工程学会定义的支撑性的科学和数学以及相关工程专业、工程分析、工程设计、经济社会和环境背景分析以及工程实践等,它重点关注的是学生培养的专业性。不同的领域对专业认证的内容要求存在着一定的差异。

总体而言,行业组织的工程委员会主导的工程专业认证确保了应用性、职业性指向的英国工程教育的质量,使之能够与英国的工程职业资格准入建立对等的衔接关系。

(三)工程专业学位与工程职业资格准入的衔接与匹配

英国的工程职业资格类型主要有三个类别:工程技术员、技术工程师和特许工程师。虽然,工程委员会认为这三类工程职业资格体现的是类别和分工的差异而非层次的差异,但从其对工程职业能力的要求标准看,三者体现出逐渐提高的教育基础、职业能力以及实践经历的要求。

英国工程专业教育和工程师职业资格之间存在一定的衔接关系。首先对于工程职业资格而言,工程委员会明确规定,注册成为某一类型的工程技术人员资格,必须先获得经相关专业协会认证的工程教育学历。自博洛尼亚进程启动后,英国依据欧洲高等教育资格框架(FQ-EHEA)规定,整合国内原有的高等教育资格,并进一步明确与 FQ-EHEA 相对应的资格水平等级。就工程师注册所需的教育门槛而言,高层次的工程师职业资格需要与之匹配的经过认证的高水平教育资格。如申请工程技术员资格仅需普通的高等教育文凭,申请技术工程师则需要具有学士学位以上的教育背景,而申请特许工程师则要证明其具有硕士学位以上的教育背景。另外,在同一层次的教育资格水平中,应用型专业学位通常比学术型学位在工程师注册时更具优势。以最高层次的特许工程师为例,只需具备经过认证的工程硕士专业学位,即可一次性满足注册所需的教育门槛要求。与此相比,没有专业学位的申请人,需要有额外的工程类专业学习或实践经历的补充证明。

其次,对于工程教育而言,英国工程教育以取得工程领域执业资格为主要培养目标,而获得执业资格的相关制度涵盖了工程教育专业认证(Accreditation)、工程师资格认证(Certification)和工程师执业注册(Registration)三个紧密相连的环节。工程委员会对英国工程教育的相关课程进行认证,使得工程专业资格标准在工程教育实施之初就得以明确。在工程教育的质量监控和标准制定方面,工程理事会代表业界参与高等教育质量署和工程教授协会组成的工作组,检查工程学位基准(Bench-Mark)条款的兼容性,召集联合协会工作组制定工程硕士(Master of Engineering,简称 MEng)学位的 QAA 工程学科基准。这就保证了 QAA 的工程学科基准、ECUK 的工程专业鉴定的一般标准以及各工程协会鉴定的特殊标准都是兼容的。

总体而言,工程专业毕业生只有获得职业资格,其学位价值才能得到社会承认,从而取得行业领域从业的优势。而要想通过注册获得职业资格,其所学的专业学位课程必须经相应的工程协会的认证。工程理事会的职业资格制度既规范工程人才职业资格的认证,又规范工程教育计划的认证,两者是通过不同级别职业资格的注册标准及路径实现的。

综上可知,英国通过整合高等教育资格框架和确立工程职业资格的对应基准,有效地衔接了工程师注册时的教育门槛要求,将工程教育实施、专业认证和工程师职业资格准入紧密衔接起来。工程教育的实施和专业认证为注册工程师提供了必备的知识和水平储备,而工程师职业资格则有效地衔接了不同层次和水平的工程专业教育质量标准。这一衔接体系一方面为工程专业毕业生提供了进入注册工程师职业的通道,同时也保证了工程教育的应用性、职业性发展方向。

四、英国专业学位研究生教育与职业资格匹配的特点

综观英国法律、会计及工程专业学位与职业资格准入的匹配情况,英国专业学位与职业资格的匹配呈现出以下特点:

第一,从大学专业教育与职业资格准入衔接的方式看,英国主要通过专业教育背景与职业资格考试科目的对等互换来实现两者的有机匹配。以会计学的 ACCA 考试为例,对于 ACCA 的学员而言,若想在最短的时间内获得会计师资格,高等院校的学习经历成为其顺利抵达职业愿景的捷径。学员可以在完成相应课程后,申请大学的本科甚至是硕士学位。对于高等院校的学生而言,若想进入职业领域从业,免试政策使其在高校的学习经历成为职业发展的亮点。ACCA 考试的设计使得 ACCA 学员与高校学生的角色实现了互换,充分利用高等院校优质的教育资源的同时,也保证了从业者的质量,密切了与高等院校的联系,实现了专业学位教育与职业资格准入的有效衔接。同样,在法律领域,虽然法律专业学位并非获得律师资格的必要条件,但相对于其他的渠道而言,通过取得合格法学学位,学员可以在最短的时间内进入职业领域从业。绝大多数法律专业毕业生可在通过律师公会的确认许可后直接进入下一阶段的法律实践课程的学习,而无须像非法律专业学生那样必须先经过转化课程(CPE)的学习。转化课程的设计一方面使得非法律专业的本科毕业生也可以在法律职业领域从业;另一方面也使得学生的专业背景可以有效地和法律职业结合起来,为其在某一领域内的法律执业提供了便利,加强了法律执业者的专业性。

第二,从学位层次与职业准入的衔接关系看,大学本科层次的专业教育与职业资格显现出了较高的相关性。无论是英国的会计、法律还是工程职业准入,本科教育完成即可与职业资格对接。相比而言,美国专业在学历层次方面要求更高,基本上必须取得研究生专业学位才有资格进入职业准入阶段。这种差异一方面是两国教育体制的差异所致,美国在本科教育主要侧重通识教育,专业教育基本在研究生阶段才开始;另一方面,也反映出英国大学本科的专业化、职业化的导向较为明确,这使得其研究生层次的专业学位的优势并不明显。

第三，行业协会在专业教育认证及职业资格准入过程中发挥着主导的作用。无论是在法律职业资格准入还是会计职业资格准入中，专业自治的专业团体如律师公会和会计师协会的作用都至关重要。在 ACCA 考试中，从考试主体资格的确定到考试内容和相应的免试政策，行业自治的专业团体会计师协会都有明确的规定。作为近代工业革命的发源地，英国中产阶级最早在争取独立地位和专业称号方面付出了不懈努力，创立了专业中心模式的市场准入制度。目前，在英国，有 100 多个专业或管理团体（Professional or Regulatory Bodies，简称 PRBs）都不同程度地参与控制专业教育和培训。至少有 74 家专业和管理团体通过控制专业标准掌控着相关领域的职业准入资格。例如律师公会和会计师协会都要求必须成为其会员才能在各自的领域中从业。并且在从业者职业规范、道德准则以及入职后的继续教育上，律师公会和会计师协会也都有明确的规定。

综上可以看出，在专业学位与职业资格匹配的主导机制方面，行业协会的作用较为积极与明显。英国是自由市场经济的发源地，高等教育体系具有较大的开放性。在行业人才培养方面存在着行业协会的职业培训与大学专业教育并存的格局。这使得英国行业协会在专业学位匹配职业资格准入方面不像美国的行业协会采取直接对应的强势方式，而是将大学专业教育与职业科目培训的对等互换作为职业资格准入的选择之一。这种开放式、多样化的选择模式使得专业学位与职业资格匹配呈现较为松散的开放式状态。

第五章　日本专业学位研究生教育
的适切性状况

日本的专业学位教育始于 21 世纪初,其兴起与文科省在 20 世纪 90 年代推进的研究生教育改革有密切的关系。在专业学位的整个发展过程中,无论是专业学位点的设置还是与行业组织在职业资格衔接方面的协同,文科省的事前规划及过程指导都发挥了积极的作用,推动了日本专业学位教育早期快速与有序的发展。不过,行政机构的主导对专业学位的进一步扩张产生了一定的制约作用。本章拟对日本专业学位在规模扩张、教育内容及在出口阶段与行业准入资格之间的衔接状况进行分析,探讨政府主导体制下日本专业学位发展的适切性状况。

第一节　日本专业学位研究生教育的发展历程

一、二战以后日本研究生教育的发展状况

(一)硕士研究生教育功能定位的演变

始于 2003 年的日本专业学位研究生教育与其在 20 世纪 90 年代实施的研究生扩招,尤其是硕士研究生扩招政策有着较为密切的关系。

战后日本的高等教育体制是以美国为蓝本建立起来的。与战前德国模式的高等教育体制相比,一个重要的变化是其在研究生教育阶段增设了硕士学位,形成了学士—硕士—博士的三级体制。硕士不仅是研究生教育的初级阶段,而且是衔接学士和博士的中间学位。不过硕士学位的功能定位始终处在变动状态。文部省(2001 年后改名文部科学省)对其功能的定位前后经历了三

个阶段。

第一阶段从战后的学制改革起至 20 世纪 70 年代中止。其特征是以培养纯学术研究人才为目的。

1949 年颁布的《研究生院基准》延续了战前的研究生教育组织"大学院(研究生院,下同)",但将其构造细分成博士和硕士两级。根据规定,硕士研究生的培养目标为"能以宽阔的视野从事专业研究,具备精深的学识及研究能力"。硕士研究生的毕业资格规定为全日制在校学习一年以上,取得 30 个学分并提交研究论文。与此相比,博士研究生的培养目标为"有独创性见解,能进一步深化前人的研究成果,并且在专业研究领域有指导能力"。根据规定,博士研究生的毕业资格为全日制在校学习三年以上,取得 50 个学分,提交研究论文并通过最终审查①。从两者的培养目标看,其性质基本相同,均以培养学术研究人员为最终目标,区别仅在层次定位方面,硕士被视为培养学术研究人员的初级阶段。

第二阶段始于 20 世纪 70 年代中期,止于 80 年代中期。其特征是兼具为学术机构培养研究人才和为社会培养专业技术人才的双重功能。

20 世纪 60 年代高等教育大众化的发展,使研究生教育的规模也得到相应的扩大,硕士研究生教育的功能定位随之发生一定变化。1974 年内阁咨询机构大学设置审议会发表了《关于研究生院及学位制度的改善》的报告,主张硕士研究生培养目标应该多样化以适应社会经济发展的需要。同年,文部省以此为依据颁布了新的《研究生院设置基准》,在有关硕士研究生培养目的的条款中除保留了原有的培养学术研究人员外,新增加了培养高级专业技术人员的内容。硕士研究生教育的功能呈现出多样化的趋势②。

第三阶段是 20 世纪 80 年代后期开始的新一轮研究生教育改革。其特征是硕士研究生教育的功能主要被定位在为社会培养专业技术人员方面。

20 世纪 80 年代中期以后,日本经济增长速度放缓。针对这一局面,当时的中曾根内阁积极推动教育和科技改革,力图摆脱困境。文部省先后在 1984

---

① 市川昭午.现代の大学院教育[M].东京:玉川大学出版部,1995:33.

② 昭和四十九年文部省令第二十八号.大学院设置基準[EB/OL].http://elaws.e-gov.go.jp/search/elawsSearch/elaws_search/lsg0500/detail?lawId=349M50000080028.

年和 1987 年设立了临时教育审议会和大学审议会。尤其是后者将改革的重心放在高等教育领域,积极推动研究生教育的改革。根据文部省的测算,20 世纪 70—80 年代,日本的研究生规模虽扩张了 1.4 倍,但与同期本科规模相比,仅占 4% 左右,相比美国及欧洲国家 17%～33% 的研究生占比,比例明显过低。而且除理工科专业外,人文社会科学领域研究生的社会需求度也存在较多问题,博士难民始终是社会媒体关注的热点①。

1986 年由临时教育审议会发表的《研究生院的充实与改革》中将硕士研究生教育的功能明确分成:(1)培养研究人员的初级阶段;(2)充实强化专业教育;(3)培养高级专业技术人员。其中特别强调今后充实整顿硕士生教育的重点在后两点上,而培养研究人员将不再作为硕士生教育的主要方向。但在博士生教育中则继续将重点放在培养学术研究人才上②。由此,硕士研究生教育旨在为企业与社会培养专业技术人员,博士研究生教育旨在为学术机构培养研究人员,两者的功能定位被明确区分开来。

1991 年,新设立的大学审议会发表《学位制度的改革与研究生院的评价》的咨询报告。报告认为,相对于自然科学领域研究生教育的发展,日本的人文社会科学领域的研究生教育有一定的滞后,不能满足社会需求。报告建议,对应国际化及留学教育发展的新形势,文部省应根据课程制研究生院制度的理念,在所有学科领域促成学位制度的简略化,推进研究生教育与学位授予的顺利发展③。

日本从 20 世纪 60 年代起开始经济起飞,同时高等教育也步入了大众化阶段。企业和社会对高层次专业技术人才的需求,以及国民对高层次高等教育的渴望,迫使文部省不断扩大研究生教育的规模,并根据社会需要调节研究生教育的方向。硕士研究生教育功能定位的变化正是反映了这一趋势。

---

① 文部省. 学制百二十年史[EB/OL]. http://www.mext.go.jp/b_menu/hakusho/html/others/detail/1318384.htm.

② 伊藤彰浩. 大学院政策と大学審議会答申[EB/OL]. http://www.educa.nagoya-u.ac.jp/soci/member/ito/kyouin-kensyu.htm.

③ 文部省. 学制百二十年史[EB/OL]. http://www.mext.go.jp/b_menu/hakusho/html/others/detail/1318384.htm.

（二）20 世纪 90 年代的研究生扩招

1991 年日本文部省发布大学设置基准弹性化，掀开日本第三次高等教育改革的序幕[①]。随着大学设置门槛与文部省监管机制的放缓，日本高等教育出现急速发展的势头，大学数量、学科专业数量、入学人数及在校生规模均急剧上升，研究生教育也在此背景下得到快速发展。从 1991 年至 2002 年，日本硕士研究生在校规模从 68793 人增至 155267 人，增长 125.70%；博士研究生规模从 29991 人增至 68245 人，增长 127.55%（见图 5-1）。相比 1980 至 1991 年的 10 年间硕士研究生规模和博士研究生规模分别增长了 92.26% 和 64.69%，发展势头尤其强劲[②]。

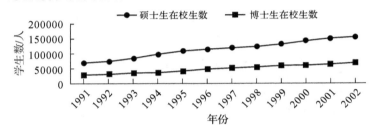

图 5-1　1991—2002 年日本研究生规模发展状况

资料来源：文部省编 1991—2002 年度学校基本调查。

除了绝对规模的扩张，在相对数据方面，日本研究生教育的发展状况也十分出色。在研究生与本科生之比例方面，日本研究生从 1991 年占本科生数的 4.8% 增至 2000 年的 8.3%，几乎接近 1 倍。同期美国、法国及英国的该项指标分别从 1991 年的 12.4%、19.3% 及 22.6% 微增甚至下滑至 2000 年的 13.7%、20.5% 和 17.6%。在人口每千人的研究生数方面，日本的研究生规模从 1991 年的 0.8 人增至 2000 年的 1.62 人，增长 1 倍以上。同期美国、法国及英国的该项指标分别从 1991 年的 3.54 人、3.19 人及 1.28 人增至 2000 年的 3.86 人、3.70 人及 2.72 人。虽然日本与美国、法国、英国的整体差距依然非

---

① 　日本高等教育界普遍把明治维新时期的学制改革与第二次世界大战后的新制大学改革称为第一次与第二次高等教育改革，而将 1991 年开始延续至今的高等教育体制与内容改革称为第三次高等教育改革。

② 　文部科学省历年学校基本调查数据汇总。http://www.mext.go.jp/b_menu/toukei/chousa01/kihon/1267995.htm.

常明显,但增长幅度明显快于美国和法国,略落后于英国①。

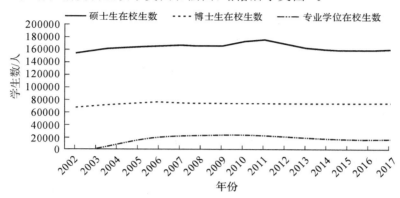

图 5-2 21 世纪以后日本研究生发展状况统计

资料来源:文部省编 2002—2017 年度学校基本调查。

不过从 2000 年以后,日本的研究生规模扩张节奏明显放缓。从图 5-2 可以看出,2002 年以后日本的硕士研究生规模的年增长率降至 3‰以下,整体人数扩张基本呈平缓的水平状,2008 年以后的大部分年份甚至出现负增长。截至 2017 年,日本的硕士研究生在校规模为 160387 人,相比 2002 年,增幅仅为 10.31‰。博士研究生规模增幅在 2004 年降至 3‰以下,至 2007 年即出现下滑趋势。截至 2017 年,博士生在校规模为 73909 人,相比 2002 年,增幅为 8.3‰。无论是硕士研究生还是博士研究生的规模增幅均大幅低于 20 世纪 90 年代。

(三)研究生教育规模扩张中的问题

21 世纪以后日本研究生教育发展出现的停滞与其规模扩张过快造成与社会需求度方面出现的严重脱节有直接关系。从功能定位看,日本硕士研究生教育自 20 世纪 70 年代中期起即开始向应用型方向倾斜。但在实际操作层面,各学科的发展差别非常明显。日本的硕士研究生在 50 年代设立之初以人文社会科学为主(占硕士研究生总数的 70‰左右),而理工科硕士研究生仅占总数的四分之一。但自 60 年代中后期开始,与经济高速增长同步,硕士研

---

① 中央審議会.大学院の現状[EB/OL].http://www.mext.go.jp/b_menu/shingi/chukyo/chukyo4/004/gijiroku/icsFiles/afieldfile/2014/09/11/1265616_001.pdf.

究生中理工科所占比率逐渐升高。至 2000 年前后,理科和工科在校硕士研究生占在校硕士生总数的 50% 左右,而人文社会科学所占比例已经不足 25%[①]。

为什么会发生这样的变化呢?研究生的招生政策和毕业后的市场就业机会与此有很大的关系。从表 5-1 可以看出,反映研究生招收状况的指标主要有三个:报考率、录取率和招生指标使用率。报考率反映的是报考学生的升学愿望;而录取率和招生指标使用率反映的是大学一方招收研究生的意愿。如果研究生毕业后主要的去向是大学或研究机构,因其需求市场狭小,招生控制得比较严格。由于日本的研究生招收与本科不同,文部省并不强求大学必须 100% 招满。因此学校会根据具体情况控制招生指标使用率。当硕士研究生的就业机会得到充分保障时,学校就会积极扩大硕士研究生的规模。从表 5-1 可以看出:在 50 年代之初,各学科的录取率及招生指标使用率均控制在 40%～50%,但自 60 年代中期开始,工科的录取率及招生指标使用率均开始大幅度上升,至 80 年代后期录取人数甚至超过名额限制,显示工科硕士的市场需求从 60 年代中期开始急剧扩大。这和日本经济的高速增长期在时间上是吻合的。另一方面,人文社会科学的报考率虽然有所增长,但录取率却呈下降趋势,招生指标使用率始终没有明显变化。这说明人文社会科学领域的硕士毕业生的就业机会始终比较狭窄,学科发展的规模受到很大限制。

表 5-1　日本大学硕士研究生报考率及录取率的变迁

领域	指标	1958 年	1963 年	1968 年	1973 年	1978 年	1983 年	1988 年	1990 年
人文	报考率	0.93	0.81	1.30	1.79	1.59	1.48	1.50	1.34
	录取率	0.59	0.62	0.51	0.37	0.35	0.39	0.42	0.42
	招生指标使用率	0.54	0.50	0.67	0.67	0.56	0.57	0.63	0.57
社科	报考率	0.77	0.66	1.12	0.164	1.31	1.05	1.24	1.35
	录取率	0.50	0.56	0.39	0.26	0.27	0.31	0.33	0.29
	招生指标使用率	0.39	0.37	0.44	0.42	0.35	0.33	0.41	0.50

---

① 文部科学省. 各年度学校基本調査[EB/OL]. http://www.mext.go.jp/b_menu/toukei/chousa01/kihon/1267995.htm.

续表

领域	指标	1958 年	1963 年	1968 年	1973 年	1978 年	1983 年	1988 年	1990 年
理学	报考率	1.07	1.48	2.41	3.80	2.78	1.91	1.93	2.58
	录取率	0.62	0.61	0.35	0.19	0.26	0.40	0.49	0.53
	招生指标使用率	0.66	0.91	0.85	0.74	0.73	0.77	0.94	1.36
工学	报考率	0.71	1.08	1.47	1.80	1.64	1.32	1.78	1.73
	录取率	0.61	0.80	0.59	0.47	0.52	0.68	0.71	0.73
	招生指标使用率	0.43	0.87	0.87	0.85	0.86	0.90	1.26	1.27

资料来源：文部省编各年度全国大学一览、文部省年报、学校基本调查。

报考率＝入学报名人数÷入学定员；录取率＝录取人数÷入学报名人数；招生指标使用率＝入学人数÷招生指标数。

从硕士研究生的毕业出路（见表 5-2）看，人文社会科学领域的就业率也明显低于理工科。就业率低的主要理由是企业与社会对文科硕士评价不高，认为学非所用，因此没有如对理工科硕士那样积极地招聘文科硕士毕业生[①]。总体而言，在 20 世纪 90 年代随着硕士研究生规模的扩张，人文社科领域研究生的无业率急速上升。其中人文科学领域硕士研究生的无业率从 1990 年的 33.2％上升至 2001 年的 44.2％，社会科学领域硕士研究生的无业率从 29.2％上升至 38.6％，与此相比，理科及工科的硕士研究生无业率虽有所上升，但总体稳定在 10％以下。同时，人文社会科学领域的博士升学率始终维持在 30％左右。其报考率和录取率显示硕士研究生的攻博意愿及博士研究生的招生政策没有发生明显变化。这说明人文社会科学的硕士研究生教育的功能定位和 50 年代初研究生院创设之初一样，仍然以为大学和研究机构培养学术研究人员为主要目的，这和工科不足 10％的博士升学率形成鲜明对比。

①　三浦真琴.大学院修士過程の機能分化に関する一考察：社会科学系及び理学系大学院を中心に[J].日本教育社会学会纪要《教育社会学研究》第 48 集，1991：133.

表 5-2　20 世纪 90 年代各学科硕士研究生升学就业百分比

领域		1990 年	1991 年	1992 年	1993 年	1994 年	1995 年	1996 年	1997 年	1998 年	1999 年	2000 年	2001 年
人文	升学率	35.7	35.4	36.1	35.4	34.7	34.2	31.7	31.4	30.8	30.6	32.1	27.5
	就业率	31.1	27.3	26.5	24.8	23.3	24.1	23.6	24.7	25.2	23.9	24.0	28.3
	无业率	33.2	37.3	37.4	40.8	42.0	41.7	44.7	44.9	44.0	45.5	43.9	44.2
社会	升学率	26.9	24.8	24.2	24.0	24.4	23.0	23.7	23.6	22.7	21.4	20.2	18.9
	就业率	43.9	47.1	42.4	38.6	41.6	42.3	41.8	43.5	43.6	42.3	40.5	42.5
	无业率	29.2	28.1	33.4	37.4	34.0	34.7	34.5	32.9	33.7	36.3	39.3	38.6
理学	升学率	29.7	31.1	30.9	33.2	34.4	33.3	31.8	29.0	28.3	29.1	29.3	26.0
	就业率	65.2	63.5	64.2	60.1	57.0	55.8	57.4	60.7	61.0	58.4	56.6	60.9
	无业率	5.1	5.4	4.9	6.7	8.6	10.9	10.8	10.3	10.7	12.5	14.1	13.1
工学	升学率	8.2	8.9	8.8	9.5	9.6	9.8	9.5	8.6	8.6	8.9	9.6	8.5
	就业率	89.3	88.5	87.8	87.3	86.4	85.7	86.2	87.2	87.1	84.7	83.0	84.8
	无业率	2.5	1.6	3.4	3.2	4.0	4.5	4.3	4.2	4.3	6.7	7.4	7.3

资料来源：文部省.1990—2001 年度学校基本调查。

总之，虽然自 20 世纪 70 年代起，文部省已逐渐将硕士研究生教育的功能定位在为企业和社会输送专业技术人才上，但从实际情况看学科之间差距明显。一方面理工科领域的硕士研究生教育在 60—70 年代日本经济起飞阶段，成功地实现了功能定位的转换，使得学科规模得到很大发展。但另一方面人文社会科学领域的硕士研究生教育则由于学科自身的原因，其功能定位在经济起飞阶段并没有随之发生变化，学生毕业出路受到严重局限，进而影响到学科自身的发展。

从图 5-3 可以看出，从 1999 年至 2006 年日本各学科领域的硕士研究生规模发展均出现下滑趋势。其中工科和理科领域虽出现波动，但实际入学人数始终超过专业的编制定额，表明这两个领域的硕士研究生培养基本符合社会需求。与此相比，人文与社会科学的硕士研究生实际入学人数始终低于专业的招生定额，两者的入学充足率分别从 1999 年的 86.9％和 93.2％降至 2006 年的 74.8％和 74.8％，显示出两者的培养人数与社会需求之间有较大的脱节。

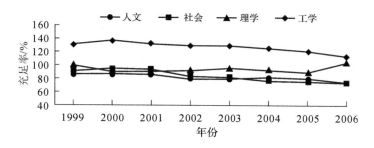

图 5-3　1999—2006 年各学科硕士研究生入学充足率

资料来源：文部省编 1999—2006 年度学校基本调查。

入学充足率＝实际入学人数÷专业编制定额

二、人文社科领域的硕士研究生教育改革与专业学位的创设

一方面，信息革命和专业分工的发展刺激了社会对专业技术人才的需求，同时对专业技术人才的知识结构和能力要求也越来越高。但人文社会科学领域因其自身的学科结构问题，硕士研究生就业市场始终无法扩大，影响到其学科自身的发展。因此从 20 世纪 90 年代初开始，文部省在提出世纪末研究生翻番计划的同时，开始鼓励大学对人文社科领域的研究生教育进行结构改革，强化其应用性功能。最具体的表现就是根据学术研究型人才和专业应用型人才培养的不同需要在一部分学校分别设置硕博直通课程（2＋3）与学硕直通课程（4＋2）。其中，硕博直通课程由研究生院管理，以培养学术研究人员为主；学硕直通课程则由本科系所专业管理，以为企业与社会输送专业技术人才为主。为区别普通 4 年制本科课程，学硕直通课程又称专修课程。1990 年，东京大学法学部首先开始设置专修课程，此后京都大学、九州大学等"研究生院重点化"大学也相继开设类似课程。设置硕博直通和学硕直通两种课程的最直接的优点是能够根据社会需求及学生个人愿望有针对性地培养学术研究人才和专业技术人才。但是硕士研究生教育和博士研究生教育间的专业教学内容如何衔接，不同专业、层次间的学生的流动如何管理，特别是如何配置有限的教师资源，成为制约其发展的主要问题。有鉴于此，2002 年发表的大学审议会报告《关于在研究生院中培养高级专业人才》指出："虽然，工学与药学类的硕

士研究生专业适应了社会与科学发展的需要,培养的高级专业人才的比重已大大超过学术研究人员的比重,但总体而言,目前研究生教育重点依然集中在培养学术研究人员方面,培养高级专业人才的职能并不充分。"今后"需根据各专业领域的特点,有必要创设弹性的实践型的新的研究生院制度"①。设置专业学位成为推动研究生教育结构与职能改革,强化人文社会学科与社会经济发展结合的内部动力。

1998 年大学审议会发表《21 世纪的大学和今后的改革方针》的报告。报告通过国际比较与日本面临的社会转型局面的分析,指出研究生教育在培养高层次专业技术人才方面的特殊作用,明确提出将培养具备高度专业能力与素质的专业人才与科研人才、创业人才并列为大学人才培养的三大目标。其中特别强调,随着经济结构的变化与国际竞争的加剧,金融、经济与法制领域面临新的问题,这些领域的人才培养非常迫切,有必要参考国际经验和标准,在硕士课程阶段设置相应的专业学位课程②。报告并具体指出,为了确保高层次专业人才培养的顺利进行,新设置的专业学位课程方面应以案例教学、实习实践为主;在师资方面,应确保相当数量有实践经验的在职专业人士;在毕业资格条件方面,考虑以特定的课题研究替代毕业论文,确保 30 学分以上的课程量以与普通研究生教育进行区别。这些构想与建议在 2002 年发表的中央教育审议会报告《关于在研究生院中培养高级专业人才》中得到进一步明确。

在上述因素的推动下,20 世纪 90 年代后期,为了进一步突出硕士研究生教育的应用性功能,文部省开始直接推动专业研究生院的设置。1999 年 9 月文部省修改《研究生院设置基准》,创设专业研究生院。从 2000 年至 2003 年全日本共设置了 8 所专业研究生院。

文部省对专业研究生院的定义是以培养高级专业技术人员为目的,以实践为主要特色而开设的硕士研究生专业。根据大学审议会的建议,设置专业研究生院的领域限制在社会紧缺的经营管理、法律、国际援助、公共政策、公共

---

① 中央教育審議会. 大学院における高度専門職業人養成について[EB/OL]. http://www.mext.go.jp/b_menu/shingi/chukyo/chukyo0/toushin/020802.htm.

② 大学審議会. 21 世紀の大学像と今後の改革方策について[EB/OL]. http://www.mext.go.jp/b_menu/shingi/12/daigaku/toushin/981002.htm.

卫生等。专业研究生院与普通研究生院的区别主要体现在以下四个方面：(1)教学内容以实践为主，基础理论学习为辅；(2)由于增加有实践经验的教师（约占教师编制的 30％），专业研究生院的教师编制比普通研究生院扩大一倍；(3)毕业资格方面允许以解决实际课题取代提交论文；(4)为了确保学生质量，学制年限规定为两年，不允许像普通研究生院那样可提前一年毕业[①]。

专业研究生院虽然明确定位为培养应用人才，不过它仍然是在现行研究生教育体制中进行操作，其学位与一般的硕士学位究竟如何区别并没有明确的规定，在具体的培养内容及毕业资格的审核标准上存在诸多模糊，这使社会对其认可度始终较低。针对这种情况，2002 年 8 月，中央教育审议会发表《关于在研究生院中培养高级专业技术人才》的报告，主张将专业研究生院与国家资格考试挂钩，优先发展急需高级专业技术及国际认证的领域，以此明确并强化专业研究生院应用型人才培养的职能[②]。

专业研究生院的发展困境使文科省（2001 年以后，文部省与科技厅合并，改称文部科学省，简称文科省）意识到专业学位教育与职业资格进行对接的必要性，而同时期兴起的司法教育改革则为文科省实现上述构想提供了可能。司法改革审议会从 1999 年开始讨论改革大学法学教育，至 2001 年向内阁提交"最终意见"，认为，日本的法律教育的目标在于在本科阶段为社会输送具有一定法律素质的人才，但在研究生阶段侧重培养法学研究人员，与司法实务相脱离，并未起到培养高层次法律专家的作用，也远远不能满足社会需求。因此报告建议，结合司法考试制度改革人才培养机制，大规模培养具有实践能力的高层次法律人才[③]。司法教育改革的最大焦点是如何改变司法教育（文科省主导）与司法考试（法务省主导）各自平行的现状，将其与司法实习（行业协会主导）有机连为一体，以此强化专业人才的职业素质培养。这种转变的实质是要求专业教育与职业资格准入进行直接对接，只允许认证过的法务研究生院的

---

① 大学改革 ing[EB/OL]. http://www.keinet.ne.jp/keinet/doc/keinet/kaikaku/index.html.

② 中央教育審議会. 大学院における高度専門職業人養成について[EB/OL]. http://www.mext.go.jp/b_menu/shingi/chukyo/chukyo0/toushin/020802.htm. 2010-05-06.

③ 司法制度改革審議会. 司法制度改革審議会意見書[EB/OL]. http://www.kantei.go.jp/jp/sihouseido/report/ikensyo/index.html.

毕业生参加司法考试①。由此,作为司法领域专业学位教育机构的、以美国的"法学院"为蓝本的"法务研究生院"的构想应运而生(见图 5-4)。

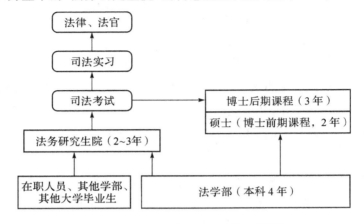

图 5-4　司法改革后的法学教育状况

2001 年 8 月召开的中央教育审议会法务研究生院分会确认了司法改革委员会的主张,并进一步提出:法务研究生院质量保障的特殊性在于它不是单纯的教育机构,而是培养司法从业人员的平台。有鉴于此,其质量保障应体现司法行业的特点与需要,并且通过与司法考试的直接对接来实现。同时,为了能及时体现行业发展的趋势,对其的质量保障与评估需由文科省等相关政府部门及行业组织共同操作②。从上述意见可以看出:(1)专业学位教育与职业资格匹配被视为专业学位质量保障的重要手段而受到关注;(2)由于肩负培养特定行业专业人才的使命,专业学位的质量保障与其课程规划须由大学及相关行业组织共同承担。围绕法务研究生院质量保障特点的讨论为改革专业研究生院提供了明确的思路,专业学位教育与职业资格匹配的框架由此形成,并直接地体现在 2003 年由文科省颁布的《专业学位研究生院③设置基准》中。

综观 20 世纪 90 年代以来的人文社科领域的研究生教育改革,从 90 年代

---

① 司法制度改革審議会. 司法制度改革審議会意見書[EB/OL]. http://www. kantei. go. jp/jp/sihouseido/report/ikensyo/index. html. 2010-05-06.

② 中央教育審議会. 法科大学院の設置基準等について[EB/OL]. http://www. mext. go. jp/b_menu/shingi/chukyo/chukyo0/toushin/020803. htm. 2010-05-06.

③ 日语中专业学位研究生院为"専門職大学院"。

前期的专修课程,到 90 年代末的专业研究生院,再到 2003 年以后的专业学位研究生院,日本大学硕士研究生教育的应用性、实践性功能定位日益明确。如果说 60—70 年代理工科硕士研究生教育功能定位的变化首先是由经济发展导致的市场供需变化引起的话,那么 90 年代的人文社会科学硕士研究生教育功能的变化更多的是文科省有意识地政策引导和直接推动的结果。

第二节　日本专业学位研究生教育的结构类型 与规模适切状况

一、日本专业学位研究生教育的结构类型

2003 年,文部科学省颁布《专业学位研究生院设置基准》,正式设置专业学位研究生院。根据新的专业学位研究生院设置基准,专业学位研究生的培养标准及规格见表 5-3。

表 5-3　专业学位研究生的设置及培养标准

	专业学位			普通硕士
	其他专业学位	法务研究生院	教育研究生院	
目的	高级专业人才培养			研究人员、高级专业人员的培养
学制	2 年	3 年	2 年	2 年
学分要求	30 学分,毕业论文不做强行要求	93 学分,论文要求同左	45 学分(10 个实习学分),论文要求同左	30 学分,同时完成学位论文
专职教师	同类普通硕士课程 1.5 倍的教师＋研究指导辅助教师			无
兼职教师	仅限同类专业或博士课程之间允许教师兼职		本科、硕士及博士专业教师数的三分之一允许兼职	仅限同类专业或本科、博士课程之间允许教师兼职
实践导师	专职教师的 30%	专职教师的 20%	专职教师的 40%	无

续表

	专业学位			普通硕士
	其他专业学位	法务研究生院	教育研究生院	
教学方法	案例教学、实地调查、讨论课	案例教学、实地调查、讨论课、小班教学（基础课程人数不得超过50人）	案例教学、实地调查、讨论课、学校实习	无
学位	专业学位硕士	法务博士（JD）	教育硕士	硕士
评价认证	有			无

资料来源：文部科学省. 専門職大学院制度の概要［EB/OL］. http://www.mext.go.jp/a_menu/koutou/senmonshoku/icsFiles/afieldfile/2017/10/05/1236743_2.pdf.

从表 5-3 可以看出，文科省明确将专业学位研究生作为高级专业人才培养的应用型学位，因此在课程设置、师资队伍建设及教学方法上都与普通硕士研究生教育进行了较为明显的差异化区分。

第一，专业学位在课程设置上突出实习实践教学的主导地位，强化应用型人才的培养职能。如法务研究生院规定学分数为 93 学分，学制 3 年，是普通硕士研究生学分数的 3 倍以上，教育研究生院规定学分数为 45 学分，学分数是普通硕士研究生的 1.5 倍。超出部分的学分主要是实习实践学分，如教育研究生院规定 10 个学分必须是学校实习学分。上述硬性指标的明确，确保了专业学位研究生教育的应用性、职业性导向。

第二，在师资配置方面，专业学位强化实践教师的比例，确保实习实践教学的质量。一是规定专职教师的数量必须是同校同类专业普通硕士学位研究生专业的 1.5 倍，以此确保小班化教学及个别指导等教学方式能顺利实施；二是明确了实践教师的比例。根据不同专业学位类型，分别保持在 20%～40%，以此确保实践教学的顺利开展。

第三，在教学方法上专业学位明确规定教学以案例教学、实地调研及小班化讨论课为主，以此强化针对性的应用型人才的培养。

在法律与政策层面明确了专业学位的建设目标与规格标准以后，从 2003 年起，日本即开始大规模发展专业学位研究生教育。2003 年，日本首先在法学领域设置专业学位研究生院。从 2004 年起，日本进一步在会计、经营/技术管理、公共政策、知识产权、公共卫生、教育等领域发展专业学位研究生教育。截至 2017 年,日本共在法务、会计、经营/技术管理、公共政策、公共卫生、教育、知识产权等 7 个领域有较为系统规范的专业学位研究生教育。另外,在原子能管理、信息、助产士、美容、环境园艺等领域也有零星的专业学位研究生教育①。

从表 5-4 的统计情况看,日本的专业学位主要有几个特点。

表 5-4　专业学位研究生教育的类型统计

专业学位名	培养概要、毕业去向	对应职业资格关系	专业学位点	年招生人数
经营/技术管理	企业管理者、创业者、技术管理专家		30	2613
会计	会计师、企业财务管理人员	会计资格考试部分科目免考	12	690
公共政策	国际机构、公共机构立法行政人员		7	370
公共卫生	公共卫生部门、企业及 NGO 的健康管理专家、		5	129
知识产权	知识产权律师、企业及公共部门的知识产权专家	知识产权律师资格考试部分科目免考	1	30
临床心理	企业及学校的心理咨询人员、医疗保健专家	临床心理师资格考试部分科目免考	6	130
法务	律师、司法从业人员	司法考试前置教育	43	2566
教育	具有实践能力及发展潜力的新教师及具有领导力的骨干教师		53	1376

资料来源:文部科学省. 專門職大学院制度の概要[EB/OL]. http://www.mext.go.jp/a_menu/koutou/senmonshoku/icsFiles/afieldfile/2017/10/05/1236743_2.pdf.

1. 专业设置的偏重性

截至 2017 年,日本的专业学位共在 7 个领域设置了 157 个专业学位研究

---

① 上述领域在文科省的专业学位研究生教育统计项目中均列入"其他"。

生学位点①。这些学科基本集中于法律、会计、教育等传统社科领域及公共政策、公共卫生、技术经营管理、知识产权保护等新兴交叉学科领域。根据文部科学省 2017 年的分类统计,专业学位的在校生中社会科学占了 86.4％,占了压倒的多数,而工科与医科,分别仅占 2.2％和 0.7％②。专业学位的学科设置基本集中于社会科学的倾向,与日本专业学位改革起因于人文社会学科的发展瓶颈有直接关系。同时,日本专业学位的集中设置倾向也反映了日本发展专业学位是期望以此来强化人文社会学科与社会经济发展衔接的意图。

除了学科之间的不平衡,专业学位内部各专业的发展也极不均衡。从表 5-4 看,截至 2017 年,在日本的专业学位中法务、经营/技术管理以及教育的发展相对较为完善。

首先,在数量方面,法务、经营/技术管理以及教育的专业学位点均在 30 个以上,与此相比,其他专业学位的学位点均在 10 个以下;在招生人数方面,法务、经营/技术管理以及教育的年招生人数均在 1000 人以上,而其他学科的规模多在百人左右。

其次,在学科制度及质量保障方面,法务研究生院的规范化与完善程度远远超过其他学科。具体表现在,一是招生方面,建立了全国统一考试"法务研究生院适应性考试"。该考试主要测试考生的推理、分析、表达等方面的能力,以判断考生是否具备司法从业人员的能力及潜力,而不具体测试考生已掌握的法律专业知识③。二是教学方面,第 156 次国会通过《有关向法务研究生院派遣法官、检察官等国家公务员的法律》,规定为确保司法从业人员具备必需的理论及实践能力,作为国家必须制定相应的制度,派遣法官及检察官等国家公务员前往法务研究生院,承担教授、副教授等教学工作,以此从制度上保障法务研究生院在实践应用型人才培养方面的教学质量。三是就业方面,2004

---

① 在原子能、信息技术等其他领域另设置 16 个专业学位研究生学位点,总计 173 个专业学位研究生教育点。

② 文部科学省编 . 2017 年度学校基本調查/高等教育機関/大学/调查结果概要[EB/OL]. http://www.mext.go.jp/component/b_menu/other/icsFiles/afieldfile/2017/12/22/1388639_3.pdf.

③ 根据法务研究生院协会规定,报考法务研究生院必须参加全国统考"法务研究生院适应性考试"和各校的自选考试。"适应性考试"有两种,分别由大学考试中心与日本律师协会法务研究财团主办,各校可根据情况自定其中一项。

年,国会制定了《关于法务研究生院与司法考试衔接的法律》,明确规定法务研究生院的教育应与司法考试、司法实习有机地进行衔接。此后,国会又修改了司法考试制度,规定从 2011 年起,司法考试的资格原则上必须是法务研究生院的毕业生,以此突出法务研究生院应用型人才培养的职能。总之,无论在学科建设还是人才培养方面,法务研究生院的制度建设的规范化与完备性都远远超过其他专业学位。法务研究生院在专业学位内部的这种特殊地位,一方面与专业学位研究生院设置起因于法务研究生院改革有关,另一方面也反映出日本政府是将法务研究生院作为整个日本专业学位的改革的试点与标本来加以重视与支持的。

2.与职业资格的紧密结合

专业学位研究生院与此前的专业研究生院相比,不仅是名称的变更,更重要的是在学位体制与培养方向上的明确。首先,专业学位研究生院所授的学位是与普通硕士学位平行的专业学位,这样在硕士层次形成了学术硕士和专业学位等两类学位系统。学术硕士以培养学术研究人才为主(必须提交学位论文),专业学位则以培养应用型专业人才为主(可不提交学位论文,而以解决实际课题替代),硕士层次的职能分化由此更为明确。

其次,专业研究生院与专业学位研究生院在日语中虽仅一字之差(从専門改为専門職),但由于在学位名称中加入了"职"字,表明专业学位研究生院是以特定行业的人才培养为导向的。日本政府通过修订《司法考试法》与《注册会计师考试法》等法令,推动专业学位与国家资格考试直接挂钩,以此进一步明确专业学位研究生院的应用型人才培养功能。至 2017 年,明确与行业准入(职业资格考试)进行对接的有法律、会计、临床心理和知识产权 4 类。另外,公共政策专业学位也一度探讨与国会议员政策秘书资格考试进行对接的可行性,专业人才培养的理念与职能得到更为清晰的体现。

3.入学资格的开放性

由于日本专业学位改革的一个重要原因在于强化硕士研究生教育的应用型人才培养功能,以此解决人文社科类研究生的就业难问题。因此,各专业学位研究生院不仅不限制,相反积极地鼓励应届本科生报考。

虽然专业学位对报考资格没有明确的限制,但是由于其较强的专业性和实践性,在会计和教育等领域,专业学位也被视为在职教育的一个重要途径,在职人士的报考受到一定程度的优待。总体而言,攻读专业学位的在职人员比例远高于普通研究生院。以 2004 年为例,专业学位中在职人士的比例高达 50%(45.4%,括号内为法务研究生院,下同),远高于同期普通研究生院的 10.6%。

从专业学位整体的生源结构变化看,从 2006 年至 2017 年专业学位中在职人员的数量较为稳定,基本在 8000～9000 人;同时,专业学位研究生的整体规模在 2010 年之前增长较快,2008—2010 年间,其规模基本保持在 23000 人以上,由此导致专业学位中在职人员的比例呈逐渐下降的趋势。2005 年,在职人员所占比例为 51%(41.5%),与 2004 年相比基本保持原状。2006 年,一举降至 39.8%(29.4%);2007 年进一步降至 36.7%(28.1%)[①]。但 2010 年之后,专业学位的规模逐年下滑,至 2017 年,专业学位研究生的整体规模仅为 16000 人左右,由此使得专业学位中在职人员的比例再度突破 50%。

专业学位研究生院中在职人员比例的变化曲线,实质上也反映了日本专业学位发展的整体趋势与面临的困境。

二、日本专业学位研究生教育规模发展的问题

(一)专业学位研究生教育规模发展的概况

由于日本政府的积极推进,也由于相关行业协会的积极支持与参与,从 2003 年起,日本的专业学位教育得到快速发展,考生规模、在校生规模及学位点数均呈直线上升趋势。至 2010 年,日本已在法律、会计、公共政策、公共卫生、教育、经营/技术管理、知识产权、临床心理等领域设置全日制专业学位研究生院 184 所,其中法务研究生院 74 所,会计研究生院 17 所,经营/技术管理研究生院 32 所,公共政策研究生院 8 所,知识产权研究生院 3 所,公共卫生研究生院 3 所,教育研究生院 25 所,其他类型专业学位研究生院 22 所[②]。在校

---

① 文部科学省编 . 2004—2017 年度学校基本调查/高等教育机关/大学/调查结果概要[EB/OL]. http://www.mext.go.jp/b_menu/toukei/001/index01.htm.

② 文部科学省 . 専門職大学院一覧［EB/OL］. http://www.mext.go.jp/a_menu/koutou/senmonshoku/08060508.htm.

生规模达到 2.3 万人(其中法务研究生院 1.5 万人),约占日本硕士研究生总数的 14％,是学术类人文社会科学硕士研究生规模的 72％[①]。

不过从图 5-5 可以看出,从 2010 年起,日本专业学位的发展出现了明显的停滞及持续回落趋势。在校生规模从 2009 年的 23381 人跌落至 2017 年的 16595 人,下滑幅度高达 30％。其中在职攻读的学生数从 2009 年的 9430 人降至 2017 年的 8418 人,降幅 10.8％,而应届本科毕业攻读专业学位的学生数则从 2009 年的 13951 人降至 2017 年的 8177 人,降幅达 41.4％[②],显示日本专业学位的发展停滞主要在于应届本科毕业生攻读专业学位意愿的衰退。

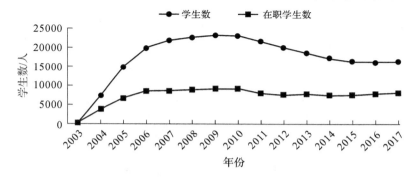

图 5-5　专业学位研究生院学生统计

资料来源:文部科学省 2003—2017 年度学校基本調査[EB/OL]. http://www. mext. go. jp/b_menu/toukei/001/index01. htm.

从具体的指标看,首先在实际录取人数方面,从 2010 年起,各专业学位的招生规模均呈下滑趋势。除了以在职人员为主的经营/技术管理研究生院及 2008 年后新设的教育研究生院外,各专业学位普遍出现下滑,其中最为严重的是曾作为日本专业学位改革标杆的法务研究生院,2017 年的录取人数仅及 2010 年的 41.34％,不及巅峰期 2006 年的 31％(见表 5-5)。

---

① 文部科学省.学校基本調査—平成 22 年度/高等教育機関[EB/OL]. http://www. e-stat. go. jp/SG1/estat/List. do? bid=000001028877&cycode=0)。

② 文部科学省. 専門職大学院制度の概要[EB/OL]. http://www. mext. go. jp/a_menu/koutou/senmonshoku/.

表 5-5　**2010—2017 年日本各专业学位研究生院录取人数统计**　　　单位：人

各专业学位研究生院	2010 年	2011 年	2012 年	2013 年	2014 年	2015 年	2016 年	2017 年
法务	4122	3620	3150	2698	2272	2201	1857	1704
教育	0	767	782	803	772	874	1217	1343
经营/技术管理	1929	1861	1995	2085	2119	2274	2397	2300
会计	841	801	645	561	441	465	485	485
公共政策	373	310	308	321	275	300	263	276
公共卫生	82	87	89	103	99	96	101	149
知识产权	143	131	118	108	82	82	63	39
临床心理	126	124	121	128	117	106	123	115
其他	598	573	512	505	530	485	493	622
总计	8214	8274	7720	7312	6707	6883	6999	7033

资料来源：文部科学省. 専門職大学院制度の概要［EB/OL］. http://www. mext. go. jp/a_menu/koutou/senmonshoku/_icsFiles/afieldfile/2017/10/05/1236743_2. pdf.

其次，录取人数下滑与考生人数的锐减有密切关系。仅以最为典型的法务研究生院为例，考生人数从 2004 年时的 74140 人急降至 2015 年的 9351 人，降幅高达 87％。考生报考意愿的大幅衰退，严重影响专业学位的生源质量，导致法务研究生院自 2012 年以后其实际招生人数均只能完成计划招生数的 70％以下[①]。图 5-6 为部分专业学位 2003 年至 2008 年的报考状况。从统计数据看，除法务研究生院以外的其他专业学位报考情况总体也呈下滑趋势。其中会计、经营/技术管理以及知识产权等 3 个专业学位的报考率（报名数÷招生数）均为 1.5 左右，即每 2 个招生名额仅有 3 人报考；公共政策及公共卫生专业学位情况相对好些，报考率为 2.5；最好的临床心理报考率为 3.55。需要指出的是公共政策、公共卫生及临床心理等 3 个报考率相对理想的专业学位，其招生规模均在 300 人以下。

第三，报考率的低迷影响到专业学位的招生质量与相关学位点的建设。

---

① 中央教育審議会. 各法科大学院の改善状況に係わる調査結果［EB/OL］. http://www. moj. go. jp/content/000073633. pdf.

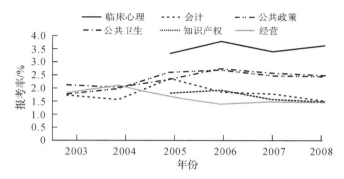

图 5-6　部分专业学位报考状况统计

资料来源:文部科学省.専門職大学院制度の概要[EB/OL].http://www.mext.go.jp/a_menu/koutou/senmonshoku/icsFiles/afieldfile/2017/10/05/1236743_2.pdf.

　　从图 5-7 可以看出,到 2008 年时,大部分专业学位即出现实际入学人数低于招生定额人数。其中,经营/技术管理的入学率(实际入学人数÷招生定额人数)仅为 0.79,会计及临床心理也分别仅为 0.84 和 0.91。

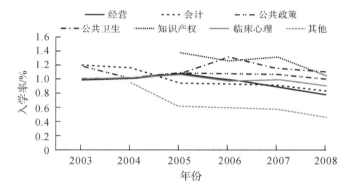

图 5-7　部分专业学位入学率

资料来源:文部科学省.専門職大学院制度の概要[EB/OL].http://www.mext.go.jp/a_menu/koutou/senmonshoku/icsFiles/afieldfile/2017/10/05/1236743_2.pdf.

　　更为严重的是由于考生报考学校分布的不均衡,大多数考生集中于少数名校,导致大部分的专业学位招生无法完成计划要求。根据文部科学省 2015 年的统计,91%的法务研究生院和 49.3%的其他专业学位研究生院的录取人数无法完成计划指标,其中有 40%左右的法务研究生院录取人数甚至在计划招生数的 50%以下,最低的东海大学仅完成 3%的计划招生数,因此不得不削减办学规模,乃至停办①。从表 5-6 可以看出,除了 2008 年新创设的教育研究生院有一定的增长外,作为专业学位改革标杆的法务研究生院及会计研究生院数量均出现明显下滑。尤其是法务研究生院,从 74 所学校锐减为 43 所学校。

表 5-6 2009 年与 2017 年日本各专业学位研究生院设置状况比较　　单位:所

	经营	会计	公共政策	公共卫生	知识产权	临床心理	法务	教育	其他	总计
2009 年	32	17	8	3	2	5	74	24	17	182
2017 年	30	12	7	5	3	6	43	53	14	173

资料来源:文部科学省.専門職大学院制度の概要[EB/OL]. http://www.mext.go.jp/a_menu/koutou/senmonshoku/icsFiles/afieldfile/2017/10/05/1236743_2.pdf.

　　总体而言,日本专业学位改革仅 10 余年即从媒体及社会争相关注的高等教育改革热点陷入发展困境。需要指出的是同期日本研究生整体规模并未出现较大波动,学术类硕士研究生的发展基本保持平稳。2004 年日本在校硕士研究生规模为 16.3 万人,其中人文社科类硕士研究生为 3.46 万人,至 2015年,在校硕士研究生规模微降至 16 万人,其中人文社科类硕士研究生降至2.85 万人②,两者相较,专业学位研究生教育发展的困境显得尤为突出。

　　(二)影响日本专业学位研究生教育规模持续发展的要素

　　为什么日本的专业学位教育在日本政府积极扶持与推进下仍出现停滞不前甚至衰退的局面?其中的关键因素何在?仅以曾作为专业学位改革的标杆,在 2010 年以后规模下降幅度最大,被社会关注最多的法务研究生院为例,可以看出有两点因素直接造成日本专业学位发展的急剧衰退。

　　首先,专业学位教育规模发展过快,造成其与相关行业职业资格的对接比例无法达到预期,影响考生对专业学位教育价值的评价,直接影响其报考意愿。

　　专业学位是职业性、应用性导向的学位教育,其与社会需求的对接是其教育价值的核心所在。日本的专业学位改革在政策导向及机制建设方面最显著

---

　　① 文部科学省.専門職大学院の実態調査[EB/OL]. http://www.mext.go.jp/component/a_menu/education/micro_detail/icsFiles/afieldfile/2010/11/22/1299335_6.pdf.
　　② 文部科学省.2010—2015 年度学校基本調査/高等教育機関[EB/OL]. http://www.e-stat.go.jp/SG1/estat/NewList.do? tid=000001011528.

的特点也是体现在与职业资格的衔接上。以法务研究生院为例,日本政府 2003 年为推进法务研究生院建设,将司法考试改革与专业学位建设有机结合,明确规定司法考试资格仅限法务研究生院毕业生,其在 5 年内可有三次考试的机会。中央教育审议会更明确地将法务研究生院毕业生通过司法考试的合格率上限预设为 80%,这与此前每年仅 2% 合格率的旧司法考试有天壤之别。由此激起社会上报考法务研究生院的热情及各大学设立法务研究生院的积极性。为了满足社会对法务研究生院不断高涨的需求,日本政府不得不将原定的 30 所法学院、3000 人的招生规模一举扩大到 74 所法学院,5500 人的招生规模。可以说正是因为对专业学位教育与职业资格对接的过高期待,推动专业学位教育规模的急剧膨胀。

　　法务研究生院的招生始于 2003 年,第一届毕业生在 2006 年正式参加司法考试,合格率接近 50%。但从第二年开始,随着前年度落榜者的累积,每年司法考试的考生人数持续上升。虽然日本政府将司法考试合格人数从 2000 年的 1000 人左右提升至每年 2000 左右,但相比持续上升的考生数,合格率直线下滑,至 2015 年司法考试合格率仅剩 21%。累计法务研究生院毕业生的司法考试合格率,除 2006 届为 71%,接近中央教育审议会的设想,其余各届在有效考试期内合格率均在 40% 左右①(见表 5-7)。专业学位与职业资格衔接的现实与最初构想的背离可以说是影响考生报考积极性的最直接因素。

表 5-7　法务研究生院毕业生司法考试合格率统计

	2006 年	2007 年	2008 年	2009 年	2010 年	2011 年	2012 年	2013 年	2014 年	2015 年
法务研究生院毕业生(人)	2176	4418	4911	4994	4792	4535	3937	3459	3037	
司法资格报考人数(人)	2091	4607	6261	7392	8163	8765	8387	7653	8015	8016
司法资格合格数(人)	1009	1851	2065	2043	2074	2063	2102	2049	1810	1664
毕业生总合格人数(人)	1544	2195	2274	2306	2266	2091	1704	1443	899	

---

　　① 総務省. 法曹人口の拡大及び法曹養成制度の改革に関する政策評価書[EB/OL]. http://www.soumu.go.jp/main_content/000156274.pdf.

续表

	2006 年	2007 年	2008 年	2009 年	2010 年	2011 年	2012 年	2013 年	2014 年	2015 年
司法资格合格率(%)	48.35	40.18	32.98	27.64	25.4	23.5	25.1	26.8	22.6	21.6

资料来源:総務省.法曹人口の拡大及び法曹養成制度の改革に関する政策評価書[EB/OL]. http://www.soumu.go.jp/main_content/000156274.pdf.

其次,法务研究生院及新司法考试合格者规模增长过快,造成大量司法考试合格者找不到合适的工作岗位或收入达不到预期,影响职业资格的含金量,一定程度上影响了考生攻读法务研究生院的信心。

日本的司法从业人员规模从 1991 年起至 2014 年呈持续上升趋势。1991 年整个司法行业从业人员规模为 17275 人,至 2014 年达到 39892 人,增长 131%。其中法官、检察官等公职人员规模从 1991 年的 3195 人增至 2014 年的 4779 人,增长 50%。与此相比,律师规模从 1991 年的 14080 人增至 2014 年的 35113 人,同比增长 149%。其中新司法考试实施后的 10 年间增长了 73.5%,大大超过此前 14 年间 44% 的增长比。显示法务研究生院的设置及新司法考试合格率的提升对司法行业从业规模的扩大有决定性的影响。不过从表 5-8 可以看出,司法考试合格绝对人数的增加也造成了司法考试合格者在法律行业就业机会的减少。在 2006 年新司法考试实施前,通过司法考试获得司法实习机会的每年在 1000 人左右,其中 98%~99% 的实习生在实习期满后能够进入法院、检察院及律师事务所获得正式工作机会。但 2006 年以后,一方面,实习期满后能够正式进入司法行业的绝对人数有所增加,但同时其相对比例则逐年下降。至 2013—2014 年,接近 30% 的司法实习者在实习期满后无法获得正式的行业工作机会。即使顺利获得工作机会,根据日本律师协会提交的紧急声明,由于注册律师的激增,律师的工作机会及收入呈下降趋势,大部分新律师的年收入甚至低于 500 万日元,处于工薪阶层平均年收入线之下。行业从业机会与收入的下降严重影响学生报考法学院的意愿。根据日本总务省对 11000 多名法务研究生院毕业生的调查,89.3% 的人认为担心就业难及无法确保稳定的收入是影响法学院报考意愿的首要因素①。

表 5-8　法务研究生院司法考试合格者就业状况统计

	2003 年	2004 年	2005 年	2006 年	2007 年	2008 年	2009 年	2010 年	2011 年	2012 年	2013 年	2014 年
司法实习总人数（人）	1005	1178	1187	1477	2376	2340	2346	2144	2152	2080	2034	1973
司法公务员数（人）	176	186	224	202	231	192	184	172	173	164	178	175
比例（%）	17.5	15.8	18.5	13.7	9.8	8.2	7.8	8.1	8	7.9	8.7	8.9
律师数（人）	822	983	954	1254	2043	2026	1978	1714	1515	1370	1286	1248
比例（%）	81.8	83.4	80.4	84.9	86	86.6	84.3	79.9	70.4	65.9	63.2	63.3
未就业（人）	7	9	13	21	102	122	184	258	464	546	570	550
比例（%）	0.7	0.8	1.1	1.4	4.3	5.2	7.8	12.0	21.6	26.3	28	27.9

资料来源：総務省.法曹人口の拡大及び法曹養成制度の改革に関する政策評価書[EB/OL].http://www.soumu.go.jp/main_content/000156274.pdf.

总体而言,虽然日本在专业学位发展过程中加强了其与相应行业职业资格的衔接,但行政主导的专业学位规模发展得过快过猛,导致行业从业机会的下降及收入的减少,反过来又制约并导致专业学位发展出现停滞与衰退的趋势。

三、日本专业学位研究生教育规模发展困境的政策与制度设计问题

从更深层次的角度看,日本专业学位发展之所以出现上述困境,其根本原因在于对专业学位教育的发展目标及质量保障上出现的偏差。

首先,行政而非行业协会主导的决策机制导致对行业实情把握不足,专业学位发展目标超越行业实际需求。

日本专业学位发展的政策制定主要由政府及高校主导,行业协会在此缺位严重。其政策目标过度关注国际趋势,对国情与行业实情把握不足,导致专业学位规模发展得过快过大,影响其与职业资格的衔接比例,一定程度上降低了相关行业职业资格的收益成本。

日本政府在 21 世纪初积极发展专业学位,尤其是将法务研究生院作为专

---

① 法務省.法曹人口に関する基礎の資料[EB/OL]. http://www.moj.go.jp/content/000102262.pdf.

业学位改革的标杆进行重点发展是有其明确的政策目标与考量的。2000 年前后,全球经济一体化进程及日本国内公民意识的崛起,使得知识产权、医患纠纷、劳资矛盾等社会问题凸显,促使日本政府认识到,有必要通过专业学位教育加大律师、法官等司法从业人员的培养规模与力度,推动日本从官僚主导的行政社会向法治社会转型。基于这一政策意图,专业学位的发展主要由政府与高校主导,通过行政进行推进。法务研究生院制度设计的决策机制即明确体现上述特点。有关法务研究生院的制度设计主要由内阁直属的司法人员培养研究会及中央教育审议会法务研究生院分会负责。从其成员构成比例看,前者有 11 人,其中高校代表 6 人,政府代表 2 人,律师协会、企业及研究机构代表各 1 人①;后者成员 14 人,高校代表 9 人,政府代表 2 人,媒体、企业及律师协会代表各 1 人②。总体而言,决策的主体是政府与高校培养单位,用人单位的行业协会在其中缺位严重。

由于行业协会的缺位,在具体的专业学位规模发展目标设定上,日本政府等决策部门主要通过国际比较寻找测算依据。根据日本对 1997 年 G7 国家司法行业状况的分析,当年美国司法行业从业人员高达 94.1 万,平均每 290 人即拥有 1 名司法从业人员,而最低的法国司法从业人员也达 3.6 万,平均每 1640 人拥有 1 名司法从业人员。另外,同期 G7 国家中每年新增司法考试合格的从业人员中美国高达 5.7 万人,最少的法国也有 2400 人。与此相比,2000 年日本的司法从业人口仅 2 万左右,每年新增司法考试合格者 1100 人,与其他 G7 国家的差距日益扩大。为此日本内阁在 2001 年司法改革之初即明确以 2018 年司法从业人口比例接近 G7 国家 20 世纪 90 年代后期的水平,即每 2400 人拥有 1 名司法从业人员为目标,测定 2018 年日本司法从业人员须达 5 万人,为此年均需新增司法从业人员 3000 人③,并以此为依据对法务研究生院及司法考试合格者人数进行扩充。日本政府的这一目标相较 2000 年,要

---

① 首相官邸.法曹養成検討会メンバー[EB/OL]. http://www. kantei. go. jp/jp/singi/sihou/kentoukai/yousei/09meibo. html.

② 文部科学省.法科大学院部会委员面簿[EB/OL]. http://www. mext. go. jp/b_menu/shingi/chukyo/chukyo4/meibo/021203. htm.

③ 司法制度改革審議会.司法制度改革審議会意見書[EB/OL]. http://www. kantei. go. jp/jp/sihouseido/report/ikensyo/.

求司法行业从业人口总体规模扩大1.5倍,年均新增从业人员规模则扩大2倍以上。

从日本法务研究生院的发展目标的设定看,其政策的着眼点主要在于从国际视野来判断、衡量专业及行业的发展需要与趋势,但正如2015年日本律师协会的紧急提案所指出的,日本政府的这一专业学位政策目标的制定忽略了同期日本社会发生的变化,对老龄化少子化现象所造成的法律业务量减少的估计严重不足。根据日本律师协会的测算,2009年以后,日本法院受理的民事案件数量及律师事务所接受的咨询数量均呈下降趋势,其中2013年法院受理的民事案件数量仅及2009年的60%[①]。在对行业业务需求减少的趋势把握不足的背景下,乐观估计行业发展的需求,并据此大幅扩张专业学位的规模,其导致的直接结果是专业学位毕业生的对口就业难。

其次,在专业学位的质量保障方面,过于机械地强调与职业资格的匹配衔接造成专业学位教育完全围绕职业资格考试展开,影响专业学位学生的专业发展与适应能力。

专业学位是职业性、应用性较强的研究生学位教育。为了确保上述导向,专业学位需要在质量保障与出口规格上与相关行业的职业资格需要建立一定程度的衔接关系,这也是日本专业学位制度设计的核心。根据日本中央教育审议会、文部科学省及相关政府部门的规定,除了法务研究生院外,会计、公共政策、临床心理等专业学位也与相关行业职业资格进行对接,专业学位毕业生在职业资格考试时享有免考等优惠待遇。

需要指出的是,专业学位是培养高层次专业人才的应用性学位,与培养一般从业人员的职业教育有本质的区别。相对于职业教育看重的是职业技能的熟练运用,专业学位教育更看重的是推动专业发展的深奥知识与复杂技能,尤其是它侧重培养的是在面对复杂多变的局面时具备不断创新、自我探索专业发展能力的人才。这就表明职业资格只能是专业学位教育的附属产品,是其质量保障的最低门槛而不能成为其最高或唯一的质量评判标准。

---

① 日本弁護士会.適正な司法試験合格者数への減員を求める決議[EB/OL]. http://senben.org/archives/5713.

从日本专业学位的制度设计与政策实践过程看,日本政府为确保专业学位教育的职业性、应用性导向,采取了多种有效的策略。以法务研究生院为例,一是通过颁布《专业学位设立标准》《法务研究生院教育与司法考试协调的法律》等法令法规,规定了法务研究生院实务教师中行业工作者的比例,明确专业学位职业性、应用性的质量标准。二是在制度管理层面积极引进行业协会参与制定专业学位教学内容及质量标准,以此确保其符合行业准入要求。2007 年 5 月,日本成立法务研究生院协议会,参加者包括法务研究生院协会、日本律师协会以及文科省、法务省和最高法院等政府职能部门。协议会的具体职能是法务研究生院的成绩认定标准及与司法考试成绩的关联。在会计专业学位领域,日本政府也实施了类似的政策,充分发挥了日本注册会计师协会的作用,加强了会计硕士教育与注册会计师资格的衔接。总体而言,上述政策与制度对加强专业学位职业性、应用性导向起到了积极的作用。

但与此同时,日本在加强专业学位与职业资格衔接的过程中所实施的政策也存在一定的问题。这对专业学位的进一步发展产生了阻碍作用。

最主要的是为了加强法务研究生院与司法考试资格的衔接,日本文部科学省及律师协会将法务研究生院的实际招生状况及司法考试资格合格率作为考核其质量水准的主要指标,明确规定司法考试合格率在全国平均水平 50％以下的为不合格学校,由文科省对其进行经费削减乃至停止招生等惩罚。2006—2009 年日本大学评估与学位授予机构即据此对全部 74 所法务研究生院进行了评估,其中 24 所学校被评估为不合格。2010 年文科省对不合格学校再次评估,其中仍有 7 所学校未达到文科省的质量标准。

专业学位教育在质量保障上过度关注职业资格合格率,造成专业学位教育内容过于狭窄。由于法务研究生院的教学主要围绕司法考试展开,一方面使得专业学位教育同质化倾向加剧,学校教育千篇一律,缺乏特色与创新;另一方面也使得专业学位教育等同于职业资格考试的补习教育,导致学生知识面偏窄,影响其社会适应能力。学生一旦不能通过司法考试,其转型就业的前景极为严峻。从表 5-9 可以看出,从 2007 年开始,每年均有 40％～50％的法务研究生院学生在 5 年内无法通过职业资格考试又不能顺利转行,从而面临失业危险,其比率与日本整个人文社会科学硕士的失业率基本一致。日本推动专业学位改革的一大目的是在人文社会科学领域加强应用性与职业性导向，提升人文社会科学领域硕士研究生的就业比率。但从专业学位教育发展的实践看，过度强调与职业资格的衔接反而在一定程度上限制了学生的专业适应能力与就业选择机会。专业学位攻读成本较高[①]，而就业的风险程度却并不比学术学位低，造成考生报考专业学位意愿的大幅下滑，影响专业学位规模的顺利发展。

表 5-9　历届法务研究生院毕业生司法考试合格率及就业状况统计

	2006 届	2007 届	2008 届	2009 届	2010 届	2011 届	2012 届
毕业生数（人）	2176	4418	4911	4994	4792	4535	3937
司法考试合格者数（人）	1544	2195	2274	2360	2266	2091	1704
司法考试合格率（%）	71	49.7	46.3	47.3	47.3	46.1	43.3
其他行业就业率（%）	6.9	12.8	12.9	12.7	10.9	9.0	6.7

　　资料来源：総務省.法曹人口の拡大及び法曹養成制度の改革に関する政策評価書［EB/OL］. http://www. soumu. go. jp/main_content/000156274. pdf.

　　从文部科学省的调查可以看出，虽然专业学位毕业生的整体就业率高达71.6%，但这一数值包含了在职人员。仅限在全日制专业学位学生中，就业率仅有 55.8%。除去继续升学的，有 42.5% 的全日制专业学位学生处于待业状态，其中最高的会计待业率为 64.7%[②]，说明专业学位学生在职业资格考试之外，转行就业能力存在较大问题。

　　从日本的专业学位规模发展困境可以看出，专业学位欲持续有效地发展，其关键要素有三。

　　第一，专业学位的发展应稳步有序，其规模目标应建立在对行业实际需求的准确把握上，发展速度不宜过激，规模目标不宜过大，尤其不应超前于行业

---

　　① 按照文部科学省的规定，国立大学法务研究生院的学费每年为 804000 日元，约为普通硕士研究生学费的 1.5 倍，学制一般 3 年，而普通硕士研究生一般学制 2 年。

　　② 文部科学省.専門職大学院の実態調査［EB/OL］. http://www. mext. go. jp/component/a_menu/education/micro_detail/_icsFiles/afieldfile/2010/11/22/1299335_6. pdf.

发展需求。日本的专业学位主要面向全日制应届本科毕业生,从中选拔培养合格高层次专业人才。这一政策对推动人文社会学科转型、加强其应用性、使其切实面向社会需求具有积极意义。但也正因为如此,相较在职人员,全日制专业学位毕业生对对口就业的关注度更高、更敏感。因此在发展全日制专业学位时对行业发展的实际需求与趋势必须有准确的把握与科学的预测,以此作为专业学位发展的规划依据。

第二,专业学位的顺利发展需要充分发挥行业协会的作用,构建以行业协会为主体的管理与决策机制。政府的积极引导和主动推进对专业学位在起步阶段的快速发展无疑效果明显,但从长远看,专业学位持续有效的发展需要充分发挥行业协会的作用。行业协会是从业人员的职业组织,它既是行业准入的监控者,同时也是专业学位毕业生的主要接收方,熟悉行业实际与发展趋势,这使其在专业学位的发展目标设定与培养机制设计方面具有得天独厚的优势。从日本的实践看,虽然其在专业学位发展中关注到行业协会的作用,并给予其一定的发挥空间,但行业协会的作用主要集中于培养过程及出口质量保障方面,在整体的制度设计及发展目标设定方面,起主导作用的是政府行政部门及高校培养单位,行业用人单位基本处于从属地位,这使日本专业学位在政策制定与制度设计上存在先天不足,其发展目标的设定远超行业实际需求,引发后续的一系列问题,导致专业学位发展出现停滞甚至衰退现象。

第三,专业学位与职业资格的衔接应该适度有机,职业资格只能是专业学位质量保障的最低而非最高甚至唯一的标准。一方面,专业学位是职业性、应用性较强的研究生学位教育,因此,专业学位与职业资格进行有效的衔接对确保专业学位的职业性导向,加强专业学位教育的质量保障具有积极意义。另一方面,专业学位培养的是高层次的专业人才,它要求培养对象具有自我发展及自主进行专业创新的能力,这就决定了职业资格的衔接只是专业学位质量保障的最低门槛,而非最高的或唯一的标准。除了职业技能与专业知识外,专业学位教育必须更注重推动专业发展的创新能力的培养,并将其作为衡量专业学位教育质量的主要指标。从日本的实践看,过度机械地强调专业学位与职业资格的衔接匹配虽有利于明确专业学位应用性、职业性导向的一面,但也导致专业学位教育等同于职业资格考试的补习教育,促使各院校的专业学位教育在教学内容与教学方法上出现趋同倾向,极大地限制了学生职业范围的选择。从长远看,这必将影响专业学位规模的稳定发展。

第三节　日本专业学位研究生教育培养模式的适切性状况:以教育研究生院为例

如上节所述,从 2010 年起,日本的专业学位发展陷入瓶颈,无论从报考及招生人数、学位点的设置等数据看,整体均呈下滑趋势。其中只有教育与经营/技术管理等两个专业学位在专业学位整体发展低迷的背景下,学位点及报考招生人数依然保持良好的发展势头,整体呈上扬趋势。上述两个专业学位之所以发展较为顺畅,主要原因有二。一是生源以在职人员为主,整体变化较为稳定。如经营管理研究生院,即所谓的 MBA,主要以培养企业管理人员为主,其生源以在职人士为主。从 2011—2017 年,经营管理研究生院的生源中在职人员所占比例始终维持在 80%;同期的教育研究生院的生源中在职人员所占比例也较为稳定,始终维持在 45% 以上[①]。在职生源的稳定推动了专业学位研究生教育整体的有序发展。二是培养模式及教育内容与行业实践关联紧密。尤其是教育研究生院,自 2008 年创办以来,侧重骨干教师及学校管理者的培养,其课程设置、教育内容与学校教育现实紧密结合,相比传统的日本教育类院校的教师养成课程,教育研究生院的毕业生在日本正规学校就业的比例明显较高。有鉴于此,本节将以教育研究生院为例,着重分析日本专业学位教育的培养模式、过程及教育内容的状况。

一、教育研究生院的设置背景

日本大学开展教师教育有着较为悠久的传统。明治政府以"文明开化"、教育立国为其国策,对实现日本近代化起到了积极的作用。从 19 世纪末起,日本政府在全国有序布局,除在综合性的帝国大学设置教育学部外,还创建了

---

① 文部科学省.専門職大学院制度の概要[EB/OL].http://www.mext.go.jp/a_menu/koutou/senmonshoku/icsFiles/afieldfile/2017/10/05/1236743_2.pdf.

师范教育体系,在各都道府县均设置了师范学校以为本地中小学培养师资,此外还先后设置了东京高等师范学校与广岛高等师范学校。根据文部省的定位,帝国大学教育学部重点培养教育行政官僚与学校管理者,高等师范学校重点培养中学教师,地方师范学校以培养小学教师为主,由此形成了教师教育的三级体制。

二战以后,日本进行了高等教育改革,地方师范学校被整合进新成立的地方国立大学,成为其属下的教育学部。同时,文部省还按区域成立了多所单科性的教育大学。两者均作为新教师培养与在职教师培训的主要平台。20世纪80年代的高等教育大众化后,研究生教育得到进一步发展,社会对教师的能力与资质期待随之高涨。1988年,文部省修订了《教育职员资格法》,明确了在硕士教育层面进行教师培养的目标与相关运行机制,要求在硕士阶段对学生进行教科或教师职业等方面的训练,以培养在教育领域具备高素质与专业能力的合格教师[1]。至2006年教育研究生院创设前夕,日本已有48所大学设置了以培养中小学教师为目标的硕士课程,在校生规模达4000人左右,占日本教师教育整体规模的21%[2]。

虽然自明治维新以来,日本大学已形成了完整成熟的教师教育体系,源源不断地为日本基础教育供给高质量的师资队伍,确保日本中小学教育整体质量始终稳居西方发达国家前列。但随着20世纪80年代后泡沫经济的崩溃,日本陷入了持续的经济萧条;同时少子老龄化等社会问题日趋严重,日本的学校教育因此面临严峻挑战。整体学力的低下、校园欺凌的普遍化、生源不足导致的学校小规模化,学校教育与家庭及社区互动能力大幅下降,学校教育面临的问题日趋复杂化、多样化。尤其是传统的日本学校教育的课程结构及教学管理均是以学生具有明确升学意愿为前提进行设计的,而在90年代以后随着高中入学与大学升学的全面普及,学生生源结构与素质能力整体发生巨大变化,学校教育亟待调整与改革。

① 岩田康之.教員養成の高度化と教職大学院の役割[EB/OL].http://ir. kyokyo-u. ac. jp/dspace/bitstream/123456789/7895/1/S018v2p1-9_iwata. pdf.

② 文部科学省.今後の教員養成・免許制度の在り方について/基礎資料[EB/OL].http://www. mext. go. jp/b_menu/shingi/chukyo/chukyo0/toushin/attach/1337050. htm.

　　针对学校教育面临的复杂局面,一方面,日本政界及企业界均对学校教育的改革寄予极大的关注,期望通过调整课程体系,改进教学与学生指导方法,确保日本基础教育的质量稳定。另一方面,日本大学的教师教育聚焦的重点始终在学生的学科基础知识及教学技能方面,在学生的管理能力及实践探索能力等方面的训练较为薄弱,尤其是日本大学的教师教育一向缺乏以培养学校中坚管理者为目标的对学生进行的系统有效的设计与指导。文部省虽然在1988年修订《教育职员资格法》时已提出教师教育硕士化的目标,但对硕士课程24个学分的具体教育内容并未做明确规定,大部分学校的课程重心依然在学科教学方面,如何培养学生具备相关领域高度专业的素质能力,如何体现教师教育中的"实践指导力"培养,始终无法明确。这使得改革日本大学教师教育体制成为影响日本学校教育改革的关键。

　　基于上述现状,中央教育审议会在2006年提交的《今后教师养成及资格制度的方向》的报告中明确主张,教师教育的课程体系必须进行改革以适应社会变化,具体而言即是在教师教育课程体系中增设必修课程"教师职业实践",根据学校教育发展的现状,强化学生的实习实践教育,确保其具备履行教师职业所必需的基本素质与实践能力[1]。报告同时还建议设置专业学位的教育研究生院,从在职教师及应届本科生中选拔具备领导潜质的优秀学生,培养其成为适应社会变革的学校中坚管理者。

二、教育研究生院的培养目标与培养模式

　　2008年,在日本政界及企业界的大力推动下,文科省在专业学位领域创设了教育研究生院,与原有的教师教育硕士课程平行,作为教师教育的平台。

　　教育研究生院的整体框架在中央教育审议会2012年发表的《通过教职生涯的全过程,综合提升教师素质能力的对策方案》中有全面的设想。该报告认为,在信息化、全球化加速的背景下,传统的以知识传授为重心的学校教育面临转型,培养学生在社会巨变时代的思考力、判断力、表现力及创新探索精神

---

　　① 中央教育審議会. 今後の教員養成・免許制度の在り方について［EB/OL］. http://www.mext. go. jp/b_menu/shingi/chukyo/chukyo0/toushin/1212707. htm.

显得尤为重要。教师教育必须根据上述形势变化进行相应的培养模式与机制调整，教师职业的专业化应体现为：在整个教师职业生涯中具备对应社会变化不断学习不断探索的能力，及时捕捉学校教学与管理中的问题并能予以创新性解决的高度的实践能力，有效地传授知识技能及思考力等的能力，有效引导学生进行交流沟通的能力，与校内同事及校外社会合作实现教育目标的团队领导与协调能力等。而要实现上述目标，需要创设新的教师教育形式，改变课程理论学习与后续的教育实践实习脱节的缺陷，在学习阶段即培养学生具备初步的学科教学、学生指导、学校经营管理的能力[①]。

根据中央教育审议会的上述构想，文科省将教育研究生院的建设目标设定为重点培养学校教育领域的高级专业人才。具体而言，其培养对象包括在职教师及应届本科毕业生等，其中在职教师必须具备相对丰富的教学经验，对学校管理有浓厚兴趣，通过教育研究生院的训练，能逐步成长为具备高度领导能力的学校中坚管理者；应届本科毕业生必须在本科阶段已具备一定的教师素质与能力，通过教育研究生院的专业训练，能够成长为推进新学校持续发展的骨干教师。

为了实现上述目标，文科省对教育研究生院的教学、管理做了全面的规范：(1)教学内容上强调理论和实践融合，明确课程设计、教学法、学生指导、学校管理及教师发展等 5 个领域为所有教育研究生院学生的基础必修课程。(2)教学方法上多采用案例教学、模拟教学、观摩学习、小班讨论等双向互动的方法。由于实践类课程占比较高，文科省明确规定教育研究生院的专职教师中必须保证有 40％以上的教师为来自学校一线的实践导师。(3)强化应用性、实践性的高级专业人才培养导向，对不同学业背景的学生采用不同的培养模式，其中有一定理论基础与实践经验的在职教师，重点强化其运用教育理论分析与解决任职学校实际问题的能力训练，允许其一年内完成学业，免除全部或部分实习学分；对本科阶段未取得教师资格的应届毕业生，则强化其教育学专业理论学习与基本的实践能力的训练，要求其在读期间完成至少一门学科以

---

① 中央教育審議会.教職生活の全体を通じた教員の資質能力の総合的な向上方策について [EB/OL].http://www.mext.go.jp/component/b_menu/shingi/toushin/icsFiles/afieldfile/2012/08/30/1325094_1.pdf.

上教师资格的申请。为了确保毕业生的专业能力,教育研究生院的毕业条件中并不强求毕业论文,一般以学校课题研究替代。(4)在管理方面,为确保学生具备实践应用能力,强调与地方教育委员会及各学校的协同管理,明确教育研究生院培养单位必须与地方教育委员会合作设置实习协同学校,以确保学生的实习实践资源。(5)在质量保障方面,强调第三方的专业评估,明确每五年必须接受一次专业评估,重视专业学位教育质量的监控与保障①。

在创建教育研究生院的同时,文科省还对现有大学的教师教育的培养模式与机制进行改革,强调必须从实践型、指导型教师的培养视角考虑,逐步将现有开设教师教育的大学或专业向专业化的教育研究生院转型。而在转型过程中现有硕士课程应重点充实学校实习等实践类课程,同时积极活用其他学科领域的课程,为今后向教育研究生院的转型做准备。

文科省的上述政策举措与此前在硕士层面开展的教师教育有着较为明显的差异,以千叶大学为例即可看出这些差异。

千叶大学是 1949 年新制大学改革时期,由千叶医科大学、千叶师范学校、东京工业专门学校等多所学校合并而成的地方国立大学,2017—2018 年 QS 大学排名在所有 700 多所日本大学中排名第 20②。目前,该校设有文、法、教育、理、工、医等 9 个学院。其中教育学部硕士课程设两个方向:除专业学位的教育研究生院外,另有学校教育学硕士课程,也承担中小学教师培养的职能。表 5-10 即是专业学位的教育研究生院与承担教师培养的普通教育学硕士课程在培养目的及相关的具体教育内容领域的比较。

---

① 文部科学省.教職大学院:制度の概要について[EB/OL].http://www.mext.go.jp/a_menu/koutou/kyoushoku/kyoushoku/1354462.htm.

② QS 大学排名网[EB/OL].https://www.topuniversities.com/university-rankings/world-university-rankings/2018.

表 5-10　千叶大学教育研究生院与教育学研究科教师养成课程培养目标比较

培养目标	专业学位的具体教育内容	普通教育学硕士的教育内容
培养自由自立的精神	以教育学科为基础,整合多学科知识,培养能够灵活地思考、深刻地洞察、持续地反思与积极主动地进取的能力	以教育学科为基础,整合多学科知识,培养灵活地思考、深刻地洞察、持续地反思与积极主动地进取的能力
基于专业知识与实践经验的高度的实践指导力	通过深入的学校教育专门知识的学习与教育实践能力的训练,自觉形成作为主体的学校与区域社会领导者的意识与能力	
具备对区域教育课题等的解决问题能力	通过培养教师基本素质的共同科目及提高专业能力的专业科目、现代教育课题等的学习,能够具备多视角、综合性地分析学生个体的问题并据此开展指导的实践能力	
对现代教育发展趋势具备适应与应对能力	通过现代教育课题科目的学习,从教育学理论及学校教育临床实践等视角加深对各类教育问题的理解与应对能力	
具备专业的知识、技术与技能		学习有关教育学的高度的专业知识,培养灵活、科学的思考与表达能力。
能从全球化视角思考学校与社会的关系		从全球化视角,理解教育在社会与文化中的定位,培养高度的专业能力、综合全面的判断能力、运用理论解决问题的主体性,具备将其实践成果向社会推广的沟通与协同能力
具备高度的问题解决能力		通过教育学相关学科的综合性学习,提高问题解决能力。在培养解决教育实践问题的能力的基础上,为进一步形成团队合作与领导力创造条件

资料来源:千葉大学教職大学院履修案内[EB/OL]. http://www.kyoshoku.jp/siryou/2017/chiba01.pdf.

从上述培养目标看,专业学位的教育研究生院与承担教师教育的普通教育学硕士课程各有 4 条(见表 5-10)。其中除第 1 条培养自主独立精神两者具体内容完全相同,其余 3 条在表述及具体内容上均有较为明显的差异。首先,在专业方面,教育研究生院强调的是基于专业知识与实践经验的高度的实践指导力,而普通教育学硕士课程仅强调具备教师职业必需的专业知识、素质与技能,相比较而言,教育研究生院更突出实践与领导管理能力的培养。其次,在实践能力方面,教育研究生院强调的是具备对区域教育课题等的问题解决能力,而普通教育学硕士课程强调的是具备高度的问题解决能力,相比较而言,教育研究生院的培养目标更为具体,针对性更强。此外,教育研究生院强调培养学生对现代教育发展趋势具备适应与应对能力,而普通硕士课程仅强调培养学生能从全球化视角思考学校与社会的关系。总体而言,专业学位的教育研究生院在教师培养方面的目标更为明确与聚焦。

从课程安排看,两者也有明显的差异。

虽然两者学制均为两年,但从课程总学分数看,专业学位的教育研究生院学分数为 45 学分,是教育学硕士的 1.5 倍(见表 5-11)。

表 5-11　千叶大学教育研究生院与教育学硕士课程的课程学分结构比较

	共同科目	专业科目	现代教育课题	实践研究课题	实习	自由选修	总学分
专业学位	必修 15 学分、最低学分 20 学分	指定选修 4 学分	选修,最低 7 学分	必修,最低 4 学分	必修,最低 10 学分		45 学分
教育学硕士课程	专业必修 4 学分	方向必修 4 学分、方向选修 6 学分	4 学分	6 学分		6 学分	30 学分

资料来源:千葉大学教職大学院履修案内[EB/OL]. http://www.kyoshoku.jp/siryou/2017/chiba01.pdf.

从课程的设置模块看,教育研究生院的课程包括共同课程、专业课程、课题研究、实践研究及实习等。共同科目的内容重点是学校教育及教师发展的基础科目。根据培养方案,学生在校期间最低必须修完 20 个学分,具体内容包括课程设计及实施、学科教学指导、学生指导、学校经营管理、学校教育与教师发展等 5 个专题领域，其中在职教师最后一项为必修科目（4 个学分），其余均为指定必修（每个领域 2 学分），应届本科生 5 个领域均为必修（学校经营与教师发展均为 4 个学分、科目指导与学生指导各为 2 个学分、课程设计为 3 个学分）。专业课程分为学校管理及学校教育临床两个方向，根据不同专业方向，指定其中 1 项为限定选修，其最低学分数为 4 分。课题研究为自由选修，最低学分数为 7 分。实践指导及实习均为必修课程，学分数分别为 4 分及 10 分。总计 45 个学分。

与此相比，普通教育学硕士层面的教师养成课程总计 30 个学分，其中专业基础必修课 4 个学分；具体的专业方向必修课 4 个学分，选修课 6 个学分；教育实践相关科目 6 个学分；课题研究 4 个学分；自由选修课 6 个学分。从教师专业化培养的视角而言，相比较普通的硕士课程，教育研究生院的课程内容区分更具体，更有专业性，体现了其培养教师尤其是具备教学管理能力的骨干教师的导向。

从具体的课程内容看，根据文科省 2012 年对教育研究生院课程状况实施的调查，教育研究生院在学科教学内容方面与普通硕士课程差别并不明显，但在学生指导及学校经营管理方面，其课程内容有较为明显的差异。例如，在学生指导方面，教育研究生院普遍设置"如何使学生有安心感""学生间人际关系形成的小集团管理法""心理咨询的实战法""充实学生指导的校内外协同策略"等与日本当前学校教育密切相关的专题，而普通教育学硕士课程的内容较为宏观和理论化。在学校经营管理领域，虽然日本学校教师的职务晋升权限归属地方教育委员会，但多数大学的教育研究生院还是结合 2009 年日本教育经营学会制定的《学校校长专业标准》，依托实践协同学校为学生提供学校管理的案例分析与相关理论课程①。与此相比，普通教育学硕士课程由于主要培养学科教师，基本未开设类似学校管理类课程。总体而言，教育研究生院不仅在课程模块设计上，在具体的课程内容上也体现了其培养具备高度专业素质

---

① 兵庫教育大学. 今後の教職大学院におけるカリキュラムの在り方に関する調査研究［EB/OL］. http://www.mext.go.jp/a_menu/koutou/itaku/icsFiles/afieldfile/2013/07/16/1337621_1.pdf.

与学校领导管理能力的教师的导向。

　　教育研究生院的培养目标是能够发挥中坚管理作用的骨干教师及学校管理者,这使实践实习教育在其整个培养过程中占有较为重要的地位。

　　普通教育学硕士层面的教师教育课程的实习主要侧重于课堂教学技能的训练与教案的设计。与此相比,教育研究生院的实习内容更为丰富,侧重点也有所不同。根据文科省对教育研究生院培养具备高层次专业技术素质与实践指导能力的教师的目标设定,教育研究生院的实习教育重点在于帮助学生完整理解教师职业,掌握教师职业生涯过程中的各种问题把握与解决能力。具体内容包括:(1)如何把握学校教育面临的问题,并将其聚焦;(2)具备教材开发的构想及付诸实践的能力;(3)自我设定学校教育的相关课题并通过实践予以验证及解决①。上述实习教育的重点是训练学生如何将学科教学、学生指导、学校管理等基础课程学习的理论与学校教育的实践问题进行结合并予以解决。尤其是针对在职教师,要求其能以中坚骨干教师的视角对本校的教学管理问题进行诊断并予以解决。从上述教育研究生院的实习教育内容看,与普通硕士课程侧重培养学生的教学技能不同,其内容包含教案设计、课堂教学、班级管理、学生生涯指导、同事交流等,涉及教师的整个职业工作内容。因此与普通硕士课程的实习集中于硕士学习的最终阶段不同,教育研究生院的实习教育要求分散到全年,以与学校教育的整个教学管理过程同步。另外,与普通硕士课程要求提交毕业论文不同,教育研究生院的学习成果主要体现在学生的实习报告中,要求学生将实习成果整理并上升到理论层面,这就决定了教育研究生院的实习教育是贯穿于整个学习过程中而非集中于某一阶段。在学生实习前及实习后学校均会开设相关课程,帮助其进行事前的准备与实习后的总结,从而实现课程学习与实习教育的有机结合。另外,实习过程中,为确保实习质量,提升学生对现实问题的把握及解决能力,一般实习学校提供一对一的实习指导教师进行指导;同时,培养单位与实习单位也会建立紧密的协同机制,定期对学生的实习表现进行交流沟通,并据此对课程内容进行一定的

---

　　① 日本教職大学院協会.教職大学院における学校実習のあり方と教員に関するアンケート [EB/OL].http://www.mext.go.jp/component/a_menu/education/detail/icsFiles/afieldfile/2015/07/09/1359277_01.pdf.

调整。

为了确保教育研究生院的实践实习教育能够满足学校教育发展的现实需要,文科省积极推动教育研究生院与地方教育委员会的协同合作。以东京都为例,该地教育委员会先后与东京地区的早稻田大学、创价大学、东京学艺大学、玉川大学等多所高校的教育研究生院开展合作。从东京都与帝京大学的合作协议看,双方的合作主要体现在三方面:一是课程内容的合作,教育研究生院共同科目 20 学分中有 6 学分的教学内容由东京都根据下属学校教学管理的实际需求指定;二是为了配合帝京大学培养具有高度实践力及指导力的教师,东京都指定实践协同学校,并对实践实习内容予以指定;三是在生源保障方面,东京都每年输送一定数量的在职教师进入教育研究生院学习,以支持教育研究生院的稳定发展①。

三、教育研究生院毕业生的就业对口状况

为了确保教育研究生院的专业教学质量,文科省在教育研究生院设置之初即明确规定实施第三方的专业评估,并为此设置财团法人教师养成评价机构作为专职的评价组织。根据规定,教育研究生院必须每 5 年接受一次评估,评估内容包括 10 项:理念与目的、招生、课程与方法、学习成果与效果、学生支援、教师组织、设施设备等教学环境、管理运行、自我质量管理、与地方教育委员会及中小学的协同机制等。评价方法由各教育研究生院根据上述评估标准撰写评估报告并提交相关基础数据,教师养成评估机构设置评估小组进行审核并实地调查。评估结果向社会公开,以促使教育研究生院及时进行调整完善。至 2017 年,所有教育研究生院均已接受一轮以上的评估②。

由于教育研究生院的专业教学质量及相应的质量保障机制,其毕业生相比普通教育学硕士课程培养的教师,专业化程度更高并且普遍具备一定的学

---

① 文部科学省. 東京都と帝京大学教職大学院との連携にかかわる審査結果について［EB/OL］. http://www. mext. go. jp/b_menu/shingi/chousa/koutou/042/siryo/icsFiles/afieldfile/2009/08/14/1282224_5. pdf.

② 一般財団法人教員養成機構. 教職大学院認証評価について［EB/OL］. http://www. mext. go. jp/b_menu/shingi/chukyo/chukyo3/002/siryo/icsFiles/afieldfile/2014/10/03/1350883_02. pdf.

校管理基本素质与发展潜力,因此得到各地方教育委员会的高度认可,在教师录用及职务晋升方面均享有一定的优惠政策。

在在职教师毕业后的职务晋升方面,东京都教育委员会规定,东京都内的公立学校教师通过学校管理干部候选考试后,考入东京都内的 5 所教育研究生院(东京学艺、创价、玉川、帝京、早稻田)进行学习,毕业后即可直接被任命为指导主事。

在新教师录用方面,东京都、神奈川县、横滨市、埼玉县、岐阜县、京都府、京都市等地教育委员会规定,所属地区的教育研究生院毕业生只要提交所属大学校长的推荐信,即可免除教师录用考试的初试;冈山县则规定,教育研究生院毕业生在通过教师录用考试后根据本人的申请可免除新教师入职研修[①]。

由于地方教育委员会的相关政策,教育研究生院相比于承担教育的普通硕士课程,在各项指标方面均有较大的优势。

从教师录用情况看,2010—2016 年,教育研究生院的毕业生新教师录用率始终保持在 90%(见表 5-12),与此相比,教师教育课程的毕业生的教师录用率基本在 60%~70%(见表 5-13)。两者相较,教育研究生院的教师录用率高出 20~30 个百分点,这充分说明了教育研究生院的专业培养质量得到了社会的高度认可。

表 5-12　教育研究生院毕业生就业状况

	2010 年	2011 年	2012 年	2013 年	2014 年	2015 年	2016 年
毕业生总数(人)	530	709	732	734	765	752	758
全日制应届毕业生数(人)	231	324	357	372	427	416	404
教师录用数(人)	208	293	331	346	403	381	365
教师录用率(%)	90.0	90.4	92.7	93.0	94.4	91.6	90.3

资料来源:文部科学省.国私立の教職大学院修了者の教員就職状況[EB/OL]. http://www.mext.go.jp/b_menu/houdou/27/01/icsFiles/afieldfile/2015/01/30/1354711_7.pdf.

---

①　文部科学省.教職大学院の現状[EB/OL]. http://www.mext.go.jp/b_menu/shingi/chousa/koutou/042/siryo/icsFiles/afieldfile/2009/08/14/1282224_4.pdf.

表 5-13　国立大学教师教育课程毕业生就业状况

	2010 年	2011 年	2012 年	2013 年	2014 年	2015 年	2016 年
毕业生数（人）	10524	10479	10503	10585	10709	10723	10888
教师录用数（人）	6274	6494	6466	6485	6465	6486	6413
教师录用率（%）	59.6	62.0	70.8	70.1	69.0	68.7	67.4

资料来源：文部科学省.国立の教员养成大学・学部（教员养成课程）の卒业者数等の推移［EB/OL］. http://www. mext. go. jp/b_menu/houdou/27/01/icsFiles/afieldfile/2015/01/30/1354711_5. pdf.

　　由于教育研究生院毕业生体现的高度的专业能力及因此在相关专业领域所形成的较强的专业竞争力,这对促进教育研究生院招生的良好势头产生了积极的作用。从表 5-14 的统计数据看,从教育研究生院创立的 2008 年至 2017 年,其招生指标的使用率始终保持在 95% 以上,在日本各专业学位中名列前茅。这反过来证明,专业学位教育内容的适切性是影响专业学位发展的一大关键因素。

表 5-14　教育研究生院入学状况

	2008 年	2009 年	2010 年	2011 年	2012 年	2013 年	2014 年	2015 年	2016 年	2017 年
招生指标（人）	706	826	840	830	815	815	833	888	1224	1376
入学人数（人）	644	747	806	767	782	803	772	874	1217	1342
在职教师（人）	329	385	392	356	350	348	340	390	588	648
应届本科生（人）	315	362	414	411	432	455	432	484	629	694
招生指标使用率（%）	91.2	90.4	96.0	92.4	96.0	98.5	92.7	98.4	99.4	97.5

资料来源：文部科学省.国私立の教职大学院の入学者数及び入学定员充足率の推移［EB/OL］. http://www. mext. go. jp/b_menu/houdou/29/10/icsFiles/afieldfile/2017/10/23/1397511_02. pdf.

　　总体而言,日本教育研究生院的发展表明,专业学位教育的培养模式与培养质量必须符合行业实践的需求。教育研究生院以培养具有高度教师专业素质及学校管理潜质能力的实践型、应用型教师为导向,适应了日本学校改革实践发展的需求;其培养模式与培养过程严格参照学校实践对学校中坚管理者及骨干教师的质量需求进行规划与运作;在实践实习环节,与地方教育委员会及实习学校高度协同与协调,确保了其培养质量符合行业领域用人的质量标准。与行业发展实践及需求的适切确保了专业学位教育稳定持续地发展。

第四节　日本专业学位研究生教育与
职业资格匹配的适切性状况

一、日本职业资格准入的现状特点

日本是专业化分工高度发达的国家,基本上从事任何职业都有相应的职业资格准入限制。日本的职业资格一般分为国家资格与行业资格两大类。国家资格,即根据明确的法律规定,参加政府相关部门主导的资格考试合格,获准在特定行业从事特许经营业务。国家资格由于是通过政府相关部门行政认可的方式来颁发,因此在日本具有较高的社会信誉度。目前国家资格共有 297种,主要包括律师、注册会计师、技术士、辩理士等。

司法资格是由法务省主持的国家资格。日本的司法资格考试实行的是法官、检察官、律师等所谓法曹三者三位一体的统一资格考试。在 2006 年之前,司法考试报考条件宽松,对学历及年龄没有限制,但考试难度大,通过率极低。每年报考人数达数万人,通过率不到 2%。2006 年起,日本实施司法考试改革(2006—2011 年间新旧司法考试并存,2011 年后旧司法考试废止)。新司法考试要求报考者须完成法务研究生院课程,且参考次数受到限制(5 年内 3 次,未通过者须回法务研究生院重新攻读)。新司法考试的合格率远高于旧司法考试,2006 年为 48%,此后随报考人数的增加,合格率逐年下滑,至 2011 年仅为23.54%。司法考试内容根据日本《司法考试法》规定,分三阶段进行:第一阶段为短答笔试;第二阶段为论文考试;第三阶段为口试。司法考试合格者须作为司法研修生到最高法院所属的司法研修所实习。实习期包括 4 个月的理论研修、1 年的实务研修及 2 个月的后期研修,共计 18 个月。期满通过毕业考试后即可获得法曹资格。此时并须向相关行业协会提出执业申请,获批后方可正式从事司法工作。

注册会计师资格是由日本财务省主导的国家资格。日本注册会计师资格考试开始于 1948 年。报考资格与司法资格同样,没有学历与年龄的限制。但会计研究生院毕业生可免除部分考试科目。考试的合格率基本在 6％～8％徘徊。考试内容包括短答考试及论文考试两个阶段。考试合格后需从事两年的业务辅助性工作并完成日本会计教育研修机构(日本注册会计师协会下属机构)所指定的实务课程,考试合格方能获得注册会计师资格。

技术士资格(注册工程师),根据日本《技术士法》规定,所谓技术士是指在科学技术方面具有高度的专业应用能力,能够对工程项目进行计划、研究、设计、分析、试验、评估等的工程技术人员。它是由文部科学省主管,由日本技术士协会具体负责实施的国家资格,共分 21 个专业领域,由相关专业学会负责管理。技术士制度创办于 1958 年,初期主要根据经验和实际业绩来进行认定。从 1984 年起实行考试认证制。至 2017 年累计共有 64 万人参加过技术士资格考试,其中 12 万人通过考试获得技术士资格[①]。技术士资格考试分初试和复试两次。初试时对报考资格无严格的限制,其考试科目分四类:共通科目(理科类的通识课程,大学理科毕业生免试)、适应性能力科目(技术士法和技术伦理)、基础科目(科学技术基础知识)、专业科目,主要测试数学、自然科学及技术的基础知识与应用能力。初试通过后将获得技术士助理资格,此后进行 4～7 年(根据专业)的实习,方有资格参加复试。复试内容包括选择科目和必考科目(内容包括安全、环境、成本管理、人力资源管理、信息处理)。主要测试所选领域的实践经验及专业应用能力。复试通过后经过日本技术士协会审核通过方可取得技术士资格。JABEE(日本工程教育认证协会)和技术教育相关的专业学位毕业生可免除技术士资格考试的第一次考试。

除了国家资格外,不少行业协会也根据本行业的从业惯例及标准颁发执业准入许可,其数量庞大。比较有代表性的有临床心理师等。

临床心理师是由日本临床心理师协会主导的行业资格,始于 1988 年。报考资格较为严格,除有医师执业资格并有 2 年以上临床心理咨询经验者外,必须在日本临床心理师协会指定的大学(共 159 所)或是临床心理学专业研究生院(共计 6 所)完成临床心理学的研究生课程者。对学历的严格限制,使其报

---

① 日本技術士会. 試験結果一覧［EB/OL］. https://www. engineer. or. jp/c_topics/001/attached/attach_1013_1. pdf.

考人数较少,每年仅 2000 余人,考试合格率约为 60％。从 1988 年至 2017 年共计有 23000 人获得临床心理师资格。临床心理师考试主要分两阶段。第一阶段考试包括多项选择笔试与论文笔试。多项选择笔试主要考查考生对临床心理学专业知识的掌握程度,包括临床心理学、心理诊断、心理治疗、心理咨询、基础心理学、统计学、伦理、相关法律法规、案例分析等,共计 100 题,考试时间为两个半小时;论文考试为根据所定题目,在 90 分钟内提交 1 篇 1000～1200 字的小论文。论文笔试的成绩不列入第一阶段的考试成绩,只作为最终考试成绩的参考。临床心理学专业学位研究生院毕业生可免试论文笔试。第一阶段考试合格者在一个月后需参加第二阶段考试:口试。成绩合格方能最终取得临床心理师资格。

　　总体而言,日本的资格考试虽然有许多对教育经历并没有提出明确要求,但有相关专业的学习经历,特别是攻读专业学位课程者还是可以享有不少科目免试的优惠的。同时大部分职业资格在顺利通过准入考试后并不能立即获得执业许可,而是必须再进行一定期限的实习及严格的考试审查后方能获得职业资格。这样的程序保证了行业从业人员的职业素养与能力。

二、日本专业学位研究生教育与职业资格匹配的模式特点及保障条件

　　2003 年文科省在创设专业学位之时即明确规定,专业学位应与相关专业领域的职业资格建立一定的对接关系,以此确保专业学位教育的职业性、应用性导向。至 2017 年,明确与行业准入(职业资格考试)进行对接的有法律、会计、知识产权和临床心理学等四个领域。另外,公共政策专业学位也正探讨与国会议员政策秘书资格考试进行对接的可行性。已经与相关职业资格考试进行对接的四类专业学位,主要呈现两种倾向。

1. 专业学位为参加职业资格考试的必要条件

　　这种模式的特点是专业学位与职业资格有直接明确的关联,参加职业资格考试的前提是必须获得相关领域的专业学位。其典型是法律领域。

　　法务研究生院的设置与司法考试制度的改革紧密相关。2004 年制定的新司法考试制度规定,从 2011 年起,司法考试的资格原则上必须是法务研究生

院毕业。非法务研究生院毕业生如欲参加司法考试,须先通过预备考试,证明其具备与法务研究生院毕业生同等的能力素质。司法考试资格为 5 年内 3 次有效,期满仍未通过者需回法务研究生院重读。

2. 专业学位为参加职业资格考试的优先条件

这种模式的特点是专业学位获得者在参加职业资格考试时享有一定的优惠待遇。采用这种模式的主要是会计研究生院、知识产权研究生院及临床心理。这三个专业学位的毕业生在参加相关国家资格考试时可享受一定的优待,即免除部分考试科目。

知识产权研究生院是培养从事有关专利、商标及著作权保护的专业人才的专业学位。其相对应的国家资格考试为辩理士(从事知识产权保护的特种律师)考试。根据 2007 年修订的《辩理士法》的规定,2008 年以后的入学者,在获得专业学位后的两年内参加辩理士资格考试可免除其中的工业所有权考试科目。同样的状况也出现在会计研究生院中。根据新修订的《会计师法》,获得会计专业学位的,在参加会计师资格考试时可免考财务会计、管理会计及审计等三门科目。临床心理学专业学位研究生院的宗旨是培养临床心理学诊断、咨询的专业人才,创设于 2010 年。根据日本临床心理师协会的规定,其毕业生可免除第一次考试时的论文笔试。

采用哪种模式对专业学位与职业资格考试进行匹配,主要取决于该学科领域专业化程度的高低。不过不管采取何种模式,专业学位与职业资格考试的对接都能使专业学位的应用型人才培养方向得以明确。

专业学位与职业资格匹配的关键是专业学位教育的内容及专业人才培养的质量必须符合行业准入的要求。以日本目前匹配关系最密切的法律领域为例,其为了实现这一目标,主要采取以下措施:

第一,在入口管理方面,按照行业准入要求选拔合格学生入学。日本的专业学位研究生院因负有扩大应用型人才培养及解决高等教育大众化背景下文科硕士生就业难问题的双重使命,所以在招生时对考生的职业工作经历一般不做限制性要求。但为了确保选拔的人才具备接受职业训练及今后从事职业工作的潜能,考生需完成一定程度的能力甄别。以法务研究生院为例,考生在参加各校自主招生考试之前,需先参加全国统一的适应性考试。该考试的特点是不以知识考试为目的,主要测试考生的推理判断、分析判断、阅读及表达能力,以此确认考生是否具备从事法律工作的素质与能力。目前主要有两个机构提供适应性考试,分别是代表教育界的独立行政法人大学入学考试中心提供的 DNC 考试和行业团体日本律师协会主办的 JLF 考试。两者内容相似,考生可任选其中一项报考。

第二,在过程管理方面,加强规章制度建设,按照行业准入要求明确基本的教学内容及质量保障底线。文科省在法务研究生院设置之初即明文规定法务研究生院的教学以法律实践能力的训练为重点。具体而言,即改变传统法学教育以系统讲授专业知识为主的教学模式,强调法律知识传授和实务技能训练的结合,注重培养学生掌握司法实践所需的学识和应用能力。全部课程分为四大模块。其中,法律实务基础课程为课程体系的重心所在,具体内容包括法律文书的撰写、法庭模拟辩论等。

由于法务研究生院强调实践教学,原本以法学研究和理论传授为主的大学法学教授难以充分胜任这一任务。为确保实践教学的质量,从在职的司法从业人员中选派实践教师就成了关键。日本国会为此相继制定《法务研究生院教育与司法考试协调的法律》以及《向法务研究生院派遣法官、检察官以及其他一般性国家公务员的法律》,其规定:法务研究生院的 20% 的专任教师必须具有五年以上的实践经验。政府作为支持,应派遣在职的法官、检察官前往大学担当教学工作,从而从制度层面确保专业学位的教学质量符合行业需要。

第三,在出口管理方面,强化外部评价的杠杆作用,确保人才培养的质量标准。目前针对法务研究生院的外部评估机构主要有三类:行业组织的日本律师协会、大学基准协会以及半官方组织的大学评估与学位授予机构,分别从不同的视角对法务研究生院进行评估。三者的共同点在于注重结果的评估重于过程的评估,即把评估的重点放在教学内容的完成度与教学目标的达成度上,重视学生学到了什么,职业素质能力达到了何种程度,而非教师教了什么。

从上述措施看,要实现专业学位教育与职业资格的匹配,关键有三点:

第一,调整质量观,根据行业需要制定相应的质量标准,力求专业学位的人才培养质量符合行业实际需要。专业学位教育是培养高层次专业人才的研究生学历教育,它不同于一般的职业教育,在质量标准上必须体现学术性。但是,专业学位毕竟是以专业人才的培养为目的,应用性与职业性导向是其最大的特点,这使其质量标准与一般的学术学位有很大区别。日本的法务研究生院从起始阶段就反复强调专业学位"培养的是从事法律实际工作的专业人员,其教学内容及完成度应以法律实践而非法学研究作为标准"。在实际操作过程中,这种质量标准主要通过对法务研究生院的评估与认证来加以体现与引导。如日本律师协会的评估体系将所有指标分为九大类,毕业生是否达到"从业人员必须具备的素质与能力"被列为主要指标。具体而言,这一指标的评估要求学校首先明确司法从业人员必须具备的专业素质与能力,在此基础上根据行业准入要求提供相应的课程内容并设计合适的教学方法。

第二,行业协会在人才培养及质量保障方面应发挥主导作用。行业协会是从业人员的职业组织,它既是行业准入的监控者,同时也是专业学位毕业生的主要接收方。从保障行业工作的服务质量及提高从业人员的素质角度出发,它理所当然有权对专业学位的培养质量及毕业生的出口规格提出要求。专业学位与职业资格要有效对接,行业协会理应发挥积极主导的作用。

作为法律领域的权威性行业组织,日本律师协会的作用贯穿于司法教育及司法考试体制改革的全过程,法务研究生院的顺利建立与发展也与律师协会的积极推动有密切关系。日本律师协会在 2000 年 11 月的临时总会上通过了支持创办法务研究生院并以主导姿态参与其建设的决议。随后即在协会内部成立法务研究生院中心,其具体职责包括向法务研究生院派遣实践型教师、研究司法考试及考试通过后的司法实习问题、确定质量评估标准等。实际上,从前述的入口审核、培养过程及出口标准制定等方面看,日本律师协会都积极地参与并起着主导作用。行业协会由于熟悉行业实际需要,在培养计划的制定、人才培养质量标准的确定等方面的作用明显。通过行业协会的参与与主导,行业需要及行业准入标准能够直接渗透到专业学位的人才培养内容与过程中。

第三,建立有效的沟通平台,保证大学与行业协会各司其职,互相协作。行业协会的主导作用并非意味着办学单位的无所作为。2004 年,由设置法务研究生院的各大学联合组成法务研究生院协会,负责协调法务研究生院相关事务。与行业协会重点关注专业学位的教学内容及质量标准不同,法务研究生院协会的职责重点在如何明确与完善办学过程中各项运行机制及制度建设等的实施细节,确保行业协会制定的质量标准得以实现。具体内容包括教师的专业研修与聘任、适应性考试及招生选拔方式的改革、教学条件和教学设施的完善等。这些方面虽不直接与职业资格考试关联,但能有效地保障与完善教学内容和质量标准,使之符合行业准入的要求。

总体而言,行业协会的作用在于确定人才培养的质量标准,而大学协会的作用在于细化完善培养过程及配套措施,两者通过有机的衔接共同发挥作用。日本在 2007 年 5 月成立法务研究生院协议会,参加者包括法务研究生院协会、日本律师协会以及文科省、法务省和最高法院等政府职能部门。协议会的具体职能是法务研究生院的成绩认定标准及与司法考试成绩的关联。从制度层面而言,大学协会与行业协会的意见通过上述平台有机协调,确保了专业学位教育与职业资格考试匹配的实现。

不过从日本的案例也可以看出专业学位与职业资格的匹配对专业学位的发展有着正负两方面的影响。一方面,如何体现专业学位在职业资格考试中的优势成为影响专业学位规模进一步发展的主要因素。如会计研究生院这样的优惠模式,由于会计硕士学位持有者在参加注册会计师资格考试时只能免除其中的短答式考试中的 3 门科目,所获得的优待与获得专业学位所花的时间、精力不成比例。从参加注册会计师资格考试的角度看,会计硕士学位持有者并无明显优势,这影响了学生报考的热情并且严重地制约了专业学位的发展。另一方面,从 2010 年以后法务研究生院报考人数逐年下滑的状况也可看出,过度的匹配虽有利于明确专业学位培养的应用性、职业性导向,但将导致各院校的专业学位教育在教学内容与教学方法上的趋同倾向,并制约学生的择业范围,从长远看,也会影响专业学位规模的稳定发展。

日本的专业学位教育的发展有着浓厚的行政主导的色彩,这一模式在起步阶段对专业学位在学位点设置和招生规模上的迅速扩张,以及专业教育内容的职业性、应用性导向的保障等方面产生了积极的效应。不过,日本的专业学位在经历了前期的快速发展之后即陷入了瓶颈,虽然有日本政府的政策扶持及行业组织在职业资格衔接方面一定的支持,但大部分专业学位在规模发展及毕业生在行业的竞争力方面始终无法获得突破。这也说明，专业学位教育有其自身发展的规律，其在规模发展、培养内容与方式以及出口标准设置等方面必须与行业需求及发展趋势相适应，人为的超越行业需求而加速发展专业学位，只会制约专业学位教育真正的发展。

第六章　专业学位研究生教育适切发展
的国别及专业模式比较

通过对美国、英国及日本专业学位研究生教育的发展历程及现状特点的比较分析可以看出，三国在发展专业学位，推进其与社会经济发展的适切，尤其是专业学位与职业资格匹配方面采取的策略与路径有明显差异。

第一节　专业学位研究生教育适切发展
的国别模式比较

一、行业协会主导型的美国专业学位研究生教育适切发展的模式与策略

美国是市场经济充分发展的社会，其专业学位的发展及与职业资格准入的匹配完全由市场推动。具体而言，即充分发挥行业协会作为市场的代表力量在专业学位建设及其与职业资格准入匹配过程中的主导作用，推动两者之间确立根据行业需求的关联性。

美国发展专业学位以及加强其与职业资格有效衔接的一个重要前提是对专业学位进行的专业认证。无论是在法律领域还是在工商管理及会计领域，只有通过专业认证的院校毕业生才能较为顺利地进入职业资格准入的选拔阶段。而没有接受专业认证的院校毕业生即使能够参与职业资格考试，也被附加了较为严格的职业资质及经历审核。这是因为专业认证实质上是按照行业执业能力的要求，对培养机构的教育内容、方式、师资、设备及教学水平提出统一的标准，这种认证的标准是一种基本的质量标准，它最大限度地保证了认证

院校毕业生能符合行业用人的标准。对专业学位的认证使得专业学位教育与职业资格准入在职业性、应用性的基础上有了共同的对话基础。

在对专业学位进行专业认证及构建其与职业资格匹配的有效机制方面，行业协会发挥着主导的作用。无论是美国律师协会还是商学院促进协会，其主导作用一方面是作为行业的代言人，按照行业执业能力的要求，提供专业学位教育的基本质量标准，确保专业学位教育的职业化发展导向；另一方面是直接参与专业人才的招收及培养过程，制定相关标准，监控指导专业学位教育的开展。行业协会作为行业代言人，它是职业准入标准的制定者与把关者，但通过对教育机构的专业认证及人才培养过程中的指导与监控，它在实质上也承担起建设与发展专业学位教育的规划者与主导者的作用。这种双重身份保证了专业学位教育的内容与质量标准能够符合行业工作的实际需要，从而使两者之间能够建立起较为紧密的关联。

总体而言，在美国市场经济充分发展的背景下，行业协会建制完善，具有较高的权威性与公信度，它在专业学位课程建设、行业准入资格的限定及专业学位教育认证与引导中同时承担着主导的作用，确保专业学位质量标准与行业用人准入规格之间能够建立起自然的匹配关系。因此，专业学位发展以及匹配相应的职业资格采取的是行业协会主导型模式。

二、松散市场型的英国专业学位研究生教育适切发展的模式与策略

英国是市场经济最早成熟的国家，与美国同样，行业协会在职业资格准入及专业人才培养方面都发挥着积极的作用。不过英国的高等教育结构体系与美国有很大差别，这使其在发展专业学位教育时的模式及路径方面有着截然不同的特色。英国专业学位教育的特点主要在于：

从大学专业教育及与职业资格准入衔接的方式看，主要通过专业教育背景与职业资格考试科目的对等互换来实现两者的有机匹配。表面上看，大学专业课程与为职业资格准入而设计的职业培训课程是两套系统。但行业协会普遍设置的免试政策规定，高校学生在大学相关专业的学习经历有助于其直接进入职业资格准入的相应阶段。同时，完成一定的为职业资格准入而设计的职业培训课程后可直接申请大学的本科甚至硕士学位。这种制度设计使得

职业课程培训学员与高校专业学生的角色实现了互换,既充分利用了高等院校优质的教育资源,密切了与高等院校的联系,也保证了从业者的质量,由此实现了专业学位教育与职业资格准入的有效衔接。

从专业学位的层次定位以及与行业的衔接关系看,大学本科层次的专业教育与职业资格显示出较高的相关性。在英国的职业资格准入体系中,本科教育完成即可与职业资格对接。相比而言,美国在学历层次方面要求更高,基本上必须取得研究生专业学位才有资格进入职业准入阶段。这种差异一方面是两国教育体制的差异所致,美国在本科教育主要侧重通识教育,专业教育基本在研究生阶段才开始;另一方面也反映出英国大学本科的专业化、职业化的导向较为明确,这使得其研究生层次的专业学位的优势并不明显。

在专业学位发展的主导机制方面,行业协会在专业教育认证及职业资格准入匹配过程中发挥着积极的作用。不过英国是自由市场经济的发源地,高等教育体系具有较大的开放性。在职业人才培训方面存在着行业协会的职业培训与大学专业教育并存的格局,如可提供法律实践课程 LPC 培训的非大学机构即有全日制机构 25 所,非全日制机构 19 所,远程学习机构 3 所。这使得英国行业协会在专业学位匹配职业资格准入方面不像美国的行业协会采取直接对应的强势方式,而是将大学专业教育与职业科目培训的对等互换作为职业资格准入的选择之一。这种开放式、多样化的选择模式使得专业学位的发展以及与职业资格的匹配呈现较为松散的状态。

三、行政主导型的日本专业学位研究生教育适切发展的模式与策略

与英美两国同样,日本的专业学位质量认证及其与职业资格准入的衔接方面,表面上是由行业协会主导,但仔细分析日本专业学位的建立及发展历程,政府在背后积极推动的作用是无法忽视的。

第一,专业学位的建立及与职业资格匹配的发展方向的明确均由文部科学省及相关政府部门主导。专业学位的建立始于 20 世纪 90 年代末,作为高等教育职能社会化战略的一环,专业学位从构想的提出到具体付诸实施,主要在文部科学省及其咨询机构"中央教育审议会"(包括其下属机构法务研究生院分会)中进行,除了司法行业,其他领域的行业协会在此过程中基本失声。

最终建立的专业学位,其分布领域主要也是文科省认为对日本国家发展相对急迫且重要的领域。

第二,在专业认证及培养过程的监控指导方面,行业协会虽然有所参与,但其作用并非如英美两国那样是绝对的、唯一的。以法律领域为例,虽然日本也借鉴了美国法学院招生的适应性考试模式,但代表行业协会的日本律师协会只是参与者之一,代表教育界的半官方组织独立行政法人大学入学考试中心也可提供适应性考试供考生及学校选择。在专业认证方面,目前针对法务研究生院的外部评估机构主要有三类:行业组织的日本律师协会、大学基准协会以及半官方的大学评估与学位授予机构,分别从不同的视角对法务研究生院进行评估,具体选择何种机构的认证由大学自定。由于行业协会之外还有其他选择,这使行业协会在专业人才培养中的监控与指导角色受到一定制约。

第三,虽然日本律师协会作为行业的代言人,具体承担行业准入标准的制定。但日本政府在推动专业学位与职业资格匹配方面的作用也不可忽视。政府的作用一是体现在立法层面,通过颁布《法务研究生院教育与司法考试协调的法律》明确专业学位与职业资格匹配的发展方向,从战略层面确保专业学位的教学质量符合行业需要;二是从制度层面协调教育机构与行业协会的利益,从战术层面确保专业学位教学内容符合职业准入需求。2007 年 5 月,日本成立法务研究生院协议会,参加者包括法务研究生院协会、日本律师协会以及文科省、法务省和最高法院等政府职能部门。协议会的具体职能是法务研究生院的成绩认定标准及与司法考试成绩的关联。从制度层面而言,大学协会与行业协会的意见通过上述平台进行有机协调,确保专业学位教育与职业资格考试匹配的实现。

相比英美等国,日本的市场经济有其特点。官商结合的国家资本主义色彩更加浓郁,行业协会的机能发育也相对滞后,缺乏权威性与社会认可度,始终不脱半官方组织的色彩。这是日本在推动专业学位发展并构建与职业资格匹配的过程中采取行政主导模式,由政府扮演直接的推手来发挥实质性作用的主要原因。这种模式在行业协会权威性及社会认可度缺失的环境下有其存在的合理性,对迅速推进专业学位发展,构建与职业资格的匹配有积极的作用,但长期看存在较多的负面因素。2010 年以后,日本专业学位教育发展的困境实际上也证明了此点。

　　综观美英日三国在推进专业学位建设以及构建与职业资格匹配的模式和策略的经验,可以认为在市场经济尚不完全成熟,行业协会的权威性与社会认可度有待确立的阶段,政府的适度介入有利于快速构建专业学位与职业资格的有效衔接,推动专业学位的发展。不过在匹配关系确立以后,只有逐步强化行业协会的主导作用,削弱行政力量的介入程度,才能促进专业学位的长期发展,巩固其与职业资格匹配的稳定性。

四、专业学位研究生教育适切发展的基本要素

　　从前几部分的比较分析可以看出,美国、英国及日本在发展专业学位研究生教育的模式与路径方面存在较大区别,这是由各国的社会经济发展的特性,尤其是市场机制中政府与行业组织的力量格局所决定的。但上述三国的专业学位研究生教育在发展过程中又存在不少共性,这是保障其专业学位适切社会经济需求从而稳步发展的基本要素。

　　第一,规模发展需要适应并可适度超前社会经济及高等教育自身的发展。

　　从美英日三国的比较分析可以看出,专业学位作为应用性的、与行业需求密切相关的学位教育,其规模发展需要满足社会经济发展的需求,并与之基本保持同步发展。

　　美国专业学位研究生教育的规模发展较为顺利,根据张建刚等的研究,1992—2006 年,美国人均 GDP 增长 79.48%,同期专业学位研究生人数增长62.18%,两者数据基本接近。社会经济的发展推动专业分工的深入,由此为专业学位研究生教育的发展带来强劲的需求[①]。除了 GDP 的因素影响以外,专业学位研究生教育的规模还与同期的人口增长率以及高等教育自身的发展有较大的关系且可能超过后两者的增长率。1992—2006 年,全美人口年均增长 1.1%,同期本科毕业生规模年均增长 1.98%,与此相比,专业学位研究生规模的年均增幅为 3.52%。从增幅的规模看,人口数量及本科毕业生的增长

---

　　① 张建刚,孙飞燕.美国专业学位研究生规模影响因素研究[J].高等工程教育研究,2008(6):137-141.

速度均低于专业学位的增长,说明随着社会经济的发展,社会对高层次专业人才的需求有可能超前人口及高等教育自身的规模发展。

但是从日本的案例可以看出,适度的超前必须充分基于行业需求的实际。日本的专业学位研究生教育在政府的积极引导及行业组织的主动配合下,以强化专业学位教育与相关行业职业准入资格为切入点,适应了社会对高层次专业人才的需求,在专业学位发展的起步阶段,其规模增长较为有序、稳定。但由于日本专业学位的规模是由政府通过计划目标所设置,在实践过程中超越了行业发展的实际需求,专业学位超需求的人才供给一方面极大影响了行业市场的用人秩序及从业者的利益,另一方面也导致专业学位后续发展出现停滞甚至衰退的局面。

专业学位教育是与行业发展关联紧密的高层次的应用型研究生学位教育,这决定了它的规模增长应与社会经济发展基本保持同步并可适度超前,但这种超前应高度立足于相关行业对高层次人才的需求基础之上。这是专业学位研究生教育规模发展适切性的核心关键。

第二,专业学位研究生教育的培养模式与教育内容应立足并充分体现行业社会发展的需求。

专业学位教育的培养模式与教育内容必须立足并充分满足相关行业对从业人员专业素质能力的要求,这是由专业学位应用性、实践性的学位教育的本质特性所决定的。从美国、英国及日本的实践案例看,无论是法律会计还是工程及教育等,三国专业学位教育的内容及培养模式都充分体现了相关行业对从业人员能力素质的准入要求,其课程结构内容、教学方式等均根据行业实践的要求进行规划与运作。为了体现并确保专业学位教育的培养模式与教育内容能够适应并满足行业社会发展的需要,三国在专业学位建设过程中均强调行业组织在培养模式及教育内容确立过程中的主导作用,通过构建行业组织为核心的专业认证机制,确保专业学位教育的培养过程与教育内容能够反映行业社会的规范。

需要指出的是,专业学位研究生教育虽然以应用性、职业性为导向,但其并非一般的职业教育。专业学位教育强调的是高层次的专业人才的培养,它面向的不是一般的职业操作人员,而是具有较高理论素养的专业管理及技术人才。与职业教育注重操作技能不同,专业学位教育更关注的是与该行业从业相关的知识体系与能力的培养,因此在培养模式与教育内容上,它将专业理论学习与专业技能实践并重,而非职业教育般侧重实践操作性、职业针对性。专业学位教育虽然强调立足行业社会发展的实际需求,但不能完全等同于行业实践。这虽然有利于明确专业学位培养应用性、职业性导向的一面,但也将导致承担专业学位教育的各具体院校在教学内容与教学方法上的趋同,从长远看,最终会影响专业学位教育的稳定发展。因此在培养模式与教育内容上,一方面专业学位研究生教育必须与行业实践紧密相关,但另一方面,它又必须与行业实践保持一定的距离。作为研究生学位教育,它应有一定的学术性与理论性,能适度超越与引领行业社会的发展实践。这是专业学位研究生教育内容发展适切性的核心关键。

第三,专业学位研究生教育的质量保障应立足并充分体现行业社会准入与发展的需求。

专业学位作为强化相关行业需求与发展的应用性、职业性的学位教育,其人才培养的质量规格必须满足行业社会准入与发展的需要。具体而言,其在专业学位的人才出口标准方面应体现行业社会对从业人员专业能力素质的要求。从实践看,行业协会主导的专业学位教育的质量认证以及在专业认证基础上构建的与相关行业的职业准入机制的匹配,是确保专业学位教育质量适切社会经济发展需求的核心关键。其具体的衔接匹配模式将在下一节中进行分析。

第二节　专业学位与职业资格匹配的专业模式比较

专业学位研究生教育适切发展过程中,专业学位与相关职业资格匹配的状况是体现其适切性的一个重要指标。除了上述国家模式的影响之外,不同行业领域专业发展的特点及其成熟度也对专业学位匹配职业资格的方式有较为明显的影响。一般而言,在推进专业学位与职业资格匹配的行业模式方面主要存在以下两种倾向。

一、专业学位匹配职业资格准入的必要模式

必要模式的特点是专业学位与职业资格有直接明确的关联,参加职业资格考试的前提是必须获得相关领域的专业学位,两者呈现直接挂钩的倾向。其典型是法律领域。

以美国为例,美国律师协会(ABA)及全美律师考试委员会(NCBEX)规定,律师资格考试的报名条件包括大学教育与法学教育两方面。其中法学教育要求申请人必须获得 ABA 认可的法学院所授予的法律学位(J. D.)方可取得律师考试资格及从事法律职业,以此保证行业准入的质量。此规定在全美 46 个州得到认可。

在日本,2004 年制定的新司法考试制度规定,从 2011 年起,司法考试的资格原则上必须是法务研究生院毕业。非法务研究生院毕业生如欲参加司法考试,须先通过预备考试,证明其具备与法务研究生院毕业生同等的能力素质后方可报考。司法考试资格为 5 年内 3 次有效,期满仍未通过者需回法务研究生院重读。从 2004—2011 年的过渡期内,司法考试采用新旧两种考试机制并存的双轨制,即只限法务研究生院毕业生报考的新司法考试和向所有人员开放的旧司法考试并存。

除了法律领域之外,在医学领域,各国一般也采用必要模式,对医生执业资格的申请人做出较为严格的专业教育背景及学历要求。

必要模式是最为直接体现专业学位与职业资格匹配的模式,它对强化专业学位的应用性、职业性导向,保障专业学位的专业培养质量无疑起到了积极的推动作用。这种模式对专业化程度较高的行业领域是非常适合的。不过从日本的案例也可看出,专业学位与职业资格过度紧密的衔接必然导致专业学位人才培养及课程设置基本围绕职业资格考试展开,造成人才培养同质化倾向的形成。同时,这也将极大地限制专业学位教育内容的广博度,抑制专业学位毕业生的职业选择范围。在职业资格考试通过率不高的情况下,专业学位毕业生转入其他行业就业将面临较为不利的局面。

二、专业学位匹配职业资格准入的优惠模式

优惠模式的特点是虽然职业资格考试的申请资格中并不强求专业学位为前置的教育条件，但专业学位获得者在参加职业资格考试时享有一定的优惠待遇。这种模式主要在会计、工程等领域应用较为普遍。

优惠模式是一种操作简便的匹配模式，在各国都有较为普遍的存在。日本的相关行业组织明确规定会计专业学位、知识产权专业学位及临床心理专业学位的毕业生在参加相关国家资格考试时可享受一定的优待，即免除部分考试科目。知识产权研究生院培养从事有关专利、商标及著作权保护的专业人才并授予专业学位。与其相对应的国家资格考试为辩理士考试。根据2007年修订的《辩理士法》的规定，2008年以后的入学者，在获得专业学位后的两年内参加辩理士资格考试可免除其中的工业所有权考试科目。在会计专业领域，根据日本新修订的《会计师法》，获得会计专业学位的，在参加会计师资格考试时可免考财务会计、管理会计及审计等3门科目。

同样的情况也出现在英国的注册会计师资格考试中。ACCA为英国注册会计师的全国统一考试。考试分为基础、证书和专业三个阶段，每个阶段都有相应的考试科目和具体的考试时间。ACCA的报考资格较为宽松，一般达到英国大学的入学要求即可注册成为ACCA的学生，修满规定的专业学分即可参加考试。但同时，ACCA与大学会计专业教育紧密相连，会计专业课程设置及内容与ACCA考试关联度较高，其中最为重要的就是ACCA免考政策的设计。根据规定，会计本科毕业生可自动免考8门课程。在职业资格与学位的互通上，ACCA规定学员在通过基础和证书两个阶段的考试后可申请英国牛津布鲁克斯大学（Oxford Brooks University）学士学位。学员完成ACCA三个阶段全部考试后还有资格申请硕士学位。不难看出，会计职业资格准入已经将高等教育和职业资格准入紧密地结合起来，二者实现了贯通，这不仅保证了会计从业者的专业水准，也有效地利用了高等教育资源。

美国的注册会计师资格考试情况也有些类似。根据美国注册会计师协会（AICPA）的规定，注册会计师执照的申请人并不限于通过专业认证的会计专业毕业的学生。只要获得该州教育部门认可的相关专业（如会计、工商管理、

税收、金融、市场等)的毕业生均可申请。根据 AICPA 的规定,资格申请的条件是必需修满 150 学分的会计学专业课程。由于大多数学校的会计专业本科学分总量控制在 125 分左右,与报考注册会计师要求的 150 学分有较大差距,这使得会计专业本科毕业后继续攻读会计专业学位或相近的经济管理类学位成为报考注册会计师的重要条件。同时,会计硕士学位虽非申请注册会计师执照的必要条件,但在注册申请时能获得优惠待遇。一般而言,获得会计硕士学位的申请人在申请注册会计师执照时能获得豁免一年会计职业工作经验的优惠待遇。相比而言,非会计硕士学位的申请人则必须同时拥有两年以上有效的会计职业经验。

除了会计领域,工程领域是实施优惠模式的另一主要领域。工程领域的优惠模式主要是对通过专业认证的工程教育毕业生在参加注册工程师资格考试时减免专业实习年限来予以体现。

美英日三国均为华盛顿协议签署国,三国对本国大学的工程教育均实施专业认证,上述国家在规定注册工程师报考资格时虽均未对教育背景进行严格限制,但对从业经历及实践技能方面提出了严格的要求,对通过认证的院校毕业生则提供减免优惠。

美国的工程师 PE 资格考试由各州自行进行,但基本规定通过美国工程教育认证组织(ABET)认证院校的毕业生,只需 4 年的工作经验即可报考,而非 ABET 认证院校毕业生则需 6~8 年甚至 12 年的工作经历才能参加 PE 考试。

日本的注册工程师考试对认证院校(JABEE)毕业生的优惠待遇更为明显。根据日本《技术士法》的规定,日本的注册工程师资格考试分为初试、复试和实习三个阶段。其中 JABEE 毕业生可免试初试阶段的考试。而在第一阶段初试与第二阶段复试之间设计的是工作经验,相比 JABEE 毕业生只需 4 年的工作经验,非 JABEE 院校毕业生则需要 7 年的工作经验[①]。

采用何种模式对专业学位与职业资格考试进行匹配,主要取决于该学科领域专业化程度的高低。不过不管采取何种模式,专业学位与职业资格考试对接使专业学位的应用型人才培养方向得以明确。

---

① 汪辉.日本高等工程教育的质量评估机制[J].高等工程教育,2005(3):71—74.

总体而言，职业资格准入与专业教育匹配是一种双向互动的过程。就高校而言，将培养目标、课程体系与取得执业准入必需的知识和能力联系起来有利于保证学生在专业领域的就业率。而从行业团体视角考虑，专业权限、质量保障水准、行业地位提升，是专业协会实行市场准入制度的动机中相互关联的三个主要方面。专业教育保证了从业人员的专业水准，从而也为涉及公众健康、福利和安全的各项专业性工作提供了保障。

第三节　推进专业学位研究生教育适切发展的保障条件与路径策略

一、保障专业学位研究生教育适切发展的前提条件

综观美英日三国专业学位研究生教育的发展，其能较为顺利地发展并适切社会经济发展，主要基于以下的制度保障。

（一）强化行业协会的权威性，强化其对专业学位研究生教育的影响力

专业学位是职业性的学位，对其进行质量评估自然属于职业能力鉴定范畴，在专业学位研究生培养过程中理应有行业协会的广泛参与。作为从业人员职业组织的行业协会，它既是行业准入的监控者，同时也是专业学位毕业生的主要接收方。从保障行业工作的服务质量及提高从业人员的素质角度出发，它理所当然有权对专业学位的培养质量及毕业生的出口规格提出要求。专业学位要持续发展并与职业资格能有效对接，行业协会理应发挥积极主导的作用。

行业协会在专业学位培养过程中的主导作用主要基于其在行业领域的权威性。这种权威性一是来自于其参与专业认证、执业注册等活动中所表现出来的独立、公正、科学的行业权威，如各国律师协会对相关法律专业学位的严格认证，美日两国律师协会对报考法学院学生进行的考前法律资质测试等，均是以公众利益为出发点，按照行业准入的要求进行严格把关。行业协会在相关专业教育及执业资格审核中所体现出的严谨，保证了社会公众对其行业权威地位的认可。二是行业协会的权威性得到相关法律及行政授权的明确肯

定。以美国为例,全美 46 州政府在律师资格考试时明确要求考生的学历背景必须是美国律师协会认证的法学院毕业生。在日本,新司法资格考试的学历条件被限定在法务研究生院毕业。虽然法务研究生院的设置需得到文部科学省的行政认可,但其需要定期接受包括日本律师学会在内的专业认证,如果认证未通过,则毕业生的报考资格会受到影响。政府对行业协会的行政授权无疑大大强化了行业协会在专业学位培养中的权威性,便于强化其对课程设置内容及质量标准的影响,从而推动专业学位教育与职业资格认证的有效衔接。

(二)政府的强力保障对增强专业学位人才培养的行业需求导向,构建其与职业资格衔接机制有明显的促进作用

美国专业学位的发展历程及其与职业资格的匹配充分证明行业协会在其中具有不可替代的作用。但行业协会的权威地位的确立有赖于市场机制的充分发展与成熟。在行业协会权威性尚未完全确立的阶段,就需要政府运用政策法规手段积极扶持行业协会的成长,鼓励其主动参与专业学位研究生教育的培养过程、质量标准的制定及执业资格的认证活动,以此突出其行业权威的特性,提升社会对其的认可度与接受度。这方面值得借鉴的是日本的模式。

日本是行政主导色彩较强的国家,行业协会的独立性及社会认可度均不及英美等国。但作为职业导向的专业学位在发展过程中,其培养方案的制定与质量标准的明确又离不开熟悉行业情况的行业协会的参与与把关。如何引导行业协会参与专业学位的发展,鼓励其积极主动地参与构建专业学位及其与职业资格匹配的长效机制就成为政府保障作用的关键。

日本政府的策略一是体现在立法层面,通过颁布《专业学位设立标准》《法务研究生院教育与司法考试协调的法律》等法令法规,规定法务研究生院实践教师中行业工作者的比例,明确了行业协会在专业学位质量保障及职业资格认证中的主导性,从而从制度层面树立了行业协会的权威性。二是从实际的运行机制方面协调教育机构与行业协会的利益,引导行业协会参与制定专业学位教学内容及质量标准,以此确保其符合行业准入要求。2007 年 5 月,日本成立法务研究生院协议会,参加者包括法务研究生院协会、日本律师协会以及文科省、法务省和最高法院等政府职能部门。协议会的具体职能是法务研究生院的成绩认定标准及与司法考试成绩的关联。通过上述扶持政策,日本政

府在专业学位发展之初,即扩展了行业协会在专业学位培养过程中的职责范围,从而推动了行业协会在构建职业资格与专业学位教育匹配机制过程中发挥积极作用。

二、实施专业学位研究生教育适切发展的路径与策略

从美英日三国的实践经验看,推进专业学位研究生教育适切社会经济发展的关键在于,遵循专业学位"专业性"的内涵规律,构建以专业学位教育与职业资格准入衔接为导向的专业学位质量保障与规模发展机制,具体而言:

首先,在宏观层面,要重视政策法规的引导与规范作用,确立专业学位教育发展及其与职业准入相衔接的基本构架。日本的专业学位教育起步较晚,至 2003 年才正式展开。但其发展较快的根本原因在于从开始设置时就注意专业学位教育与职业资格准入的衔接。通过颁布《学校教育法》《学位规则》以及《专业学位研究生院设置基准》等相关法律文件,在法律上明确以职业准入的标准规范专业学位教育培养质量的原则。例如在师资配置方面,《专业学位研究生院设置基准》明确规定专任教师中要有 30%～50% 的教师是有相关行业从业经验的专业人员,以此确保培养过程中的实践教学质量能满足职业准入的要求。

其次,在质量评估体系方面,在政策法规进行引导和规范的基础上,改革专业学位评估体系,引入行业组织参与机制是非常关键的。评估是国际高等教育保证质量普遍采用的重要手段。欧美各国高等教育质量评估主要依靠中介组织来进行。由于专业学位与行业的必然联系,行业机构更是渗透于专业学位教育的全过程。例如,在美国,专业学位都由各自的行业协会和教育协会联合管理,如美国牙医协会(American Dental Association)和美国牙医学院联合会(The American Association of Dental Schools)共同参与牙医博士的教育;全美律师协会(ABA)和全美法学院协会(AALS)、美国法律图书馆馆员协会(HALL)参与法律博士的培养等。日本律师协会在法务博士(JD)培养过程中的作用也非常明显。无论是入学考试时的适应性测试内容的审核还是培养过程中的课程内容的规划,律师协会都起着主导作用。我国目前的专业学位教育的规划与指导由相关领域的专业学位教育指导委员会具体负责,很多专

业学位教育指导委员会的委员来自于相关部委行业，这为专业学位与行业的联系提供了可能，但仅停留于此是远远不够的。借鉴发达国家学位教育的成功经验，我国应加强各专业学位教育指导委员会的建设，在专业学位教育指导委员会中扩充行业力量，以此为纽带，使各专业学位培养单位能够面向各行业部门的实际需要并得到其认可和支持。

第三，在学校层面，应调整培养计划，根据行业准入的要求与发展的需要，重新审视专业学位教育的质量观与质量标准，系统地规划与设计专业学位教育的培养内容和培养规格。具体而言，即是把专业能力培养作为专业学位教育的核心，充分考虑相关行业对专业人才知识结构、能力素质的要求，突出专业学位课程建设的基础性、专业性与实践性，确保学生的培养能满足行业的用人所需。在强化以专业能力培养为导向的专业学位建设过程中，最关键的一点就是要打破传统的封闭型人才培养模式，加强与企业、用人单位的合作。学校和社会用人单位双方资源共享，共同负责招生、培养和就业全过程。通过学校和行业社会的合作，引进行业力量，强化行业协会对专业学位教育的监督和管理，从而使学位教育贴近行业社会实际，充分满足行业社会发展对高层次应用型人才的要求。

第四，在学位与职业准入衔接的方式上，应根据不同行业与专业学位领域的特点，建立相应的专业学位与职业资格准入的衔接体系，以适应不同类型专业学位质量保障的要求。从国外的经验看，根据专业学位教育与行业关联的密切程度，一般可采用两种模式：一是在职业资格对专业教育要求较高的领域，如法律、医学、建筑等，可采用专业学位为职业资格准入的必要条件的模式，即将获得专业学位作为职业资格准入的先决条件。二是在职业资格准入对专业学位教育经历要求宽松的领域，如会计、公共管理、艺术等，则可采用专业学位为职业资格准入优先条件的模式，即在参加职业资格考试时，获得专业学位者可享有免除部分科目考试的优惠待遇。根据行业与专业学位领域的不同特点，采用不同的模式进行衔接，有利于建立基于专业学位自身发展特点的有效的质量保障机制。

第七章　中国专业学位研究生教育发展的
适切现状与改革路径

专业化社会的发展改变了研究生教育单一的学术型、精英型的发展模式，以应用型专业人才培养为导向的专业学位在研究生教育中的影响与比重逐步扩大。自 20 世纪 90 年代起，专业学位在我国得到了快速的规模扩张，但同时，其问题也日益突出，并严重影响到其自身的规模与层次的进一步提升。

第一节　中国专业学位研究生教育发展的历程

与欧美等国专业学位制度源于职业教育不同，中国的专业学位制度直接源于 20 世纪 80 年代的高校在职人员学位申请。这是此后专业学位主要面向在职人员，对招生对象有严格的限制的一个重要原因。

20 世纪 80 年代初，在社会经济快速发展的背景下，各行各业普遍出现专业人才严重不足的现象。为了解决这一状况，原国家教委于 1986 年发出《关于改进与加强研究生工作的通知》，指出研究生教育存在的主要问题是对增加招收有实践经验的在职人员缺乏有效措施，研究生培养规格单一，对实际能力的培养重视不够，强调要注意培养多规格的应用学科的研究生。作为这一建议的补充，1989 年国家教委又发出了《关于加强培养工程类型工学硕士研究生工作的通知》，提出面向厂矿企业、工程建设等单位，培养工程类型工学硕士研究生①。

---

① 工程专业学位研究生教育大事记（1984—2018）［EB/OL］. http://meng. tsinghua. edu. cn/ztpk/dsj/474. htm.

1990 年,国务院学位委员会第九次会议首次提出了"专业学位"的概念,强调以此改变学位规格单一的局面,促进应用学科的建设与发展,加速培养应用学科的高层次人才。此后,专业学位正式进入了制度初创及试点实施阶段。

从中国专业学位发展的历程看,基本可分为三个阶段。

第一阶段是从 1991 年专业学位创设到 1996 年,为专业学位制度确立与启动发展的阶段。

根据 1992 年公布的《研究生教育和学位工作"八五"计划和十年规划要点》,"八五"期间研究生教育和学位工作的主要任务之一是"大力加强应用学科人才(如工程技术、临床医学、财政金融)的培养和专业学位的设置工作","在临床医学、建筑学、工商管理等学科,建立专业学位制度"。① 根据社会经济发展及法制建设的需要,初期专业学位的试点侧重于工商管理和建筑学领域。国务院学位委员会分别于 1990 年和 1992 年设置了工商管理硕士专业学位和建筑学专业学位(含建筑学学士和建筑学硕士两级)。同时,为了培养高层次的复合型、应用型法律专门人才,1995 年国务院学位委员会第十三次会议审议通过了法律硕士专业学位设置方案,批准北京大学、中国人民大学、中国政法大学等 8 所高校进行法律硕士专业学位的试点工作。

20 世纪 90 年代中期以后,随着社会日益增长的对应用型人才的需求,国家对专业学位教育的重视力度也逐渐加大。

1995 年 11 月 3 日,国家教育委员会发布了《关于进一步改进和加强研究生工作的若干意见》,提出"研究生教育应当保持一个适当的规模和发展速度",在招生政策上"要高度重视经济建设急需的高层次应用型专业人才的培养。'九五'期间研究生招生数的增量部分,优先用于培养专业学位和其他各类应用学科的人才","大力加强复合型应用人才的培养。统筹规划专业学位的研究生教育,扩大专业学位研究生教育占硕士生教育的比重"。② 在此方针的影响下,国务院学位委员会第十四次会议审议通过了《专业学位设置审批暂

---

① 国家教育委员会 & 国务院学位委员会. 研究生教育和学位工作"八五"计划和十年规划要点[J]. 学位与研究生教育,1992(4):1—3.

② 国家教委. 关于进一步改进和加强研究生工作的若干意见(1995 年 11 月)[EB/OL]. http://www.law-lib.com/law/law_view.asp? id＝61341.

行办法》,并于 1996 年 7 月 22 日正式公布。暂行办法共 13 条,对专业学位设置的目的、专业学位的性质、名称、级别、申报条件、审批程序等做了全方位的规定。暂行办法是我国首个关于专业学位研究生教育的法规性文件,它的颁布初步构建了专业学位研究生教育的制度框架,从而对其后续发展产生了较大的推动力。

第二阶段是从 1996 年至 2008 年,专业学位研究生教育进入了快速布局的规模发展阶段。

1996 年以后,专业学位的设置与布点工作在制度保障下有了较大的发展。1998 年,教育部又先后增设了临床医学、口腔医学和兽医等三个专业博士学位,推动专业学位建设向高层次人才培养发展。

在专业学位发展过程中,2002 年,国务院学位委员会、教育部召开首次全国专业学位教育工作会议并下发了《关于加强和改进专业学位教育的若干意见》。意见明确指出,为全面贯彻、落实党中央、国务院确定的科教兴国战略,适应国家经济建设、科技进步和社会发展需要,必须不断地改革和完善我国学位与研究生教育制度,促进专业学位教育的健康发展[①]。文件首次明确了专业学位人才培养与学术性学位人才培养是高层次人才培养的两个重要方面,强调两者在高校人才培养工作中具有同等重要的地位与作用。这一方针极大地提升了专业学位在我国学位体系中的地位,成为此后专业学位研究生教育发展的指导思想和基本方针。

在上述方针的指导下,我国专业学位研究生教育的布局设置与规模发展进程大大加快,至 2008 年,我国先后设立了 19 种专业学位,专业学位授权点由 1996 年的 88 个增加到 2008 年的 3200 多个,硕士专业学位研究生年招生人数由 1997 年的 7800 多人增加到 2008 年的 17.4 万人。总体而言,这一阶段,通过不断探索与试点符合专业学位研究生教育规律的培养模式,我国明确了专业学位研究生教育的目标方向,逐步完善了专业学位研究生教育的基本制度,为专业学位研究生教育的进一步发展奠定了良好基础。

---

① 　国务院学位委员会. 关于加强和改进专业学位教育工作的若干意见[EB/OL]. http://www. moe. edu. cn/s78/A22/xwb_left/moe_826/tnull_3077. html.

　　第三阶段是 2009 年以后,我国专业学位研究生教育进入了数量类别与质量建设并重的全面发展新阶段。

　　2008 年以后,国家加快了人才强国建设步伐。2008 年的国务院学位委员会第 26 次会议指出,要调整学术学位和专业学位的比例,积极发展符合我国产业结构特点的专业学位,改变全日制硕士研究生以攻读学术型学位为主的局面,为各行各业培养一线专业人才。按照国家战略部署,教育部积极地调整研究生教育的学科类型和布局结构,稳步发展学术学位研究生教育,大力发展专业学位研究生教育,以适应产业结构调整和经济发展方式转变的要求。

　　在上述政策推动下,我国专业学位教育类别快速增加,招生规模进一步扩大。2009 年,教育部决定增招 5 万硕士研究生,全部用于招收应届本科毕业生全日制攻读硕士专业学位,并逐年扩大专业学位硕士研究生招生数量。这一政策调整改变了此前硕士专业学位研究生教育一般不招收应届毕业生而以在职攻读学位为主的局面。专业学位由此进入到了研究生招生的主渠道,成为研究生教育的重要组成部分。

　　2010 年,国务院学位委员会第 27 次会议审议通过了《硕士、博士专业学位研究生教育发展总体方案》,指出到 2020 年要实现研究生教育从以培养学术型人才为主转变为学术型人才和应用型人才培养并重,专业学位教育体系基本完善,研究生教育结构和布局进一步优化,培养质量明显提高,研究生教育能够更好地适应经济社会发展需要和满足人民群众接受研究生教育的需求的发展目标[①]。根据总体方案实施的要求,国务院学位办同时制定颁布了《硕士、博士专业学位设置与授权审核办法》,对 1996 年的《专业学位设置审批暂行办法》做了修改与完善。

　　2011 年,国务院学位委员会第 28 次会议审议通过了《关于开展"服务国家特殊需求人才培养项目"试点工作的意见》,针对有关行业领域特殊需求的高层次专门人才,通过择需、择优、择急、择重的方式,批准 64 所学士学位授予单

---

　　① 国务院学位委员会. 硕士、博士专业学位研究生教育发展总体方案[EB/OL]. http://www.cdgdc.edu.cn/xwyyjsjyxx/gjjl/zcwj/268313.shtml.

位招收培养硕士专业学位研究生①。上述政策对高校学位授权审核做了重大调整,改变了以往高校申请硕士学位授予单位首先从学术型硕士开始的办法,允许符合条件的高校可直接申请专业硕士学位类别,以此鼓励地方本科应用型院校结合区域、行业发展需要,合理定位,强化专业学位教育的建设与发展。

2013 年,国务院学位委员会又下发《关于开展增列硕士专业学位授权点审核工作的通知》。该文件首次明确不以已有学术学位授权点作为增列专业学位授权点的必要条件②,这一规定从实质上提升了专业学位教育在国家学位教育体系中的地位,突出并强化了专业学位教育建设的独立性与重要性。该文件同时还鼓励学位授予单位根据自身办学特色及人才培养的实际需要,在硕士学位授权点(含学术学位和专业学位)总量不变的前提下,自主调整硕士专业学位授权点,以此推进专业学位教育建设的发展。

总体而言,2009 年以后,由于国家政策的推动,我国专业学位研究生教育进入全面发展的阶段。在数量类别方面,通过国家的政策引导,专业学位的种类与数量规模都有较大发展。新增设了 21 种专业学位,使专业学位类别达到40 种;专业学位授权点由 2008 年的 3200 多个增加到 2015 年的 7200 多个;硕士专业学位研究生招生人数由 2008 年的 17.4 万人增加到 2015 年的 37.6 万人。通过持续的发展,我国专业学位目前在学科门类及学位层次方面共设置了教育(教育硕士及博士)、工程(工程硕士及博士)、医学(临床医学博士和临床医学硕士学位)、公共卫生、会计、公共管理（MPA）等。学位类别包括 6 种专业博士、40 种专业硕士和 1 种专业学士③,基本形成了以硕士学位为主,博士、硕士、学士三个学位层次并存的专业学位教育体系。

除了规模数量的发展,这一阶段由于国家对专业学位研究生教育的培养模式与保障机制从制度上做了全面的规范,专业学位研究生教育的质量建设

---

① 国务院学位办.关于开展"服务国家特殊需求人才培养项目"试点工作的意见[EB/OL].http://www.moe.gov.cn/s78/A22/A22_gggs/A22_sjhj/201707/t20170728_310290.html.

② 国务院学位委员会.关于开展增列硕士专业学位授权点审核工作的通知[EB/OL].http://seugs.seu.edu.cn/_upload/article/33/f6/a40a690040a38395215f021504a6/27faa8c3-987f-40ec-a253-1e665ff0eebe.pdf.

③ 中国学位与研究生教育信息网[EB/OL].http://www.cdgdc.edu.cn/xwyyjsjyxx/xwsytjxx/xk/xkzyml/282918.shtml.

也有重大突破。2010年,由国务院学位委员会通过的《硕士、博士专业学位研究生教育总体发展方案》明确要求,专业学位的课程设置要充分反映职业领域对专门人才的知识与能力要求,以实际应用为导向,以满足职业需求为目标,突出以能力培养为本和以职业导向为本的方针;突出实践教学,保证不少于半年的实践教学,加大实践教学学分比重,改革创新实践教学模式,对实习实践进行全过程的管理、服务和质量评价,确保实践训练质量;强化专业学位学位论文的应用导向,论文选题必须来源于社会实践或工作实际中的现实问题;提升专业学位师资队伍的专业化水平,加快形成"双师型"的师资结构,确保来自实践领域有丰富经验的高层次专业人员承担专业课程教学的比例应不低于三分之一。上述要求成为专业学位教育培养质量建设的重点方向与质量标准。为了进一步规范专业学位教育的质量建设,突出职业性、应用性的发展导向,2015年,教育部又发布《关于加强专业学位研究生案例教学和联合培养基地建设的意见》①,要求高校完善专业学位的教育教学机制建设,加大专业学位教育的案例教学与实践基地建设的经费和政策支持力度,通过设立案例教学和基地建设专项经费,为其进一步充实与发展提供必要的条件保障。

　　综上所述,2010年以后,国家从强化专业学位研究生教育服务国家战略与社会经济需求职能的视角出发,推出了一系列的政策与法规,对专业学位教育培养环节及质量保障机制,如课程模块、教学模式、实践教学、师资建设以及质量标准等进行规范与强化。为了推进与完善专业学位研究生教育以职业性、应用性为导向的质量建设标准,国家还着手建立健全专业学位研究生教育的质量监控机制。2016年4月,教育部学位与研究生教育中心启动了对设置时间早、社会关注度较高的法律、教育、工商管理等8个专业学位类别的水平评估,并于2018年公布评估结果。这些举措对推进与完善我国的专业学位研究生教育的质量建设产生了积极的意义。

---

　　①　教育部.关于加强专业学位研究生案例教学和联合培养基地建设的意见[EB/OL]. http://old. moe. gov. cn/publicfiles/business/htmlfiles/moe/moe_824/201505/187792. html.

第二节　中国专业学位研究生教育规模适切的区域案例：以浙江省为例

从纵向看，我国专业学位有较大的发展，但仍存在不少问题，与国家社会经济发展需求不尽匹配。2013 年，教育部、国家发展改革委员会和财政部联合发布的《关于深化研究生教育改革的意见》中指出，当前"研究生教育还不能完全适应经济社会发展的多样化需求"，研究生教育应"更加突出服务经济社会发展"，"逐步建立研究生教育规模、结构、布局与经济社会发展相适应的动态调整机制"①。上述意见即反映了国家层面对此问题的认识。专业学位是定位于高层次应用型专门人才的学位类型，其"实践性、职业性和综合性"的基本属性决定了对其与经济社会发展的互动关系有较高的要求。那么，目前专业学位教育的规模结构发展在适应社会经济需求方面究竟有何问题？本节将以浙江省为例，分析专业学位规模结构的发展及其在与区域社会经济的互动适切状况中存在的问题。

一、浙江省专业学位研究生教育发展的概况

（一）浙江省专业学位研究生教育的发展规模

2010 年以来，全国专业学位研究生教育得到全面快速的发展，浙江省的专业学位研究生教育规模在此背景下也有较大幅度的增长。从 2010 年至 2014 年，浙江省专业学位研究生的招生总人数从 6146 人增至 11952 人，增长 94.47％；在校专业学位研究生数由 4741 人增至 20756 人，增长 337.80％，浙江专业学位研究生教育的绝对规模由此实现了跨越式的增长。

在研究生教育对应社会经济发展的相对规模方面，一般以千人注册研究生数作为衡量研究生教育对应社会经济增长关系的主要指标。所谓千人注册

---

① 教育部 国家发展改革委 财政部. 关于深化研究生教育改革的意见［EB/OL］. http://www.moe.edu.cn/publicfiles/business/htmlfiles/moe/A22_zcwj/201307/154118.html.

研究生数,即以在校注册研究生数除以当年国家或区域人口总数(每千人口)[①]。表 7-1 反映了长三角地区[②] 2010—2014 年千人注册专业学位研究生数的变化情况。

表 7-1 长三角地区千人注册专业学位研究生数(2010—2014 年) 单位:人

省(市)	2010 年	2011 年	2012 年	2013 年	2014 年
浙江省	0.10	0.19	0.28	0.37	0.43
江苏省	0.19	0.32	0.42	0.51	0.59
上海市	0.96	1.27	1.58	1.81	1.90

资料来源:相关人口、经济数据来源于上海、江苏、浙江统计年鉴和国民经济社会发展公报,专业学位研究生教育数据来源于《中国学位与研究生教育发展年度报告(2011—2015)》和中国学位与研究生教育信息网。

从表 7-1 可以看出,2010—2014 年浙江省千人注册专业学位研究生数的增幅趋势明显,每千人注册专业学位的人数规模增长了 3.3 倍。不过在绝对数值方面,对比长三角区域内江苏和上海的千人注册专业学位研究生数,差距仍较为明显,其中上海 2014 年的千人注册研究生数是浙江的 4.4 倍。在对应社会经济需求方面,浙江专业学位研究生教育的规模仍有较大的发展空间。

在专业学位占研究生总体规模的比例规模方面,2017 年 1 月 17 日,教育部、国务院学位委员会印发的《学位与研究生教育发展"十三五"规划》提出,"十三五"时期,我国将保持研究生培养规模适度增长,专业学位硕士招生占比达到 60%左右。与国家设定的上述发展目标相比,从表 7-2 的统计数据可以看出,浙江省的专业学位研究生招生占研究生招生总数的比例在"十二五"期间有较大的变化幅度。截至 2014 年,浙江专业学位研究生招生数占研究生招生总数之比已达到 49.51%,相比 2010 年,增加了 31 个百分点,大幅接近国家设定的"十三五"规划的目标。其中,硕士专业学位占比增幅明显,至 2014 年,占比已达到 54.18%,占硕士研究生招生总数的一半以上,成为硕士研究生教

---

① 方超,罗英姿. 从高规模陷阱向结构性增长转变的研究生教育发展路径选择[J]. 教育科学,2015(31):79—86.

② 根据国务院 2010 年批准的《长江三角洲地区区域规划》,长江三角洲包括上海市、江苏省和浙江省。

育的主体。博士专业学位招生数占全省博士研究生招生数之比虽逐年稳步增长，但总体比例仍偏低；至 2014 年，占比仅为 6.02％。

表 7-2　2010—2014 年浙江专业学位研究生招生数占比变化统计

类别	2010 年	2011 年	2012 年	2013 年	2014 年
专业学位占全省招生数比例（％）	18.44	23.61	28.22	48.39	49.51
博士专业学位占博士研究生招生数比例（％）	2.07	2.71	5.38	5.58	6.02
硕士专业学位占硕士研究生招生数比例（％）	33.96	42.14	49.33	53.11	54.18

资料来源：相关人口、经济数据来源于上海、江苏、浙江统计年鉴和国民经济社会发展公报，专业学位研究生教育数据来源于《中国学位与研究生教育发展年度报告（2011—2015）》和中国学位与研究生教育信息网。

总体而言，"十二五"以后，浙江省的专业学位研究生教育的绝对规模有较大的发展，但与周边地区相比，浙江省的专业学位研究生教育在人口总量中的相对规模以及研究生内部的占比规模方面仍有一定的上升空间。

（二）浙江省专业学位研究生教育的结构状况

除了规模数量指标外，专业学位研究生教育的结构状况是分析判断其教育发展质量的重要指标。专业学位研究生教育结构一般可分为层次结构、科类结构和区域结构。层次结构指专业学位研究生教育系统内部专业学位博士生与专业学位硕士生等所占的比例；科类结构指不同学科专业在专业学位研究生教育系统内部的分布状况；区域结构指专业学位研究生学位授权的高校及科研机构、学位授权点等在不同区域的分布情况。以下将就浙江省 2010—2014 年间专业学位研究生教育层次、科类及区域结构进行分析。

首先从专业学位研究生的层次结构看：

在招生数方面，2010 年，浙江专业博士学位招生 38 人、硕士学位招生 6108 人，硕博招生比为 160.7：1；到 2014 年，浙江专业博士学位招生 141 人、硕士学位招生 11811 人，硕博招生比为 83.8：1。从在校生比例上看，2010 年在校专业学位硕博比为 120.6：1；2014 年则下降到 42.6：1。可以看出，浙江专业学位研究生教育以大力发展硕士层次研究生为主体，专业博士虽有发展，但增长相对缓慢。硕博比例结构依然较为悬殊。

其次在专业学位研究生的科类结构方面：

就专业学位授权点数量而言，2010 年浙江博士专业学位授权点为 4 个，

2011年增加到5个,此后则保持相对稳定。与此相比,硕士专业学位授权点从2010年的89个增长到2014年的125个,增长40.45%。

就专业学位授权点覆盖专业学位类别而言,浙江现有的125个硕士专业学位授权点已覆盖了全部40种专业学位中除军事、林业、警务、出版和图书情报以外的其他35种专业学位类别。另有5个博士专业学位授权点,包括教育、临床医学、兽医、口腔医学和工程5种博士专业学位类别。

就专业学位学科门类而言,浙江2010年硕士专业学位招生6146人,工程、经营管理和教育分别以40.78%、21.53%和14.05%的招生占比位列前三;2014年硕士专业学位招生11952人,排名前三的学科门类依次是工程(36.32%)、管理(19.60%)和教育(12.94%)。图7-1反映了2010—2014年浙江硕士专业学位招生规模分学科占比情况。可以看出,浙江硕士专业学位研究生中工程专业门类虽招生规模逐年下滑但占比依然保持最高,其招生比例始终维持在总数的三分之一以上;而工程与管理门类两者合计招生比例高达55.92%,占专业学位招生总数的一半以上。此外,博士专业学位研究生招生涵盖医学、教育和工程三大学科门类,以医学类招生为主。至2014年,博士专业学位研究生招生数为141人,医学类招生数达到121人,占到总数的85%以上。

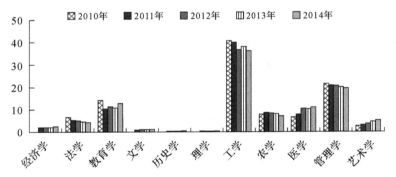

图7-1　浙江硕士专业学位研究生招生规模分学科占比变化

第三,在专业学位研究生的区域分布结构方面:

就专业学位授权单位的城市分布状况而言,根据《浙江城镇体系规划(2011—2020)》,浙江将打造"三群四区七核五级网络化"的城镇格局,其中杭州、宁波、温州、金华将成为长三角区域中心城市,形成四大都市区。目前,杭、甬、温、金四个城市拥有专业学位授予权单位 19 个,占全省 22 个学位授予单位总数的 86.4%;拥有博硕士授权点 121 个,占全省 125 个博硕士授权点的 96.8%。仅剩的舟山、绍兴和湖州 3 个城市拥有硕士专业学位授权单位 3 个、专业学位授权点 4 个,其涉及专业学位类别仅限于工程硕士、农业硕士和护理硕士。在具体的城市分布方面,省会杭州拥有专业学位授权单位 14 个,占全省专业学位授权单位总数的 63.6%,博硕士授权点 89 个,占比达到 71.2%。显然,浙江专业学位研究生教育资源区域分布过于集中,尤其是四大都市区几乎独占了全省的专业学位授权点数量,且以省会城市杭州最为密集(见图 7-2)。

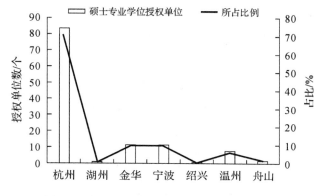

图 7-2　浙江硕士专业学位授权单位城市布局

就培养主体分布而言,从 20 世纪 50 年代开始,国内高校由中央部门和地方分别管理。按隶属关系,通常分为中央部属高校、地方所属高校两种类型。目前浙江省内专业学位授权单位中,浙江大学为中央部属高校,其他高校为地方本科高校。浙江大学专业学位博硕士授权点 30 个,占全省的 24%,其中博士授权点占全省的 80%,硕士授权点占全省的 21.7%;专业学位类别覆盖面广,已达到 65.2%。紧随其后的浙江工商大学、浙江师范大学、宁波大学,其学位授权点则下降到 12、12、11 个。从中不难看出,浙江专业学位授权点主要分布于部属高校,浙江大学的学位授权点数量多、覆盖专业类别广,已成为浙江专业学位教育的领头羊和主力军。但其他地方高校与其差距过大,影响专业学位教育的整体发展及其服务区域社会经济发展的能力。

二、产业结构升级背景下专业学位研究生教育与区域经济适切度分析

2008 年国务院学位委员会第 26 次会议指出,我国研究生教育发展的重点是,调整学术学位和专业学位的比例,积极发展符合我国产业结构特点的专业学位,改变全日制硕士研究生以攻读学术型学位为主的局面,为各行各业培养一线专业人才。按照国家战略部署,研究生教育迫切需要调整学科类型和布局结构,稳步发展学术学位研究生教育,大力发展专业学位研究生教育,以适应产业结构调整和经济发展方式转变的要求,适应新科技革命和发展战略性新兴产业的要求①。

关于专业学位教育对应的产业类别结构,本书借鉴学者吴开俊的分类方法,根据《国民经济行业分类》(GB/T4754—2002)规定的产业分类和各类专业学位设置方案规定,将专业学位涉及科类进行对应产业分类②,2010—2014 年间对应第一、二、三产业的专业学位专业招生数及占比情况如表 7-3 所示。

表 7-3 浙江专业学位科类结构与对应产业情况

年份	对应第一产业招生数(人) /占比(%)	对应第二产业招生数(人) /占比(%)	对应第三产业招生数(人) /占比(%)
2010	487/7.92	2491/40.53	3168/51.55
2011	697/8.58	3227/39.71	4202/51.71
2012	847/8.3	3727/36.54	5625/55.15
2013	925/8.09	4329/37.86	6180/54.05
2014	832/6.96	4297/35.95	6823/57.09

本书在选择产业结构升级指标时借鉴学者查婷俊所设计的产业结构升级指标。查婷俊认为地区产业结构升级主要表现在三次产业增长率、劳动力结构分布和产业部门贡献率的变动方面。其指标设计的特点在于综合考虑了上述三要素及其变动情况,复权后得到产业结构升级指数(见表 7-4)。相对而

---

① 黄宝印,唐继卫,郝彤亮.我国专业学位研究生教育的发展历程[J].中国高等教育,2017(2):18—24.

② 吴开俊,王一博.专业学位研究生教育结构与产业结构适切性分析——以广东省为例[J].教育研究,2013(2):99—104.

言,其指标数据综合程度高,可信度较强。根据权重设计规则,该指数数值越大说明产业结构优化程度越高[①]。

表 7-4　产业结构升级的指标度量

目标层	领域层	指标层
产业结构升级指数	三次产业变动情况(0.25)	第一、二、三产业增长率
	劳动力分布结构(0.30)	第一、二、三产业就业人口占总就业人口比例
	产业部门贡献率(0.45)	第一、二、三产业产值增量占 GDP 增量的比重

注:括号中数字表示各指标所占权重。

通过 Pearson 相关系数分析 2010—2014 年浙江省对应产业分类的专业学位招生数占比和对应产业结构升级指数的领域层各指标相关性发现,对应产业分类的专业学位招生数占比与其所对应产业的部门贡献率相关系数最高,第一、二、三产业分别为 0.90、0.88、0.94($p<0.05$,$N=15$),呈现显著相关关系。此外,除对应第三产业的专业学位招生数占比与第三产业就业人口占比之间表现出较高的相关性外,专业学位招生数占比和产业结构升级指数领域层其余指标之间的相关度均不及其与产业部门贡献率之间的相关度。由此可以看出,专业学位招生数所占比例与对应产业部门的贡献率之间的吻合度是判断专业学位适切社会经济发展程度的重要指标。

"十二五"期间,浙江经济发展的首要动力由"十二五"初期的第二产业逐渐转变为第三产业,第三产业在产业增长率、劳动力结构和产业贡献率方面发展势头强劲。浙江三次产业间的结构比例实现了从"二三一"到"三二一"的历史性跨越,三次产业比例由 2010 年的 4.9∶51.1∶44.0 调整为 2015 年的 4.3∶45.9∶49.8。从 2014 年起,三产比重首次超过二产,由此形成了"三二一"的浙江产业发展结构[②]。与此相比,从表 7-3 可以看出,浙江专业学位科类

[①]　查婷俊.基于制度约束视角的产业结构升级研究——以长三角地区为例[J].武汉大学学报(哲学社会科学版),2016(5):66-73.

[②]　浙江统计局.砥砺奋进 转型发展——"十二五"时期浙江经济社会发展报告[EB/OL].http://www.zj.gov.cn/art/2016/3/24/art_5499_2075480.html.

结构早在 2010 年即已呈现出"三二一"的格局,对应第三产业的专业学位学位点数及招生数占比总体较高且增速明显,对应第一、第二产业的专业学位学位点数及招生数比例占比较低且呈下滑趋势。从浙江专业学位科类结构中三产对应的专业学位招生占比始终高于三产在产业结构中所占之比的情况看,浙江省的专业学位科类结构在一定程度上适度超前并领先于产业结构的发展。不过,在浙江"工业经济"向"服务经济"转型的大趋势下,尤其是信息传输、计算机服务和软件业等"十二五"以来第三产业中增加值增幅最大的行业,专业学位的学科门类还未能有效地满足行业整体发展的需求,在全球宽带、大数据、云计算等现代信息技术与管理行业的信息服务业人才供给方面仍存有较大缺口。

三、浙江省专业学位研究生教育规模结构适切的问题

通过专业学位规模结构与社会经济适切状况的分析可以看出浙江省专业学位研究生教育发展的问题主要有以下几个方面。

(一)专业学位教育规模增长明显,但区域间发展失衡严重

研究表明,浙江产业结构升级和人力资本发展存在长期稳定的关系,人力资本是促进经济发展的重要原因[①]。从数据显示看,"十二五"期间,浙江专业学位研究生教育在招生数、在校生数、学位授权单位、专业授权数上都实现了递增式的发展。但从专业学位研究生的培养单位分布情况看,浙江省内专业学位研究生发展极不平衡。四大都市区杭、甬、温、金的专业学位授予权单位数占全省的 86.4%,其中省会城市杭州的专业学位教育资源最为集聚。相对而言,其他地区专业学位研究生教育发展相对滞后。虽然中心城市作为区域政治经济文化中心具有得天独厚的优势,但过于集中的分布格局将加大城市间的差异,进一步放大区域间高素质劳动力资源贮备差距,阻碍经济欠发达地区的智力补给,直接影响弱势地区的经济发展。

(二)专业学位教育科类结构与产业结构适切性存在一定的问题

产业结构的演进不是孤立的,社会经济发展的诸多因素都可能影响到产

---

① 孟子文,汪浩瀚.浙江产业结构升级与人力资本发展互动关系的实证研究[J].科技与经济,2015(2):81-85.

业结构的变化。人力资本作为促进经济增长的投入要素之一,其供需变化可直接作用于产业结构的调整。"十二五"期间,浙江的产业结构由二三一逐渐调整为三二一,第三产业成为产业发展的主要部门。与此相比,浙江专业学位教育的专业结构及招生数量则始终保持三二一的结构类型。制造业对应的工程专业的人才供给比例远低于制造业在产业结构中所占比例,专业学位教育的科类结构与产业结构的对应适切并不完全匹配。此外,目前浙江专业学位教育中第三产业对应的专业数量及招生数量已占绝对多数,这与浙江以第三产业为主的社会经济发展结构基本吻合,但在有效衔接经济发展的现代服务业方面,专业学位教育的门类发展与社会经济需求之间仍存在结构性的偏差。

(三)专业学位教育规模质量与浙江经济发展水平不完全相适应

"十二五"期间,浙江规模经济长期位列全国第四位,但有研究显示,其专业学位教育与经济发展并不协调,主要表现为硕士专业学位研究生教育低于其经济水平[①]。对比处于长三角区域内经济发展水平同样较高的上海和江苏,浙江专业学位教育发展质量明显落后,专业学位培养单位数量、学科专业知名度、学科质量、人才培养规模等与经济发展水平不相匹配,缺乏产业结构调整的人才储备,这势必影响域外产业向域内转移的速度和效果,制约区域经济发展水平的提升。

总体而言,浙江省专业学位教育规模结构在适切社会经济发展中存在的上述问题将是其今后改革调整的重点。

第三节　专业学位研究生培养模式适切性的专业案例:以教育硕士为例

专业学位研究生培养模式是否符合社会及相关对口行业发展的需求,是判断其适切性的另一个重要指标。基于教育硕士学位是我国专业学位体系发展较早,与工程硕士同为规模占比较高的专业学位,其存在的问题在专业学位

---

① 张振刚,许颖,张茂龙.硕士专业学位研究生教育发展的区域分布研究[J].中国高教研究,2011(6):48—51.

教育中具有普遍性。本节将以教育硕士为例,对我国专业学位研究生培养的适切性状况进行分析。

一、教育硕士设置与发展的整体状况

1996 年 4 月 30 日国务院学位委员会通过了《关于设置和试办教育硕士专业学位的报告》①。同年 6 月 10 日,国务院学位办与原国家教委研究生工作办公室联合下发了《关于开展教育硕士专业学位试点工作的通知》,批准北京师范大学等 16 所师范大学进行试点,我国教育硕士的专业学位教育由此正式开启。从 1997 年开始招生以来,教育硕士的发展非常迅速。教育硕士的试点院校由最初的 16 所发展到 2018 年的 135 所。这些院校既有综合性大学也有师范院校,考虑到地区的均衡发展,除港澳台之外的所有省域均有覆盖。

从数量上看,我国教育硕士专业学位自创办以来,招生规模即持续扩大。1997 年第一届招生仅录取了 72 人,但到 2000 年,全国攻读教育硕士专业学位的在校生数即发展到 6974 人,其中,在职攻读人数为 6778 人,全日制在校生169 人。截至 2018 年,教育硕士招生人数已经累计达十几万人。教育硕士已成为我国专业学位培养规模最大的专业类别之一。

从发展历程看,我国教育硕士专业学位主要呈现以下几个特点。

(一)专业设置领域覆盖全面

教育硕士专业学位最初仅设置了学科教学和教育管理两个专业,其中学科教学下设六个专业方向。此后,随着学校教育改革的发展,教育硕士专业方向不断扩充。2002 年教育硕士专业学位在学科教学专业中新扩充了六个学科方向,并增设了现代教育技术专业;2004 年和 2007 年,教育硕士专业学位再度扩容,又先后增设了小学教育专业、心理健康教育专业和科学技术教育专业;2010 年以后,教育硕士专业学位又相继增设了特殊教育专业和学前教育专业。截至 2018 年,教育硕士专业学位已基本形成一个相对完整的专业结构体系,下设教育管理、学科教学、现代教育技术、科学技术教育、小学教育、学前教育、

---

① 国务院学位委员会办公室 教育部研究生工作办公室编.学位与研究生教育文件选编[M].北京:高等教育出版社,1999:514.

心理健康教育和特殊教育等八个专业,其中学科教学下设数、理、化、生、地、政、语、英、史、音、体、美等专业方向,基本涵盖了中小学教育所涉及的全部学科。

(二)培养方式趋于多元,教育内容逐步完善

教育硕士的培养方式在初启阶段仅限在职教师及中小学教育管理人员,随着社会需求的增长,其培养模式日趋多元。目前有全日制脱产、半脱产、在职兼读等多种方式,学制年限也根据所采取方式的不同从两年到四年不等。在课程设置方面,除教育基础类课程外,也开设有学科专业课程。教育基础类课程具体包括教育学基本原理、教育心理学、教育科学研究方法和现代教育技术等方面,基本覆盖了教育学领域的主要内容。

(三)区域发展较为均衡

从 1996 年到 2018 年,由全国教育硕士专业学位教学指导委员会审议、国务院学位委员会办公室批准,承担教育硕士培养的院校从最初的 16 所增至 135 所。在这 135 所院校中,有教育部直属师范大学,也有省属师范大学;既有长期从事教师教育的高等师范院校,又有综合性大学。在 135 所培养院校中,位于东部和中部省区的有 101 所,位于西部省区的有 34 所。值得注意的是,在 135 所教育硕士培养院校中,综合性大学占了较大的比重(47 所,占总数的 34.8%)。培养院校的设置不仅充分考虑到高等教育机构的类型,而且兼顾到区域的平衡。

二、教育硕士培养模式适切性的调研设计

教育硕士专业学位教育是针对一线教育领域发展需求,满足与提升教师专业化发展的重要途径。但其实施效果究竟如何,本节通过问卷调研与访谈对其进行实证分析。

为了了解目前教育硕士的培养状况及效果,研究者对 Z 大学的在读及毕业的在职教育硕士进行了问卷调研(详见附录 1)。问卷以封闭式选择题为主,也包括一题开放式试题。选题采用五分满意度统计方法,从低到高按 1 分、2 分、3 分、4 分、5 分划分为五个等级,程度上从"非常不同意"到"非常同意"递增,最后统计出每一题的平均分。

本次问卷共计发放 557 份,回收有效问卷 203 份,有效收回率为 36.45%。

信效度的检验结果如表 7-5 所示。

表 7-5 问卷的信效度分析 内部一致性信度

可靠性统计量		
Cronbach's α	基于标准化项的 Cronbach's α	项数
0.924	0.925	31

本次调研的样本对象的信息如表 7-6、表 7-7、表 7-8 所示,主要从性别、年级、专业、教龄和职称几个方面反映教育硕士的现实情况。样本的男女性别比例分别为 23.65% 和 76.35%,男女比例有明显的失衡,这与教育硕士的性质有关。教育硕士以培养基础教育阶段的教师为主,在中小学校中,女教师的数量目前明显多于男教师。

表 7-6 教育硕士性别、年级分布情况

基本资料	分类	人数(人)	占比(%)
性别	男	48	23.65
	女	155	76.35
年级	一年级	30	14.78
	二年级	100	49.26
	毕业生	73	35.96

表 7-7 教育硕士教龄、职称分布情况

基本资料	分类	人数	占比(%)
教龄	5 年及以下	65	32.02
	6~10 年	64	31.53
	11~15 年	57	28.08
	16~20 年	11	5.42
	20 年以上	6	2.96
职称	初级	87	42.86
	中级	104	51.23
	高级	12	5.91
	特级	0	0.00

表 7-8　教育硕士攻读专业分布情况

序号	攻读专业	人数	占比（%）
1	教育管理	92	45.32
2	教育技术	10	4.93
3	小学教育	3	1.48
4	学前教育	1	0.49
5	心理健康教育	1	0.49
6	语文	42	20.69
7	数学	9	4.43
8	英语	22	10.84
9	思政	10	4.93
10	生物	3	1.48
11	地理	3	1.48
12	物理	3	1.48
13	历史	1	0.49
14	化学	1	0.49
15	美术	1	0.49
16	其他	1	0.49

除了问卷调查外，本次调研还对样本对象中随机抽取的 15 名在读教育硕士和 8 名导师进行深度访谈（访谈提纲详见附录 2）。

三、教育硕士培养模式适切性的现状分析

教育硕士培养包括入口、过程及出口管理，其中的重心在于过程与出口管理，具体而言涉及课程设置、教学管理、毕业标准等方面。本次调研主要围绕上述方面，从师生满意度及实际效果两个维度进行分析，具体结果如下。

（一）课程设置的满意度

教育硕士对课程内容的满意度直接体现为课程设置是否满足作为一线教师的教育硕士的实际需要。表 7-9 是教育硕士对课程满意度的调查分析，被调查者对教育硕士课程的满意度整体不高，平均等级值仅 3.27，选择对课程满

意度一般的最多,占总量的 46.31%,选择情况呈正态分布,两端选择非常满意和非常不满意的较少。在教育硕士的课程教学是否适合教师专业发展的满意度选择情况方面,选择一般的也较多,占总量的 40.89%,选择非常同意和非常不同意的较少,平均等级值为 3.36。

表 7-9 教育硕士课程设置满意度调研统计

	非常不同意 (1 分)	不同意 (2 分)	一般 (3 分)	同意 (4 分)	非常同意 (5 分)	平均等级值
对教育硕士的课程满意(%)	2.96	12.32	46.31	32.02	6.39	3.27
教育硕士的课程教学适合教师的专业发展(%)	2.96	9.36	40.89	41.86	4.93	3.36

为了进一步明确教育硕士对课程满意度的真实情况,研究者将其与培养模式中其他环节的满意度做对比分析,同时进行 t 检验分析。对比培养模式中的其他要素的满意度调查结果,培养目标满意度的平均等级 M 值是 3.63,招生标准满意度的 M 值是 3.58,毕业资格设置满意度的 M 值是 3.61,而课程设置满意度的 M 值最低,仅 3.27。说明被访者对课程设置的满意度是整个教育硕士培养环节中最低的。以第一个问题为样本,对教育硕士课程是否适合教师专业发展的问卷结果做了 t 检验,t 检验的单个样本统计情况如表 7-10 和表 7-11 所示,设 H:u=3.6,应用 SPSS 计算 t 的值为 57.372,概率 $p=0.171>0.05$,所以在 0.05 的显著水平上,教育硕士课程设置适切教师专业发展的效果并不显著。

表 7-10 教育硕士课程适合教师发展调查的单个样本统计量

	N	均值	标准差	均值的标准误差
VAR00006	203	3.2660	0.86641	0.06081
VAR00007	203	3.3645	0.83555	0.05864

表 7-11　教育硕士课程适合教师发展调查的单个样本检验

	检验值＝0					
	t	df	Sig.（双侧）	均值差值	差分的 95％置信区间	
					下限	上限
VAR00006	53.708	202	0.000	3.26601	3.1461	3.3859
VAR00007	57.372	202	0.000	3.36453	3.2489	3.4802

　　为了进一步验证问卷数据的可靠性,研究者对教育硕士培养中存在的问题进行了深度访谈。从访谈结果发现,几乎全部受访的教育硕士均认为教育硕士的课程设置问题是其培养环节中最严重的问题。具体而言,课程设置不能真正贴合教学一线需求,实践针对性欠缺,教学内容纯理论的偏多,对作为在职教师的教育硕士而言,较为空洞,缺乏实践指导性与可操作性。

　　（二）课程教学效果适切性的状况调查

　　从教育硕士的满意度调查结果可知教育硕士对课程满意度不高,教育硕士课程设置偏重理论教学,实践课程设置较少,对教师专业化发展的指导作用不明显。为了进一步分析课程结构及具体教学内容对教师专业化发展的有效性,研究者分别对上述两类课程的教学效果进行了调查。表 7-12 即为教育硕士专业课程设置对教师专业技能影响效果的调查结果。对调研结果进行 T 检验概率值计算,教育硕士的理论课程对专业知识有提升概率值 $p＝0.037＜0.05$,说明理论类课程能有效提升教师的教育学专业理论知识,但对教学设计等专业技能的提升作用较小。与此相比,实践课程的 T 检验概率值大于0.05,说明其虽一定程度上能帮助教育硕士的教学管理水平的提升,但对教师教学技能水平的影响不够明显。

表 7-12　教育硕士课程对教师专业技能的影响状况调查

	1分	2分	3分	4分	5分	平均值	T 检验概率值
1.教育硕士所学的理论课程对您教学课程设置的提升	8.87％	13.30％	39.90％	27.59％	10.34％	3.17	

续表

	1分	2分	3分	4分	5分	平均值	T检验概率值
2.教育硕士的理论课程对您的专业知识有提升	4.93%	7.88%	31.53%	40.98%	14.78%	3.53	0.037
3.教育硕士的实践课程对您的教学水平有提升	6.40%	15.27%	37.44%	32.51%	8.37%	3.21	0.101
4.教育硕士的实践课程对您的教学管理水平有提升	4.93%	13.30%	32.02%	35.96%	13.79%	3.40	
5.教育硕士的实践课程对您与学生的指导交流能力有提升	5.91%	13.30%	37.93%	32.02%	10.84%	3.29	

　　课程效果的调查反映出课程结构及教学的实际问题。目前设置的理论课程对教育硕士的专业知识结构完善有一定效果,但对具体教学实践的作用不大,理论课程的作用主要体现在教师教育学学理知识的建构中。访谈中发现,各类理论课程对学生的帮助作用差异较为明显。其中,心理学课程对学生管理方面的技能提升有明显的助力。具体而言,心理学课程能帮助教育硕士更好地理解学生的心理活动,从而有效地提升学生管理和对课堂现场把控的能力。

　　与此同时,调查发现,实践课程对教师的教学实践技能提升效果不够明显。教育硕士的实践课程是针对教师实践技能提升而专门开设的课程,但从其效果来看,实践课程的问题较多,包括设置数量少,普遍缺乏实践针对性,基本局限于理论原则的描述与展开,没有瞄准教学现场的实际问题,未能充分满足教师实践行为中的问题解决与能力提升的具体需求。

　　总体而言,教育课程效果适切性的问题主要集中于实践类课程,其对教师实践教学技能的提升方面尚有较大的改善空间。

　　(三)教学方式的适切性调查

　　教育硕士的教学方式是直接影响教师专业技能提升的重要手段。现阶段教育硕士的培养主要分为理论教学和实践教学,两种教学活动有不同的教学方式,如课堂讲授、专题讨论、案例教学、参观教学等。这些不同的教学方式对强化教师的各种职业能力有不同的作用。教学方式是否合适，从其对教师的后续发展，教师的职业能力提升的作用中直接体现。

教师从新教师成长到骨干教师的过程中，需要不断地积累实践经验和提升专业素质能力。图 7-3 是教育硕士从新教师到骨干教师成长过程中的几项重要因素的统计。教育硕士选择最多的几项分别是教学能力、专业知识和个人努力，其次是班级管理能力、与领导和同事的交流能力，最后是课程设置能力和学校的行政管理能力。从上述统计可以看出，在教师的实践认知中影响教师发展的最重要的能力是教学能力，教学工作是教师日常工作的核心，也最能体现教师的职业水准。专业知识在教师发展中也是必备的重要技能。如果说专业知识是数据库，教学能力则是数据库输出的方式，二者都能达到高水准并共同运作，教学才会具有较佳的效果。

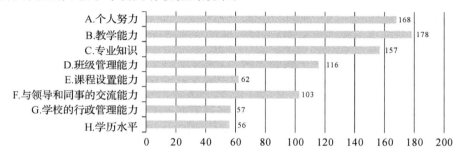

图 7-3　教育硕士从新教师到骨干教师成长中的重要因素

那么，教师又是如何来获取其所需的各类技能的呢？图 7-4 是教育硕士专业技能提升获取途径的统计，从教育硕士选择的情况看，最主要的途径是教学过程中的教学实践，其次是自我养成与训练以及各类教科研活动，第四位才是教育硕士的课程学习。从该选择的重要性排序来看，被调查的教育硕士普遍认为，与其他方式相比，教育硕士的课程学习对其各方面专业能力提升的作用不甚明显。总体而言，目前教育硕士培养方式须在有效性及针对性方面进行改进与强化，以提升其在推进教师教学专业化过程中的作用。

此外，不同的教学方式对教学效果有较为明显的差异。访谈中为了进一步明确教学方式的成效，设置了具体教学方式的评价问题，对教育硕士的各类教学方式，如课堂讲授、专题讲座、案例教学、参观教学、专题讨论等对教师专

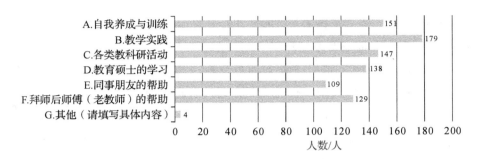

图 7-4　教育硕士专业技能提升获取途径调查情况

业化发展的助推作用进行调研。

从调研情况看,受访者普遍反映,教育硕士最主要的教学方式是课堂讲授,其他形式的教学方式很少实施。课堂讲授对其的帮助体现在撰写论文的过程中,如阅读相关资料,结合自身的课堂教学实际,激发其形成新的思考,并在实际教学过程中进行尝试,使教学方案更具理论探索性。与此相比,案例教学在教育硕士的课程教学中实施较少,但从教育硕士的反映看也有一定效果。从其他案例中学到经验,有助于教育硕士转变教学理念,拓展教学视野,在教学实践时能更深入思考,从更高的层面和更系统全面的视角设计教学与班级管理方案。同时,在学生管理及和家长沟通时也不再完全凭经验行事,而是能从理论、逻辑上展开强有力的说服。

从访谈和问卷结果可看出,目前教育硕士的培养与学习模式并未成为教师提升专业化发展的最有效方式,教育硕士的培养效果不明显,教学方式单一,有效果的教学方式开展落实不到位。访谈结果表明,对教师教学实践的提升主要体现在主观思维方式的改变,即在实际操作中理论与实际的结合有一定的紧密化倾向,但从教学现场反馈的情况看,这种理论与实际的结合还有待进一步的深入。

（四）导师队伍的适切性状况

导师是教育硕士培养过程中的关键要素,对教育硕士成长过程中所遇到的诸多问题予以理论的指导和实践的把关。

目前导师在教育硕士培养中的作用如表 7-13 所示。从调查所得数据可以看出,教育硕士和导师交流时间与机会普遍较少,师生交流缺少制度性约束。访谈中发现,教育硕士多在寒暑假集中授课期间有充足的在校时间,能保证与导师有一定的交流机会。其他时间受其自身工作条件限制,与导师见面机会不多,仅在开题和毕业答辩前后,和导师会围绕论文有一定的交流。导师对教育硕士最明显的指导作用体现在毕业论文指导阶段,平均等级值达到3.97。由于教育硕士的导师一般为高校的专任教师,其专业兴趣偏向于教育理论方面,对教学一线的实际情况多不了解,缺少对中小学教学管理实践问题的深刻认识与把握,在日常的专业教学实践方面对教育硕士的指导作用不太明显。

表 7-13　导师对教育硕士的培养情况

	非常不同意 （1 分）	不同意 （2 分）	一般 （3 分）	非常同意 （5 分）	平均等级值
和导师经常接触(%)	3.94	12.81	47.29	7.88	3.23
导师的指导对专业理论 水平有帮助(%)	1.97	4.93	16.75	29.56	3.97
导师了解教学一线的实 际情况(%)	3.45	9.36	34.98	12.32	3.48

此外,在初始的教育硕士培养机制设计中,导师对教育硕士的作用主要通过一对一的个性化指导方式,从宏观整体发展方向与微观操作层面满足教育硕士差异化的个体发展需求。但从调研可知,由于教育硕士与导师交流时间较少且不稳定,个性化培养在现实中并不能得到有效的时间保障,除了毕业论文的撰写,导师在教学实践问题方面无力也无法提供充分有效的指导。

（五）毕业资格要求的适切性状况

毕业资格要求是教育硕士教育的出口管理标准,重点是检验其在教育硕士学习期间的各方面能力提升状况。按照现行的规定,教育硕士毕业,要求提交毕业论文,论文选题为其教学实践中遇到的具体问题。

毕业标准的考核情况如表 7-14 所示。从教育硕士反映的情况看,大部分调查者认为教育硕士的毕业资格要求总体合理,选择同意和非常同意的比例较高。单从目前教育硕士毕业资格要求的导向情况看,认为目前教育硕士毕业资格要求偏向于理论水平提升的占 58.13%,认为教育硕士毕业资格要求偏向于实践能力提升的占 30.55%,明显可以看出,教育硕士的毕业资格要求更偏向于理论知识的掌握,对实践能力提升的考核在很大程度上受到忽视。

表 7-14 教育硕士的毕业要求调查情况

总计%	非常不同意（1分）	不同意（2分）	一般（3分）	同意（4分）	非常同意（5分）	平均等级值
教育硕士的毕业标准是合理的(%)	1.97	5.91	32.51	48.28	11.33	3.61
目前教育硕士的毕业资格更偏向于理论(%)	0.49	11.82	29.56	46.31	11.82	3.57
目前教育硕士的毕业资格更偏向于实践(%)	3.94	22.66	42.86	25.62	4.93	3.04
教育硕士的毕业论文对您的教师专业技能水平有提升(%)	3.45	7.88	22.66	39.90	26.11	3.77
教育硕士的毕业论文对您的科研水平有帮助(%)	1.97	4.93	20.20	33.90	38.92	4.03

四、教育硕士培养模式适切性的问题

从上述分析情况看,目前教育硕士专业学位教育与教师教育专业发展的实践需求之间存在较大问题,主要表现如下。

（一）课程设置方面问题突出,结构安排不够科学合理

目前教育硕士培养过程中存在一个较严重问题是重理论轻实践。Z 大学教育管理专业的培养方案中,所有课程共 36 个学分,其中理论课程占 34 个学分,实践课程只有 2 个学分。从访谈情况看,已修完教育硕士全部课程的在职教师普遍认为,课程内容照搬学术学位研究生课程,纯理论内容偏多,与当前学校改革面临的实际问题脱节严重,对教师教学技能提升以及解决实践问题能力的培养作用有限。

在进度安排方面,由于教育硕士多为非脱产的在职教师,受其工作安排影响,大部分课程主要安排在假期集中式授课,学时总体较少,课后消化时间有限,没有充裕的思考准备与消化吸收机会,严重影响学习效果。比较典型的如外语课,本应依靠日常的积累及长期的训练提升能力,但由于照搬学术型硕士

的课程模式与学分要求,整个课程集中在暑期的两个月内突击完成,师生双方精力投入均较大,而对教育硕士专业发展的作用有限。

(二)教学内容与方式单一机械,不能充分满足教育行业变革与发展需要

目前教育硕士的教学方式主要以传统的课堂讲授模式为主,除了少部分课程采用专题讲座、案例教学等方式外,大部分课程的教学方式基本还是灌输式的,对于小班讨论、诊断教学、参与式情景教学等方式,缺乏系统有效的探索,整体的教学方式较为单一。此外,教育硕士课程的任课教师多为指导教育学学术学位的高校教师,理论素养较高,但教学内容偏好学术理论,教学方式方法基本照搬学术型研究生教育的模式,仅就教学内容与方式而言,教育硕士与教育学硕士几无差别。从调研了解到,教育硕士普遍反映,案例教学对其教学技能的提升以及学校教育临床问题的诊断解决帮助较大,希望增加该方式在课堂教学中的比例。但在实际教学中,虽有部分教师在形式上采用案例教学,但由于远离教学一线实践,教师较为缺少与当前学校发展问题密切关联的案例素材,教学时所解剖的案例缺少时效性与现实针对性,不能有效地帮助教育硕士把握与解决新形势下学校发展遇到的实际问题。教学内容与技术方式的调整变革不能及时适应与满足学校教育变革发展的需求。

(三)师资力量不足,行业专业导师介入形同虚设

教育硕士的培养特点决定其需要在理论和实践指导两方面均配置强有力的导师队伍,以培养理论素养与实践能力兼备的骨干教师。目前国家大力推进教育硕士培养机制中的学术与行业双导师制,鼓励高校聘请中小学一线的优秀教师和管理人员充任实践导师,以加强教育硕士培养的师资力量。但从实际效果看,由于管理体制等方面的原因,实践导师的选拔、任命及其工作量的核算等方面存在诸多壁垒,实践导师往往有名无实。尤其是目前教育硕士培养主要依靠高校,而高校培养单位多未与地方教育局及中小学建立有效的协同关系,实践导师的选派缺少制度保障和明确标准,在聘请实践导师时多倾向于选择名气较大的名师和名校长等。这些导师虽然具有较高的理论素养与实践指导能力,但往往事务繁忙,在实际培养过程中根本无力或无从找到切入点真正介入教育硕士的培养。

基于上述现实因素,目前教育硕士培养的师资队伍仍以高校教师为主,绝

大多数培养单位都要求导师具有博士学历和副教授以上职称,授课教师也主要由高校中承担学术学位研究生培养的教师组成,以保证师资队伍质量。上述高校教师长期从事学术理论研究,理论素养丰富,但对中小学教育教学与管理实践并不完全熟悉。虽然部分教师因个人的研究项目与兴趣等原因,与中小学有一定的接触,但大部分人的兴趣、特长多停留在理论研究的层面,对中小学的教学与管理实践问题缺乏深入的研究与把握,因此在教育硕士的实践能力指导上往往力不从心。师资力量不足,专业队伍储备有限,缺少有效促进教育硕士专业能力发展的行业实践导师,这是教育硕士培养面临的一大困境,也是国内教师教育发展中普遍存在的难题。

第四节　推进中国专业学位研究生教育适切发展的政策建议

通过对我国专业学位研究生教育发展的现状分析,结合国外专业学位研究生教育适切发展的模式与路径的比较,本研究对改进我国专业学位研究生教育,加强其与社会经济适切互动有如下的策略建议。

一、强化专业学位研究生教育规模结构适切性的政策建议

虽然自20世纪90年代以来,我国专业学位的规模有较大发展,层次结构也相对完善,但与社会经济发展的要求仍有一定的距离。从国际专业学位教育发展的经验看,我国专业学位在规模发展与层次结构建设方面可采取的策略主要如下:

第一,支持地方应用型院校发展与区域产业结构相适应的专业学位,促进区域内专业学位研究生教育的均衡发展。

区域经济的非均衡发展对区域内高等教育系统形成双向互动,区域经济的发展需要有相应的高等教育系统为其提供智力支持。就培养单位类型数量而言,数量众多的地方应用型院校应是专业学位教育发展的重点。目前专业学位人才培养大量聚集在少数高层次的研究型大学,与此相比,地方应用型院校发展专业学位的空间巨大。地方本科院校应立足区域经济发展,找准区域

产业经济特色,积极培养具有地方特色的专业学位授权点,着力于专业学位硕士与少量优势学科博士研究生教育,在实现专业学位教育规模发展的同时,体现专业学位特色人才培养,推进专业学位研究生教育的差异化均衡发展。同时,在区域内建立优质教育资源共享的制度与机制,通过建立专业学位研究生跨校选课、联合培养制度等途径,提升地方院校专业学位研究生导师队伍的规模和水平,保障和提高专业学位研究生教育质量,使地区间专业学位研究生教育逐渐步入良性发展状态。

第二,有效对接产业结构升级要求,重点支持与第三产业尤其是现代服务业相关专业的发展。

区域产业结构调整影响教育结构的变动,教育结构的合理配置又反作用于经济结构,促进其优化升级的速率。我国大部分区域"十二五"期间已实现产业结构类型由二三一型向三二一型的转型,而产业结构背后则是"工业经济"向"服务经济"转型的大趋势。因此应将目光和资源高度聚焦于现代服务业,尤其是基于全球宽带、大数据、云计算等现代信息技术和管理支撑的信息服务业的快速发展之上。互联网的广泛应用和深度渗透,成为服务业火箭式喷发的最强劲动力。以此为契机,专业学位发展应重点做好面向现代服务业的金融、国际商务、税务、保险、法律等专业,积极推进社会经济的转型升级与发展。

第三,充分利用地理区位优势,加快与区域间的协作,发挥院校在研究生培养中的主体地位,增强专业学位教育质量。

区域间行业存在竞争关系与带动关系两种相反的效应。由于规模效应、技术溢出、特定人力资本的外部性等原因,带动效应在绝大多数情况下会大于竞争效应。以长三角地区为例,相关研究显示,上海如果某一行业的发展比全国平均快 1%,那么浙江则多快 0.15%,相关系数在 1% 上显著。专业学位教育资源不够充足的区域应充分利用区域间的行业带动效应,在加强各级政府在专业学位研究生教育中的管理作用、发挥院校在专业学位研究生培养中的主体地位的基础上,打破现有行政区划的限制和束缚,切实加强与专业学位研究生教育资源充足地区之间的合作,不断推进区域内高等教育的联动发展,实现区域城市群高等教育资源的共享共赢。

二、完善专业学位研究生教育培养模式适切性的策略建议

专业学位研究生教育规模与层次发展受到制约的一个重要因素在于现有硕士层次的专业学位培养质量无法得到有效保障,人才培养模式及质量规格与社会要求有很大脱节。具体而言,目前专业学位的质量问题主要表现为,一是入学门槛控制标准不一,入学学生能力水准差距较大。二是课程设置与培养计划不尽合理。目前在培养过程中首先关注的是与所学学科相关的基础理论内容,且重点在于科研能力的培养,实践课程少,学生实际操作与应用能力较为薄弱。三是出口评估体系不尽完善,没有一个规范合理的评估体系。各部门尚处于各行其是、各自为政的状态,缺乏统一的衡量、评估标准。

对于目前的专业学位研究生教育培养模式与质量规格适切社会经济发展的问题,改进的对策主要侧重于以下方面:

第一,加强顶层设计,规范专业学位专业化培养的方向与制度建设。专业学位与学术学位在课程、目标、师资匹配及毕业标准方面是有显著差异的,各国专业学位教育在发展过程中无不对此进行明确的制度规范。从明确我国专业学位研究生教育培养的专业性、应用性指向,确保其更好地适切社会经济发展的视角,政府应在宏观层面,通过制度设计、政策引导及保障扶持等方面对专业学位教育培养的模式进行规范与指导,鼓励与推动专业学位教育的培养内容与行业实际需求规格的紧密衔接。

第二,把好入口关,保证良好的生源质量。高质量的生源保障是有效提升专业学位培养质量的关键之一。从确保专业学位研究生的生源质量视角出发,应建立健全专业学位教育的入口管理机制。对报考专业学位者除了有相应的学历要求外,还应要求其具备一定年限的相关行业工作经历,或者在入学之前对其进行相应的专业从业潜质的适应性测试,以确保入学者具有从事该行业的能力资质。

第三,强化过程管理,优化培养方案。过程管理的重心是科学合理地设置专业学位课程结构。目前专业学位研究生教育过多侧重理论教学,课程设置与相邻领域学术学位差异不够鲜明。基于上述问题,高校应立足行业的职业特点进行课程设置与教学方式改革,强化实践课程教学,推行教学单位导师与

工作现场导师共同指导的"双导师"培养方式,采用理论学习、社会实践、课题研究三结合的培养模式,着重培养学生运用理论知识解决实际问题的能力,以满足行业发展的实际需要,解决其实践发展的问题。

第四,在出口评估方面,健全学位授予制度,严格把关学位申请人的审查条件,对其在校期间的课程学习以及综合实践能力标准做规范化要求。

三、保障专业学位研究生教育与职业资格匹配适切的思路与策略

上述培养模式适切性的改革,其着眼点在于以培养单位为主体,建立质量管理与监控一体的专业学位研究生教育质量保障体系。从目前的实践效果看,这些对策对改进专业学位的培养质量水准有一定的效果,但还有进一步完善的空间。

由于质量保障的重点集中在培养单位自身的改进与完善,以及受培养单位自身师资、经验及资源存在限制,其对专业学位培养过程及出口质量的管理往往仅注重从学术性、研究性角度提升专业学位的培养质量,无法顾及专业学位研究生教育的基本特点与要求。即使部分学科、部分学校开始推行"双导师"制,也尚未形成系统的制度。专业学位是以应用型专业人才培养为导向的,这决定了其质量管理不能等同于普通学术型研究生学位。过多地强调课程学习与科研成果,将导致学生的培养规格与社会及用人单位的要求南辕北辙。

总之,以培养单位为主体的现行专业学位质量保障机制,在质量保障过程中无法体现专业学位教育应用性、职业性鲜明的特点,不能有效地保障社会所需要的专业人才培养质量。在专业化社会高度发展的背景下,政府主管部门有必要重新思考与规划专业学位的质量保障机制。

专业学位鲜明的职业性和应用性决定了专业学位教育质量主要取决于社会、企业和相关用人单位的承认,即是否适应社会、经济的发展和实际用人部门的需求。以此为出发点,专业学位质量保障机制应以社会(或行业)而非培养单位为主体重新进行构建。具体而言,即促进专业学位与职业资格准入形成直接联系,建立专业学位教育与职业任职资格之间的有效衔接,引进行业协会的力量,这是保障专业学位教育培养质量的有效途径。从现行学位与相关

职业资格法规以及国际惯例看,通过专业学位与职业资格准入机制的衔接来保障专业学位培养质量的思路也是具有可行性的。

第一,专业学位与职业资格准入本身具有内在的一致性。1996年的国务院学位委员会第十四次会议审议通过的《专业学位设置审批暂行办法》中明确规定:"专业学位作为具有职业背景的一种学位,为培养特定职业高层次专门人才而设置。(中略)专业学位分为学士、硕士和博士三级,但一般只设置硕士一级。各级专业学位与对应的我国现行各级学位处于同一层次。专业学位的名称表示为'××(职业领域)硕士(学士、博士)专业学位'。"[①]而职业准入制度,顾名思义是指按照国家制定的职业技能标准或任职资格条件,对劳动者的技能水平或职业资格进行客观公正、科学规范的评价,以判断是否达到从事某一职业的标准和资格。目前通用的"职业准入"是根据《劳动法》和《职业教育法》的有关规定,对从事技术复杂、通用性广、涉及公共财产、生命安全、消费者利益的职业(工种)的劳动者,要求经过培训,并取得职业资格证书后,方可就业上岗。可见专业学位强调对高级应用型人才的培养,而职业准入则着眼于对高级应用型人才的鉴别,二者的职业指向性都非常明确。也正因为如此,专业学位教育与职业资格准入制度才会面向共同的对象。

事实上专业学位教育与职业资格准入制度在实践中已呈现出相衔接的趋势。例如《专业学位设置审批暂行办法》中指出"各专业学位所涉及的有关行业部门应逐步把专业学位作为相应职业岗位(职位)任职资格优先考虑的条件之一"。《工程硕士专业学位设置方案》中指出"工程硕士学位是与工程领域任职资格相联系的专业性学位"。而会计师、医师、律师、建筑师等资格考试都能一一与专业学位设置相对应。并且相关法规也开始逐步强调二者的衔接,如1995年开始施行《中华人民共和国注册建筑师条例》,明确规定取得建筑学学位并从业一定年限者方有资格参加考试,这便率先通过法律规范了建筑行业的专业学位与职业资格准入的衔接。

第二,专业学位与职业资格准入相衔接以确保专业人才的培养质量也是

---

① 专业学位设置审批暂行办法[EB/OL]. http://www.cdgdc.edu.cn/jsp/ShowDetail.jsp? bumenid=119&newsid=2228.

国际通例。学位从其历史渊源看一开始就是因职业的需求而产生的。学位的前身是从业资格证书或许可证。在中世纪欧洲大学里,教师们为了保障行业水平和声誉,仿效商人和手工业者同业工会与行会,将成员分为学徒、帮工和师傅等三级形式组织同业工会,并规定其会员标准。这样,授予中世纪学者的学位就类似于同业者允许向一个完成了令人满意的服务和训练期的人授予相应资格的称号。在西方社会,正是"学位"与"行业"这种历史的必然联系才使得专业学位在生成与发展中始终没有脱离行业,并保持了鲜明的职业特性。根据欧美国家专业学位教育发展的经验,大学的专业学位主要依据职业标准设置,并与职业资格紧密联系。同时,获取专业学位是从事某种职业的先决条件,即只有获得这种学位才能进入某一行业从业。例如,在美国,医学博士是临床医师的必备学位,建筑硕士学位是取得建筑师执照的先决条件,当律师必须通过拟执业州的律师资格考试,而报考者必须从美国律师协会(ABA)认可的学校获得法律博士(JD)学位等。再如英国的建筑师注册制度规定,要取得建筑师的从业资格,必须获得建筑学专业学位。可见,设置专业学位的一个必要条件是专业学位与行业资格认证制度即职业资格准入制度之间的直接联系。

综上所述,专业学位与职业资格准入衔接将有利于专业学位与特定职业、岗位任职资格或条件真正结合起来,加强专业学位的应用性与职业针对性,从而保证专业学位教育的基本质量,确保专业学位的长足发展。

从国际专业学位教育发展的经验看,完善专业学位教育的质量认证机制,加强专业学位教育与职业资格准入衔接的匹配,关键在于:

打破传统的高校封闭型人才培养模式,按照利益相关者原则,整合政府管理部门、行业组织、企业用人单位、高校、社会力量与资源,构建专业学位教育的协调管理与质量监督机制。基于专业学位教育直接面向行业与社会经济发展的现实,其中尤其需要强化行业协会在专业学位建设与质量监督管理中的主导作用,具体而言,即是根据行业发展的需求及其职业资格准入的要求,重新审视专业学位教育的质量观与质量标准,规划和规范专业学位的培养内容和培养过程:一是力求专业培养目标与职业资格培养相对应。把职业能力作为培养目标的核心方向之一,培养方案以相关职业对专业学位人才知识结构、能力结构的要求为依据来制定,注重知识与职业实践的紧密结合,注重方法与技能的严格训练,注重理论与应用的有机联系。二是专业学位课程内容与职业资格标准内容有机衔接。以相关职业对专业学位人才知识结构、能力结构的要求为依据,设置与建设专业学位课程。突出专业学位课程的基础性、专业性与实践性,使学生掌握相应的专业理论知识,并具有从事某种专业工作的能力。三是专业学位论文选题密切联系学习者的工作实践。学位论文是专业学位研究生教育中的一个重要环节。专业学位论文应选取在实践中亟须解决的重大问题作为研究课题。选题应有现实针对性、应用性,强调理论在实践中的应用。同时聘请实际部门中高水平的专家参与论文(设计)的指导工作。

总之,专业学位是以应用型专业人才培养为导向的研究生教育。这决定了它的质量保障不同于普通学术型研究生教育的质量保障,必须通过公认的具有权威性的专业或行业评估机制来实现。推动专业学位与职业资格准入的衔接将有利于引进行业社会力量,保证专业学位人才培养规格的应用性与职业性,从而从根本上保障专业学位的培养质量符合社会发展的要求。

参考文献

[1]邹碧金,陈子辰.我国专业学位的产生与发展——兼论专业学位的基本属性[J].高等教育研究,2000(5).

[2]史耀媛,许克毅.职业化背景下我国专业学位高等教育发展研究[J].中国高教研究,2005(6).

[3]史雯婷.专业学位研究生教育的基本属性探讨[J].学位与研究生教育,2004(10).

[4]骆四铭.我国专业学位教育发展的必然与局限[J].理工高教研究,2002(3).

[5]赵松立.专业学位教育发展的几点对策[J].江苏高教,2003(6).

[6]詹婉华.专业学位职业性属性的探讨[J].江苏高教,2008(4).

[7]王沛民.研究和开发专业学位刍意[J].高等教育研究,1999(2).

[8]刘晓武,何静静,张爱辉,王燕平.我国专业硕士学位发展障碍分析及对策研究[J].技术与创新管理,2006(1).

[9]胡玲琳,潘武玲.学术性学位与专业学位研究生培养模式的现状调查及对策[J].教育发展研究,2005(10).

[10]何万宁.试析专业学位教育与高等职业教育的对接[J].高教探索,2002(4).

[11]邓光平.我国专业学位设置政策的生成与制度化研究[J].江苏高教,2006(5).

[12]邓光平.美国第一级专业学位与行业任职资格的衔接的策略探析[J].中国高教研究,2008(1).

[13]王磊,沈长朋,郑国生.山东省专业学位研究生教育现状与发展规划分析

[J]. 高等农业教育,2009(10).

[14]黄声琴,马桂敏.我国工程硕士教育发展的问题及对策[J]. 化工高等教育 2009(5).

[15]乐章,吴苗苗,许汉石.专业学位改革中 MPA 教育存在的问题与出路[J]. 经济与社会发展,2010(2).

[16]陈恒,胡体琴.专业学位教育存在的问题及相关对策探讨[J]. 浙江师范大学学报社会科学版,2010(2).

[17]韩映雄.我国专业学位研究生教育发展规划与改革[J]. 现代教育管理, 2010(3).

[18]张敬锋,李效民.美国的 JD 教育[J]. 山东省农业管理干部学院学报,2003 (4).

[19]张建功,孙飞燕.美国专业学位研究生规模影响因素研究[J]. 高等工程教育研究,2008(6).

[20]丁相顺.日本法科大学院构想与司法考试制度改革[J]. 法制与社会发展, 2001(5).

[21]牛志奎.日本新型教师教育研究生院给我们的启示[J]. 学位与研究生教育,2008(12).

[22]王莹,朱方长.美国专业学位研究生教育的特征及其启示[J]. 湖南农业大学学报(社会科学版),2009(2).

[23]别敦荣,赵映川,闫建璋.专业学位概念释义及其定位[J]. 高等教育研究, 2009(6).

[24]江虹.日本专业学位研究生院:模式、作用及意义解析[J]. 上海商学院学报,2009(3).

[25]杨晶晶.打造与社会需求相适应的硕士专业学位教育[J]. 法制与社会 , 2010(13).

[26]周昆.区域经济视角下的专业学位研究生教育发展路径探析——以重庆为例[J]. 重庆文理学院学报(社会科学版),2010(5).

[27]许伟民.优化结构,实现研究生教育跨越式发展[J].中国高等教育,2004 (24).

[28]贺中元.美国教育硕士课程研究[D].长沙:湖南师范大学,2006.

[29]刘艳辉.当前我国研究生就业走势与研究生教育结构的矛盾分析与对策研究[D].重庆:重庆大学,2008.

[30]董秀华.市场准入与高校专业认证制度研究[D].上海:华东师范大学,2004.

[31]课题组.开创我国专业学位研究生教育发展的新时代:研究生专业学位总体设计研究报告[M].北京:中国人民大学出版社,2011.

[32]王辉,刘冬.本硕层次学徒制:英国高层次应用型人才培养的另辟蹊径[J].高等教育研究,2014(1).

[33]樊大跃,保翰琳.从英国伦敦城市行业协会看行业协会的教育功能[J].职业教育研究,2007(1).

[34]王璐,王向旭.当今英国研究生教育规模和结构的变化与走向[J].比较教育研究,2007(12).

[35]李少华.德美英三国研究生教育发展道路及特点[J].湖北函授大学学报,2012(2).

[36]孔寒冰,叶民,王沛民.多元化的工程教育历史传统[J].高等工程教育研究,2013(5).

[37]毕研韬,刘孟臣.个性化的英国研究生教育[J].学位与研究生教育,2003(3).

[38]霍丹.国际比较视角下我国研究生教育质量保障体系研究[D].南京:南京航空航天大学,2013.

[39]孙阳春,王富荣,李静.国外专业学位研究生教育质量评估维度研究及启示[J].内蒙古师范大学学报(教育科学版),2011(1).

[40]陈晓春,徐心茹,许青.化学工程领域专业学位硕士培养与注册化工工程师执业资格认证的衔接模式探讨[J].化工高等教育,2017(1).

[41]黄正夫.基于协同创新的全日制教育硕士培养模式研究[D].重庆:西南大学,2014.

[42]许迈进,阚阅.建立研究生教育质量的外部保证机制:英国的经验与启示[J].浙江大学学报(人文社会科学版),2008(3).

[43]陈春梅.近年来英美研究生教育发展动态研究[J].世界教育信息,2016(18).

[44]王衡生.论创新教育与高校研究生创新能力培养——英国大学研究生培养模式的启示[J].高教探索,2003(1).

[45]房欲飞,谢仁业.美、日、英研究生教育发展的规模和速度比较研究[J].学位与研究生教育,2004(5).

[46]刘军跃,余运胜,黄伟九,白静.美、英、德、日四国研究生教育模式的比较[J].重庆文理学院学报(社会科学版),2009(4).

[47]张晓琴.美、英、德工程教育认证的比较与借鉴[J].高教发展与评估,2007(1).

[48]刘莉,喻恺,谭学丽.美英日研究生学位授予最新数据统计分析[J].研究生教育研究,2012(2).

[49]刘群群,朱佳斌.欧洲硕士层次工程人才培养标准比较研究[J].学位与研究生教育,2015(10).

[50]胡玲琳.我国高校研究生培养模式研究[D].上海:华东师范大学,2004.

[51]万明.我国研究生教育体制改革研究[D].合肥:中国科学技术大学,2013.

[52]廖文婕.我国专业学位研究生培养模式的系统结构研究[D].广州:华南理工大学,2010.

[53]冯钰平.学位制度及其发展研究[D].南昌:江西财经大学,2015.

[54]赵宗升,魏庆朝.英、美研究生教育发展趋势及启示[J].学位与研究生教育,2010(10).

[55]刘冰.英国大学研究生教育的研究[D].大连:辽宁师范大学,2010.

[56]李培芳.英国的工程研究生教育[J].学位与研究生教育,1989(1).

[57]鲁正,刘传名,武贵.英国高等工程教育及启示[J].高等建筑教育,2016(3).

[58]左宪章,王长龙,李建增,张云,李伟.英国高校研究生教学模式分析及启示[J].中国电力教育,2012(7).

[59]钟尚科,杜朝辉,邵松林,蒋慧.英国工程博士专业学位研究生教育的研究[J].学位与研究生教育,2006(7).

[60]郑娟,王孙禺.英国工程教育专业认证与工程师职业资格衔接机制研究[J].中国大学教学,2017(2).

[61]蒋石梅,王沛民.英国工程理事会:工程教育改革的发动机[J].高等工程教育研究,2007(1).

[62]吕途.英国教育博士的培养研究[D].桂林:广西师范大学,2015.

[63]王薇.英国教育博士专业学位教育研究[D].天津:天津大学,2016.

[64]周世厚.英国教育硕士专业学位教育:现状、特色与经验[J].学位与研究生教育,2009(9).

[65]郑娟,王孙禺.英国硕士层次工程教育专业认证制度探讨[J].高等工程教育研究,2015(1).

[66]易红郡.英国现代研究生教育的发展及特点[J].比较教育研究,2002(10).

[67]屠善洁.英国研究生教育的特色及给我们的启示[J].学位与研究生教育,1989(4).

[68]史万兵,侯雪莲.英国研究生教育多样化及其启示[J].外国教育研究,2005(8).

[69]赵蒙成.英国研究生教育发展概述[J].宁波大学学报(教育科学版),1999(4).

[70]陈钟顾.英国研究生教育和学位制度[J].学位与研究生教育,1985(4).

[71]王建梁,董鸣燕.英国专业博士教育20年发展的状况、问题及趋势[J].比较教育研究,2014(3).

[72]董鸣燕.英国专业博士教育发展研究(1992—2011)[D].武汉:华中师范大学,2014.

[73]黎学平.英国专业博士学位的形成、初步发展及主要特点[J].比较教育研究,2004(10).

[74]邓光平.英国专业博士学位设置的政策分析[J].中国高教研究,2005(11).

[75]栾锦红,梁红蕾,李作章.英国专业学位研究生教育的特色化发展及启示[J].职业技术教育,2013(14).

[76]刘亚敏.英国专业学位研究生培养模式及其发展动态[J].河北科技大学学报(社会科学版),2017(1).

[77]庞青山,李利平.英日两国研究生教育发展道路比较研究[J].西南交通大学学报(社会科学版),2005(4).

[78]郑莲敏.中外专业学位教育发展的比较研究[J].现代教育科学,2006(9).

[79]龚艳平,景玲,龚爱清,胡春燕.中外专业学位硕士研究生培养模式的比较分析[J].教育观察(上旬刊),2014(6).

[80]陈嵩.中英学位制度比较研究[D].武汉:武汉理工大学,2007.

[81]郭青青.中英研究生培养模式对比研究[D].武汉:中南民族大学,2010.

[82]市川昭午.現代の大学院教育[M].東京:玉川大学出版部,1995.

[83]Bourner,T. Professional Doctorates in England[J]. Studies in Higher Education,26(1),2001.

[84]Hagerty, Bonnie M K. & Stark, Joan S. Comparing Educational Accreditation Standards in Selected Professional Fields[J]. The Journal of Higher Education, 60(1), 1989.

[85]Huffman, J. The Role of Accreditation in Preserving Educational Integrity[J]. Educational Records, 63,1982.

[86]Carey, John L. Uniform Standards for Professional Qualifications[J]. Journal of Accountancy, 95(1), 1953.

[87]Plimmer, Frances. Mutual Recognition of Professional Qualifications [J]. Property Management, 20(2), 2002.

[88]Jefferies, Derek & Evetts, Julia. Approaches to the International Recognition of Professional Qualifications in Engineering and the Sciences[J]. European Journal of Engineering Education, 25(1), 2000.

[89]Perlman, Andrew M. A Bar Against Competition: The Unconstitutionality of Admission Rules for Out-of-State Lawyers[J]. The Georgetown Journal of Legal Ethics, 18(1), 2004.

[90]Hammick, Marilyn. Validation of Professional Degrees: The Micropolitical Climate and Ethical Dilemmas[J]. Quality Assurance in

Education，4(1)，1996.

[91]Crawford，C B. Graduate Programs in Organizational Leadership：A Review of Programs，Faculty，Costs，and Delivery Methods[J]. Journal of Leadership & Organizational Studies，8(4)，2002.

[92]Sabis，Christopher & Webert，Daniel. Understanding the "Knowledge" Requirement of Attorney Competence：A Roadmap for Novice Attorneys [J]. The Georgetown Journal of Legal Ethics,15(4)，2002.

[93]Liwen Mah. The Legal Profession Faces New Faces：How Lawyers' Professional Norms Should Change to Serve a Changing American Population[J]. California Law Review，93(6)，2005.

[94] Hensler，Emil J Jr. Implementing the 150 Hour Accounting Requirement[J]. The Mid-Atlantic Journal of Business，26(2),1990.

[95]Anderson，Henry R. The 150-Hour Requirement：Florida's Experience [J]. The CPA Journal,58(7),1988.

[96]Corn，Morton. Professions，Professionals，and Professionalism[J]. American Industrial Hygiene Association Journal,55(7)，1994.

[97]Christensen，Burke A. What is a Profession？[J]. Journal of the American Society of CLU & CHFC,48(1)，1994.

[98]Labaree，David F. Mutual Subversion：A Short History of the Liberal and the Professional in American Higher Education[J]. History of Education Quarterly，46(1)，2006.

[99]Rothman，Robert A. Deprofessionalization：The Case of Law in America[J]. Work and Occupations，11(2)，1984.

[100]Houston，George R Jr. Bury the Liberal vs Professional Arts Debate [J]. Education,Chula Vista，117(1)，1996.

[101]Cooke，M. Irby，D M. Sullivan，W. & Ludmerer，K M. American Medical Education 100 Years after the Flexner Report[J]. The New England Journal of Medicine，355(13)，2006.

[102]Correspondence. Medical Education after the Flexner Report[J]. The

New England Journal of Medicine，356(1)，2007.

[103] Reilly, Peter. Teaching Law Students How to Feel: Using Negotiations Training to Increase Emotional Intelligence [J]. Negotiation Journal，21(2)，2005.

[104] Cabrera, Ángel & Bowen, David. Professionalizing Global Management for the Twenty-First Century [J]. The Journal of Management Development，24(9)，2005.

[105] Marlow, Susan & Carter, Sara. Accounting for Change: Professional Status, Gender Disadvantage and Self-Employment [J]. Women in Management Review，19(1/2)，2004.

[106] Kleinman, Gary B. & Farrelly, Gail E. A Comment on the Accountability of the Accounting Profession [J]. Journal of Applied Business Research，12(2),1996.

[107] Ackah, Carol & Heaton, Norma. Human Resource Management Careers: Different Paths for Men and Women [J]. Career Development International，8(3)，2003.

[108] Priebe, Stefan & Wright, Donna. The Provision of Psychotherapy: An International Comparison [J]. Journal of Public Mental Health, 5 (3)，2006.

[109] Simons, Kelsey V. Organizational Characteristics Influencing Nursing Home Social Service Directors' Qualifications: A National Study [J]. Health & Social Work，31 (4)，2006.

[110] Anonymous. First Professional Degrees 2003 - 2004 [J]. Black Issues in Higher Education，22 (11)，2005.

[111] Gibeaut, John. Nourishing the Profession: Report on Professionalism Calls for Ethics Training, Civility Rules in Court [J]. ABA Journal，83，1997.

[112] Buescher, Brian C. ABA Model Rule 7. 6: The ABA Pleases the SEC, But Does Not Solve Pay to Play [J]. The Georgetown Journal of Legal

Ethics，14(1)，2000.

[113]Andrus David M. The Advertising of Legal Services to Small Business Executives〔J〕. Journal of Professional Services Marketing，12 (1)，1995.

[114] Patterson，Larry T. & Swerdlow，Robert A. Should Lawyers Advertise? A Study of Consumer Attitudes[J]. Academy of Marketing Science，10(3)，1982.

[115] Goldwasser，Dan L. Growing Conflict Over Accountants' Duty of Disclosure[J]. The CPA Journal,57(9)，1987.

[116]Backof，Jeanne F. & Martin，Charles L Jr. Historical Perspectives：Development of the Codes of Ethics[J]. Journal of Business Ethics，10 (2)，1991.

[117]Palmer，E. Multinational Corporations and the Social Contract〔J〕. Journal of Business Ethics,31(3)，2001.

[118] Stephen，Hoddell. The Professional Doctorates and the PHD：Converging or Diverging Lines，A Presentation to the Annual Conference of SRHE[M]. Leicester：University of Leicester,2000.

[119] Jason，A Price. An Insider's Guide for Working Professionals in Pursuit of Graduate Business Education〔M〕. Dartfotd：Xlibris Corp,2004.

[120]Joyce,E. & Canaan，Wesley Shumar. Structure and Agency in the Neoliberal University[M]. New York：Routledge,2008.

[121] Kerr，Clark. The Uses of University〔M〕. 5th ed. Cambridge：Harvard University Press，2001.

[122]Brown，David K. Degrees of Control：A Sociology of Educational Expansion and Occupational Credentialism[M]. New York：Teachers College Press，1995.

[123]Devine，David O. The American College and the Culture of Aspiration，1915−1940[M]. Ithaca：Cornell University Press，1986.

[124] Dunham, Edgar Alden. Colleges of the Forgotten Americans: A Profile of State Colleges and Universities[M]. New York: McGraw Hill, 1969.

[125] Brint, Steven & Karabel, Jerome. The Diverted Dream: Community Colleges and the Promise of Educational Opportunity in America, 1900 - 1985[M]. New York: Oxford University Press, 1989.

[126] Geiger, Roger L. Knowledge and Money: Research Universities and the Paradox of the Marketplace[M]. Stanford: Stanford University Press, 2004.

[127] Brint, Steven. The Future of the City of Intellect: The Changing American University[M]. Stanford: Stanford University Press, 2002.

附　录

附录1　专业学位(教育硕士)培养模式
适切性的调研问卷

各位老师:

　　教育硕士是为提升教师专业化水平而设置的专业学位。这份问卷的目的在于了解教育硕士目前的培养状况与培养效果,为改进教育硕士培养质量提供参考。本问卷各项答案无所谓好坏对错,且问卷所得的结果只是作为调查研究获取信息的一种参考,不作任何个别呈现。所以请您依据自己的看法,放心地选择并在您认同的选项上打"√",谢谢合作。

　　如果您方便,请扫描下面的二维码,可在网上或者微信上直接填写问卷。

注意事项:本问卷设有单选题和多选题。其中,多选题目有所注明。

一、您的基本情况(请在选项前的英语字母上打"√")。

1. 性别:A. 男　　　　　　B. 女

2. 年级:A. 一年级　　　　B. 二年级　　　　C. 毕业生

3. 专业:_____

4. 教龄:A. 1～5 年　　　　B. 6～10 年　　　C. 11～15 年

　　　　　　D. 16～20 年　　　E. 20 年以上

5. 您的职称是:A. 初级　　B. 中级　　　　C. 高级　　　D. 特级

二、在下列选项中,请您在认同答案前的数字分数上打"√"

(1. 非常不同意 2. 不同意 3. 一般 4. 同意 5. 非常同意)。

1. 您对教育硕士招生目标了解清晰	1	2	3	4	5
2. 您认为教育硕士的招生标准很合理	1	2	3	4	5
3. 您对教育硕士的课程都很有兴趣	1	2	3	4	5
4. 您觉得教育硕士的课程教学方法很适合教师的发展	1	2	3	4	5
5. 你和导师经常接触	1	2	3	4	5
6. 导师的指导对您的专业理论水平的提升是有帮助的	1	2	3	4	5
7. 导师了解教学一线的实际状况	1	2	3	4	5
8. 教育硕士的毕业标准是合理的	1	2	3	4	5
9. 教育硕士的毕业标准设置更偏向于理论	1	2	3	4	5
10. 教育硕士的毕业标准设置更偏向于实践	1	2	3	4	5

三、在下列选项中,请在您认同的答案上打"√"。

1. 以下几项内容在您读了教育硕士之后,有怎样的提升(请按照 1 到 5 分的标准打分)

	1分	2分	3分	4分	5分
1. 教育硕士理论课程对您教学的课程设置的提升					
2. 教育硕士的理论课程对您的专业知识的提升					
3. 教育硕士的实践课程对您的教学水平的提升					
4. 教育硕士的实践课程对您的教学管理水平的提升					
5. 教育硕士的实践课程对您指导学生的能力的提升					
6. 教育硕士的实践课程对您帮助新老师的能力的提升					
7. 教育硕士的导师培养对您的教师专业技能水平的提升					
8. 教育硕士的学习环境对您的教师专业技能水平的提升					
9. 教育硕士的毕业论文对您的教师专业技能水平的提升					
10. 教育硕士的毕业论文对您的科研水平的提升					

2.您选择读教育硕士的主要原因是(多选)请按您选择的重要性进行排序

　　＿＿＿＿＿＿＿＿＿＿

　　A.获得学位　　　　　　　　　B.在学校升职

　　C.增加收入　　　　　　　　　D.增加他人的认可度

　　E.提高自身素质和能力

　　F.其他＿＿＿＿＿＿＿＿＿(请填入具体内容)

3.您认为教育硕士教育中存在的主要问题是(多选)＿＿＿＿＿＿＿＿＿

　　A.培养目标不明确　　　　　　B.教学计划不合理

　　C.教学内容陈旧　　　　　　　D.教学方法单一

　　E.教学管理水平差　　　　　　F.缺乏专业实习

　　G.教师质量不高　　　　　　　H.教师数量不够

　　I.学生数量过多　　　　　　　J.忽视个性培养

　　K.毕业标准设置太难　　　　　L.教学经费不足

4.您认为让您自身专业技能提高的途径来自于(多选)请按您选择的重要
　　性进行排序＿＿＿＿＿＿＿＿＿

　　A.自我养成与训练　　　　　　B.教学实践

　　C.各类教科研活动　　　　　　D.教育硕士的学习

　　E.同事朋友的帮助　　　　　　F.拜师后师傅(老教师)的帮助

　　G.其他＿＿＿＿＿＿(请填写具体内容)

5.您认为获得教育硕士学位后的改变(多选)＿＿＿＿＿＿＿＿＿

　　A.自身素质和能力会得到很大的提高　B.经济收入增加

　　C.在学校升职更快　　　　　　D.他人的认可度更高

　　E.变化不大　　　　　　　　　F.其他

6.您认为从新教师到骨干教师的途径中重要的是哪几项(多选并排序)

　　＿＿＿＿＿＿＿＿＿＿

　　A.个人努力　　　　B.教学能力　　　　C.专业知识

　　D.班级管理能力　　　　　　　E.课程设置能力

　　F.与领导和同事的交流能力　　　G.学校的行政管理能力

　　H.学历水平

7. 您个人希望教育硕士的培养模式如何改进能提高您的教师专业化水平？

_____

_____

_____

附录 2　专业学位(教育硕士)培养模式
适切性的访谈提纲

1. 您为什么来读教育硕士,您对培养目标了解吗?

2. 您认为教育硕士培养过程中的最大问题是什么?

3. 您认为教育硕士培养方式还有哪些问题? 比如课程教学、导师制度和毕业设置这几个方面有什么问题? 针对这几个问题,您希望如何改革?

4. 您认为教育硕士的上课方式对您的教师专业水平有怎样的提升?

5. 您觉得教师所应具备的最重要的能力是什么?

6. 教育硕士的培养模式对您认为的教师所需的最重要的能力的提高有没有帮助? 对其他方面如教学,班级管理,与学生、家长和同事之间的沟通有哪些帮助?

7. 读了教育硕士有哪些收获? 最大的收获是什么?

8. 您认为教育硕士在什么阶段读最好?(刚工作、工作几年、工作 10 年以上)

后 记

专业学位是在经济高速发展、社会分工日趋细化背景下设置的一种以研究生教育为主体的学位类型。它体现了研究生教育服务与引领社会经济发展的趋势导向。从20世纪90年代起,专业学位教育成为我国研究生教育改革的重点方向之一,有关专业学位教育的研究也成为高等教育研究的热点之一。

从进入浙江大学工作开始,因工作关系,我对专业学位教育就有持续的关注。相关研究先后得到国家社科基金(教育学)和教育部人文社科项目的资助。本书即是教育部人文社科一般项目"专业学位研究生教育的适切性研究"的最终成果。

本书的完成是团队合作的成果。全书的整体框架和提纲由我拟定,第一、二、五、六、七等章由我撰写。浙江大学王莉华副教授和宁波财经学院王媛老师分别承担第三章美国部分和第四章英国部分的撰写,王媛老师同时承担了第七章第一节的写作。浙江水利水电学院王新雪老师和上海工程技术大学吕悦老师分别承担了第三章第三节以及第七章第三节的写作。全书由我负责修改并统稿。

在课题研究与本书写作过程中,团队得到了杭州师范大学浙江省教育现代化研究与评价中心季诚钧教授、上海应用技术大学经济与管理学院张金福教授、上海师范大学教育学院阎亚军教授,以及浙江大学教育学院蓝劲松教授和叶映华教授的支持与帮助,他们在整体框架、研究内容以及研究方法等方面提供了许多真知灼见与有价值的信息。浙江大学出版社吴伟伟老师为本书的出版尽心尽力,提供了富有价值的建议和优质高效的服务,在此一并致谢。

限于时间和学识,书中尚存部分欠缺,敬请广大读者批评指正。

汪 辉

2021年3月

图书在版编目(CIP)数据

专业学位研究生教育的适切性研究 / 汪辉等著. —
杭州:浙江大学出版社,2021.3
ISBN 978-7-308-19759-5

Ⅰ.①专… Ⅱ.①汪… Ⅲ.①研究生教育—研究
Ⅳ.①G643

中国版本图书馆 CIP 数据核字(2019)第 266714 号

专业学位研究生教育的适切性研究

汪 辉 等著

责任编辑	吴伟伟 weiweiwu@zju.edu.cn	
责任校对	杨利军 张 睿	
封面设计	雷建军	
出版发行	浙江大学出版社	
	(杭州市天目山路 148 号 邮政编码 310007)	
	(网址:http://www.zjupress.com)	
排 版	浙江时代出版服务有限公司	
印 刷	广东虎彩云印刷有限公司绍兴分公司	
开 本	710mm×1000mm 1/16	
印 张	16	
字 数	253 千	
版 印 次	2021 年 3 月第 1 版 2021 年 3 月第 1 次印刷	
书 号	ISBN 978-7-308-19759-5	
定 价	68.00 元	